Dieter Euler
(Hrsg.)

Sozialkompetenzen in der beruflichen Bildung

⁚ Haupt

Dieter Euler (Hrsg.)

Sozialkompetenzen in der beruflichen Bildung

Didaktische Förderung und Prüfung

Verlag Haupt
Bern · Stuttgart · Wien

Prof. Dr. Dieter Euler ist seit Oktober 2000 Inhaber des Lehrstuhls für «Wirtschaftspädagogik und Bildungsmanagement» an der Universität St. Gallen. Zuvor war er an der Universität Potsdam (1994–1995) und an der Universität Erlangen-Nürnberg (1995–2000) tätig. Prof. Euler ist Dekan der School of Management und Direktor des Instituts für Wirtschaftspädagogik an der Universität St. Gallen. Er ist zudem Mitglied zahlreicher wissenschaftlicher Beiräte.

1. Auflage: 2009

Bibliografische Information der *Deutschen Nationalbibliothek*

Die Deutsche Nationalbibliothek verzeichnet diese Publikation in der Deutschen Nationalbibliografie; detaillierte bibliografische Daten sind im Internet über http://dnb.d-nb.de abrufbar.

ISBN 978-3-258-07440-5

Inhaltsverzeichnis

5 Beurteilung   149

Diagnose von Sozialkompetenzen
Annette Bauer-Kleb, José Gomez, Dieter Euler, Martin Keller,
Sebastian Walzik

6 Umsetzung 223
Einführung von Sozialkompetenzen als Innovationsprojekt
José Gomez, Martin Keller, Dieter Euler, Sebastian Walzik

Überblick

1

Die Förderung von Sozialkompetenzen als didaktische Herausforderung

Dieter Euler

Eine ganze Branche von Kommunikationstrainern, Prozessberatern oder Teamentwicklern behauptet, nach Ende der von ihnen angebotenen Maßnahmen seien die Teilnehmer beispielsweise in der Lage, kundenorientiert zu kommunizieren, mitarbeiterorientiert zu führen oder teamorientiert zu kooperieren. Auf welcher Grundlage werden jedoch solche didaktischen Interventionen durchgeführt? – Welches Verständnis von Sozialkompetenzen liegt ihnen zugrunde? In welchem Rahmen können die Maßnahmen Erfolg haben? Wie lässt sich der Erfolg beurteilen? In diesem Einleitungskapitel werden die Fragen didaktisch entfaltet und mit ersten wissenschaftlichen Zugängen verbunden.

1 Vor dem Anfang: Konkretisierung der Fragen

Ein Blick auf die Stellenanzeigen oder die vielerorts öffentlich vorgetragenen Bildungsziele lassen vermuten, dass Sozialkompetenzen zum festen Inventar eines «gebildeten» beziehungsweise «beruflich qualifizierten Menschen» gehören. Eine vermeintliche Erkenntnis, die jedoch bei genauer Betrachtung Anlass zu neuen Fragen gibt. Denn was genau wird unter «Sozialkompetenzen» verstanden? Wie lässt sich dieser noch allgemeine Begriff präzisieren? Welche Teilkompetenzen können im Einzelnen bestimmt werden, um beispielsweise Lernziele für eine überschaubare didaktische Einheit zu formulieren und dem Lehren eine klare Orientierung zu geben? Inwieweit können Sozialkompetenzen diagnostiziert beziehungsweise einer Lernerfolgsprüfung unterzogen werden?

Die Literatur zu diesen Fragen wächst unaufhörlich. Resultierten aus einer Literaturrecherche allein in der PsycLit-Datenbank 1995 (die Datenbank PsycLit führt heute den Namen PsycINFO) noch ca. 3500 Beiträge, die im Titel oder im Abstract die Begriffe *social competence* und/oder *social skills* beinhalteten, so sind es im September 2005 bereits knapp 15 000. Ein differenzierter Blick auf die Literatur verstärkt jedoch den Eindruck, dass der Begriff «Sozialkompetenzen» zu jenen Wieselwörtern zählt, die zwar häufig zitiert, aber nur selten präzisiert werden. Häufig bildet die Referenz auf Sozialkompetenzen in der Praxis lediglich eine positiv besetzte, vage Umschreibung für eine Fülle vielfältiger Fähigkeiten, Fertigkeiten und Einstellungen. Sofern Präzisierungen angeboten werden, ist der theoretische Kontext zumeist nicht erkennbar.

Hier ein Beispiel für diese babylonische Konstellation, welches zur Illustration des Erkenntnisstands dienen soll: BAETHGE ET AL. (2006) planen in ihrer Machbarkeitsstudie für ein «Berufsbildungs-PISA» die Messung von Kompetenzen und stellen in diesem Zusammenhang auch eine Klärung des Sozialkompetenz-Konstrukts zur Diskussion. Sie definieren das Konstrukt als «die

Gesamtheit der Fähigkeiten eines Individuums, die in kooperativen Situationen erforderlich sind, um im Umgang mit anderen sich bewegen und erfolgreich handeln zu können.» (BAETHGE ET AL., 2006, S. 47). In Anlehnung an eine Typologie von KANNING erfolgt eine Differenzierung in einen perzeptiv-kognitiven, motivational-emotionalen sowie einen behavioralen Bereich (BAETHGE ET AL., 2006, S. 48), eine Unterscheidung, die dann in dem nachfolgend eingeführten Kompetenzmodell ohne Erklärungs- oder Begründungsschritt durch Kategorien wie «Einstellungen, Werte, Wahrnehmungen», «Antriebe, Motivation», «metakognitive Strategien» sowie «deklaratives, prozedurales und strategisches Wissen» ersetzt wird (BAETHGE ET AL., 2006, S. 52). Die Operationalisierung soll insbesondere durch 17 Items eines Fragebogens vorgenommen werden, die WEBER in Anlehnung an TING-TOOMEY (1999) für die Evaluation interkulturellen Lernens entwickelt hat (WEBER, S., 2005, insbesondere S. 102 ff., 172 ff.). Es stellt sich die Frage, auf welcher Grundlage die für einen spezifischen situativen Kontext (interkulturelles Lernen) entwickelten Items, die sich zudem auf die Überprüfung von (deklarativem, prozeduralem und strategischem) Wissen begrenzen, den Anspruch einlösen können, das Konstrukt der «Sozialkompetenzen» im Umfang der eingeführten Definition sowie in Hinblick auf die unterschiedlichen Begriffsdimensionen konkretisieren bzw. messen zu können. Die Elaboration der Ausführungen legt demgegenüber nahe, dass es sich bei dem skizzierten Präzisierungsversuch um eine eklektizistische Verbindung von Aussagen handelt, deren theoretische Fundierung und Validierung für die Berufsbildung noch aussteht. Der skizzierte Präzisierungsversuch hebt sich allerdings positiv von jenen Ansätzen ab, die aus unterschiedlichen Perspektiven einzelne Aspekte des «Umgangs mit anderen» hervorheben und unbegründet generalisieren.

In den Wissenschaften beschäftigen sich unterschiedliche Disziplinen mit dem Konstrukt. Dabei werden sowohl zwischen als auch innerhalb einzelner Disziplinen unterschiedliche Zugängen gewählt. So finden sich etwa in der Psychologie Ansätze, die Sozialkompetenzen in erster Linie in den Zusammenhang der Steuerung sozialer Prozesse (z. B. in Zweierbeziehungen, Teams oder Großgruppen) zu stellen. Andere wiederum schenken Sozialkompetenzen dann Beachtung, wenn Störungen die Kommunikation beeinträchtigen, die häufig auf (sozial inkompetente) Eigenschaften oder Verhaltensweisen von Individuen zurückgeführt werden. Entsprechend existieren zahlreiche Ansätze, Sozialkompetenzen konzeptionell zu erfassen. Einige Beispiele mögen dies illustrieren:

In der *Soziologie* hat der Ansatz von KRAPPMANN eine breite Rezeption erfahren. Er spezifiziert Sozialkompetenzen im Spannungsverhältnis von sozialem Rollenhandeln und individueller Identitätsbehauptung. Dabei unterscheidet er die fünf Teilkonstrukte (KRAPPMANN, 1978, S. 132 ff.):

(1) Rollenübernahmefähigkeit («role-taking» und Empathie; sich in den Interaktionspartner hineinversetzen, seine Erwartungen übernehmen);
(2) Rollendistanz (die eigene Rolle in Frage stellen);
(3) Ambiguitätstoleranz (widersprüchliche und belastende Erwartungen aushalten);
(4) Identitätsdarstellung (eigene Bedürfnisse und Interessen einbringen);
(5) sprachliches Vermögen (das gemeinsame Sprachsystem beherrschen).

Die hervorgehobenen Sozialkompetenzen werden von KRAPPMANN als Voraussetzung zur Herausbildung einer «Ich-Identität» verstanden (KRAPPMANN, 1978, S. 132, 210).

Die *Entwicklungspsychologie* interessiert sich u. a. für die Entstehung von sozialen Verhaltensweisen des Menschen sowie für die Einflussfaktoren, die diese Entwicklung beeinflussen. So weiß man, dass die auditive Wahrnehmung über das Ohr eines Kindes bereits zur Mitte der Schwangerschaft ausgebildet ist und das Kind die Laute und Geräusche innerhalb und außerhalb des Mutterleibs wahrnehmen kann. Die prinzipielle Bedeutung der frühkindlichen Kommunikation für das Lernen von sozialen Verhaltensweisen und Einstellungen ist ebenso bekannt wie die Folgen fehlender sozialer Bindungen und Beziehungen in dieser Entwicklungsphase (vgl. exemplarisch NEIDHARDT, 1979).

Es ist weitgehend unbestritten, dass die Entwicklung des Sozialverhaltens durch den Verlauf der frühkindlichen Sozialisation und insbesondere durch die soziale Kommunikation mit Eltern, Geschwistern, dem Freundeskreis und anderen Bezugspersonen im sozialen Umfeld wesentlich beeinflusst wird (vgl. CARTLEDGE & MILBURN, 1995, S. 5 ff.). Je nach Verlauf der Sozialisation entwickeln sich unterschiedliche Kompetenzen im Umgang mit sozialen Herausforderungen wie das Verhalten in Konflikten oder in Gruppen. Die Entwicklung wird zudem geschlechtsspezifisch beeinflusst (es wird beispielsweise auf geschlechtsspezifische Handlungsstrategien in Konfliktsituationen hingewiesen: aggressiv-durchsetzungsbezogene vs. verständigungsorientierte Ausrichtungen, vgl. CARTLEDGE & MILBURN, 1995, S. 7 f; siehe auch GOLEMAN, 1997, S. 169). Insofern ist anzunehmen, dass der Mensch in der fortgeschrittenen Phase seiner ontogenetischen Entwicklung auch in Hinblick auf die Ausstattung mit Sozialkompetenzen kein leeres Blatt darstellt, sondern pädagogische Einflussversuche immer vor dem Hintergrund vorangegangener Entwicklungen erfolgen.

Ungeklärt ist hingegen die Frage, in welchem Maße die Sozialisationsprozesse noch Potenziale lassen für spätere Veränderungen oder Erweiterungen. So findet etwa SINGER Hinweise in der Forschung, dass «gewisse soziale Kompetenzen schon früh ausgeprägt werden und dann nur noch schwer, wenn überhaupt, modifizierbar sind», doch bezeichnet er die Beweislage als «schütter». «Während es in vielen Fällen gelungen ist, für die Prägungsvorgänge im Bereich sensorischer und motorischer Leistungen entsprechende Veränderungen auf neuronaler Ebene dingfest zu machen, steht die Identifikation der neuronalen Grundlagen für diese sozialen Prägungs- und Lernvorgänge noch aus.» (SINGER, 2002, S. 91). An anderer Stelle wird betont, dass es direkt vor Abschluss der Pubertät «ein Fenster der Entwicklung des Gehirns (gibt), in dem die differenzierten sozialen Kompetenzen erworben werden, die man mit der Aura der Persönlichkeit verbindet.» (BAUMERT, FRIED, JOAS, MITTELSTRASS & SINGER, 2002, S. 177). Die Betrachtungen münden jedoch letztlich in die Erkenntnis, dass der Grad der Beeinflussbarkeit durch pädagogische Interventionen nicht quantifiziert werden kann. In der Konsequenz wird auf diese Weise das Ergebnis der Anlage-Umwelt-Debatte bestätigt, nach dem beiden Faktoren eine Bedeutung für die menschliche Entwicklung zugesprochen wird, ohne den jeweiligen Anteil genau bemessen zu können (EULER & HAHN, 2004, S. 89ff.). Daraus ist zu folgern, dass vorgängige Sozialisations- und Lernprozesse zu berücksichtigen sind, diese aber nicht dazu führen, dass das Potenzial zur Entwicklung von Sozialkompetenzen in späteren Lebensabschnitten erschöpft ist.

In der *Sozialpsychologie* bilden soziale Beziehungen und die zu ihrer Gestaltung notwendigen Voraussetzungen ein Kernthema. Im Vordergrund steht die Beschreibung und Erklärung, «wie Menschen miteinander interagieren und wie ihre Gedanken, Gefühle, Verhaltensweisen oder Intentionen durch die ... Anwesenheit anderer beeinflusst werden.» (FORGAS, 1992, S. 2). In diesem Rahmen findet sich innerhalb der Disziplin eine nahezu unüberschaubare Fülle von Kompetenzbezeichnungen auf unterschiedlichen Abstraktionsebenen und mit verschiedenen Situationsbezügen, die zumeist zur Deskription spezifischer Aspekte in der sozialen Interaktion verwendet werden. ARGYLE (1985) differenziert beispielsweise zwischen (1) motivationalen Komponenten (Fähigkeit zur Extraversion und Dominanz); (2) perzeptuellen Komponenten (Fähigkeit, nonverbales Verhalten richtig zu interpretieren); (3) Reaktionsmustern (Beherrschung spezieller Verhaltensweisen wie Synchronisation der Interaktion mit anderen) und (4) Selbstvertrauen/Selbstdarstellung (Fähigkeit, sich anderen gegenüber darstellen zu können).

Andere Ansätze verbinden Sozialkompetenzen instrumentell mit der Verfolgung von Zielen in einer sozialen Beziehung. «Soziale Kompetenz wird als die Fähigkeit betrachtet, in sozialen Situationen unter Berücksichtigung situationsspezifischer Anforderungen Ziele zu erreichen und Pläne zweckrational zu realisieren.» (SCHULER & BARTHELME, 1995, S. 80). Zweckrationalität und Situationsangemessenheit sind demnach zwei zentrale Bestimmungskomponenten, wobei häufig Wertausrichtungen dahingehend unterlegt werden, dass die Verwirklichung in eine Verständigung mit dem Kommunikationspartner eingebunden ist.

Eine spezifische Ausprägung erfährt die Zweckrationalität in der *Ökonomie*, dort werden Sozialkompetenzen zumeist instrumentell für die Erreichung ökonomischer Ziele konzeptualisiert. So verstehen WUNDERER & DICK Sozialkompetenzen allgemein «als Fähigkeit und Bereitschaft, mit sich selbst und anderen konstruktiv, eigenbestimmt, kooperativ und situationsgerecht umzugehen» (WUNDERER & DICK, 2002, S. 365. Das Konstrukt wird über insgesamt 12 Teilkompetenzen weiter ausdifferenziert, vgl. S. 370). Für sie bilden Sozialkompetenzen eine zentrale Größe zur Realisierung des für sie bedeutsamen Zielkonstrukts «Mitunternehmertum». Eine ähnliche Vorgehensweise, wenn auch bezogen auf ein anderes Zielkonstrukt, verfolgen HENNIG-THURAU & THURAU. Sie definieren Sozialkompetenz als die «Fähigkeit einer Person .., auf die Erreichung von Zielen im Rahmen von persönlichen Interaktionsprozessen positiv einzuwirken, wobei eine Zielerreichung an die Erfüllung der Bedürfnisse des Interaktionspartners gebunden ist.» (HENNIG-THURAU & THURAU, 1999, S. 303). Als normativen Kontext für die Anwendung weisen die Autoren das Dienstleistungs-Marketing aus.

Aus der Perspektive der *psychologischen Diagnostik* versteht MERRELL Sozialkompetenzen als ein «multidimensional construct, consisting of a variety of behavioral and cognitive variables, as well as aspects of emotional adjustment useful and necessary to developing adequate social relations and obtaining desirable outcomes» (MERRELL, 1994, S. 214). In Anlehnung an GRESHAM grenzt er drei Teilbereiche ab (MERRELL, 1994, S. 214 f.): (a) adaptive behaviour (als «the effectiveness or degree with which the individual meets the standards of personal independence and social responsibility»); (b) social skills (als «specific behaviors that lead to desirable social outcomes for the person initiating them»); (c) peer acceptance.

In der *Berufs- und Wirtschaftspädagogik* nimmt FRIEDE eine Aufarbeitung unterschiedlicher Bedeutungsverständnisse vor. Er arbeitet differenziert die unterschiedlichen Gegenstandsbezüge, normativen Unterlegungen und Situationskontexte heraus, in denen das Konstrukt verwendet wird. Er selbst versteht Sozialkompetenzen als «komplexes Gefüge aus kognitiven, emotionalen und motorischen Verhaltensweisen ..., durch deren Anwendung soziale Anforderungssituationen so bewältigt werden, dass die angenehmen und unangenehmen Folgen langfristig in einem günstigen Verhältnis stehen.» (FRIEDE, 1994, S. 620. Er konkretisiert diese Sichtweise in einem Prozessmodell).

Dieser erste kursorische Überblick illustriert zum einen die unterschiedlichen Ausgangspunkte, die – letztlich begründet durch die Erkenntnisfokussierungen der Wissenschaftsdisziplinen und überformt durch die spezifischen Erkenntnisinteressen ihrer Vertreter – einen multiperspektivischen Blick auf das Konstrukt «Sozialkompetenz» begründen. Gemeinsam ist den Zugängen, dass menschliche Aktivitäten in einen sozialen Kontext gestellt werden, wobei diese Aktivitäten unterschiedlich bezeichnet (z. B. Einstellung, Fertigkeit) und auf unterschiedliche Situationen ausgerichtet werden.

Die Bestimmung eines Konstrukts wie Sozialkompetenz ist unvermeidbar erkenntnisinteressen- bzw. verwendungsgeleitet. Entsprechend kann man nicht mit dem Anspruch auf Allgemeingültigkeit behaupten, was Sozialkompetenz «ist», sondern man kann lediglich das eigene Verständnis in Hinblick auf ein bestimmtes Interesse ausdrücken und begründen. Insofern ist eine (Nominal-) Definition immer nur als Konstruktion passend, nützlich oder schlüssig in Hinblick auf seinen Zweck.

Die folgenden Betrachtungen und Untersuchungen erfolgen aus einer *didaktischen Erkenntnisperspektive*. Aus didaktischer Sicht stehen prinzipiell die folgenden Fragen im Zentrum:

1. Wie können Sozialkompetenzen präzisiert werden, um sie (a) als Zielgröße für die Gestaltung von Lernprozessen; (b) als Bestimmungsgröße zur Diagnose der Lernvoraussetzungen von Menschen zu verwenden?
2. Wie können Sozialkompetenzen festgestellt bzw. gemessen werden, sei es (a) zur Feststellung bzw. Überprüfung des Erfolgs von gestalteten Lernprozessen oder (b) zur Diagnose (bereits) verfügbarer Lernvoraussetzungen von Menschen?
3. Durch welche Lehr-Lernarrangements kann der Erwerb von Sozialkompetenzen gefördert werden? Welche lerntheoretischen Verständnisse liegen entsprechenden Lehrinterventionen zugrunde?
4. Welche Rahmeneinflüsse fördern bzw. behindern den Erwerb von Sozialkompetenzen im Rahmen von Lernprozessen? In welcher Form beeinflussen (komplementäre oder gegensätzliche) gesellschaftliche oder institutionelle Wertorientierungen über das soziale Zusammenleben die Lernprozesse?

Diese Fragen und Problemstellungen werden in den folgenden Teilen aufgenommen und bearbeitet. Zunächst wird in Teil II eine Antwort auf die Frage angeboten, wie Sozialkompetenzen präzisiert und für didaktische Analyse- und Gestaltungsaufgaben konkretisiert werden können. Darauf aufbauend wird in Teil III untersucht, wie Sozialkompetenzen in Curricula integriert werden können, wobei in diesem Zusammenhang auch eine detailliertere Auswertung von wissenschaftlichen Quellen erfolgt, in denen Bezüge zu Sozialkompetenzen hergestellt werden. Teil IV widmet sich schließlich der Frage nach der didaktischen Förderung von Sozialkompetenzen; neben der Erörterung mikro- und makrodidaktischer Prinzipien wird am Beispiel der Förderung von Teamkompetenzen aufgezeigt, welche Komponenten ein Förderkonzept im Einzelnen umfassen kann. In Teil V wird die Frage untersucht, wie Sozialkompetenzen diagnostiziert bzw. beurteilt werden können. Im abschließenden Teil VI werden die Rahmenbedingungen thematisiert, die bei der didaktischen Implementierung von innovativen Konzepten zur Förderung von Sozialkompetenzen eine Rolle spielen können.

Präzisierungen

Bestimmung von Sozialkompetenzen als didaktisches Konstrukt

Dieter Euler
Annette Bauer-Klebl

2

Sollen soziale Kompetenzen gezielt gefördert werden, muss zunächst ein klares Verständnis über den Bedeutungsgehalt des Begriffs bestehen. Die Literatur liefert dazu keine eindeutigen Antworten. Sehr konkrete Definitionen sind ebenso zu finden wie mehr oder weniger vollständig erscheinende Auflistungen mit Begriffen wie beispielsweise «Teamfähigkeit», «Kommunikationsfähigkeit» oder «Konfliktfähigkeit», die nach Aussage ihrer Autoren wesentliche Sozialkompetenzen darstellen.

Vor diesem Hintergrund befasst sich der folgende Teil mit der Frage, wie soziale Kompetenzen im didaktischen Zusammenhang als Ziele des Lernprozesses gefasst werden können. Dies geschieht in fünf Schritten: Kapitel 2 liefert zunächst die definitorische Grundlegung. In den Kapiteln 3 bis 5 werden verschiedene Aspekte vertieft: Facetten des Situationsbegriffs, Situationstypen sowie die Zielausrichtung in der didaktischen Interaktion. Kapitel 6 illustriert abschließend am Beispiel des Situationstyps «Beratungsgespräche kundenorientiert führen», wie mit diesem Ansatz soziale Kompetenzen bestimmt werden können.

2 Definition von Sozialkompetenzen

Grundlegend für die Präzisierung ist die folgende Definition:

◼ Sozialkompetenzen sollen definiert werden als Disposition zur zielgerichteten Interaktion mit anderen Menschen über sachliche, soziale oder persönliche Themen in spezifischen Typen von Situationen.

Zunächst werden die Konstituenten dieser Definition erläutert:

(a) «*Interaktion* mit anderen Menschen»
Als Ausgangspunkt der Begriffsbestimmung soll die von Max WEBER vorgenommene Unterscheidung zwischen «sozialem Handeln» und einer «sozialen Beziehung» dienen. «‹Soziales› Handeln ... soll ein solches Handeln heißen, welches seinem von dem oder den Handelnden gemeinten Sinn nach auf das Verhalten *anderer* bezogen wird und daran in seinem Ablauf orientiert ist» (WEBER, 1956, S. 1). Mit dieser Definition grenzt er soziales Handeln als eine spezielle Ausrichtung des Handelns ab, das nicht auf physisch-materiale Objekte, sondern auf personale Subjekte bezogen wird. Trotz des Bezugs «auf das Verhalten anderer» bleibt das Handeln selbstbezogen. Soziales Handeln kann demnach einseitig bleiben, etwa dann, wenn

B gar nicht bemerkt, dass A auf ihn gerichtet gehandelt hat. SCHÜTZ & LUCKMANN (1984, S. 127f.) führen als Beispiele eines einseitigen sozialen Handelns an: Der Erblasser, der seinem ungeborenen Enkel ein Stück Land vermacht; das Staatsoberhaupt, welches das Gnadengesuch des zum Tode Verurteilten ablehnt.

Eine Perspektivenerweiterung nimmt WEBER erst über den Begriff der «sozialen Beziehung» vor: «Soziale ‹Beziehung› soll ein seinem Sinngehalt nach aufeinander gegenseitig eingestelltes und dadurch orientiertes Sichverhalten mehrerer heißen» (WEBER, 1956, S. 13). Konstitutives Merkmal einer sozialen Beziehung ist die wechselseitige Aufeinander-Bezogenheit der Handelnden, «ein Mindestmaß von Beziehung des *beider*seitigen Handelns *aufeinander*» (WEBER, 1956, S. 13). Dabei bleibt die Art der Beziehung offen: «Der Begriff besagt also nichts darüber: ob ‹Solidarität› der Handelnden besteht oder das gerade Gegenteil.» Ferner bleibt offen, ob die Handelnden den gleichen Sinngehalt in die soziale Beziehung legen; «die soziale Beziehung ist insoweit von beiden Seiten objektiv ‹einseitig›» (WEBER, 1956, S. 14). Erst wechselseitiges soziales Handeln begründet eine soziale Beziehung.

Die WEBER'sche Unterscheidung zwischen ein- und wechselseitigem sozialen Handeln liegt (zumeist implizit) zahlreichen kommunikations- und interaktionstheoretischen Ansätzen zugrunde. Obwohl die beiden Begriffe der «Kommunikation» und «Interaktion» in der Literatur keineswegs einheitlich verwendet werden und entsprechend zwischen ihnen keine scharfe Trennung besteht, kann in der Tendenz festgestellt werden, dass «Kommunikation» stärker den Aspekt des Mitteilens im Rahmen eines einseitigen sozialen Handelns betont, während «Interaktion» den Aspekt des Austauschs im Rahmen einer wechselseitigen sozialen Beziehung fokussiert (vertiefend hierzu MANSTETTEN, 1983, S. 33ff. sowie S. 68ff.).

Die Vielzahl an Bedeutungszuschreibungen in der Literatur erfordert eine eigene Positionierung. Der in der Definition verwendete Begriff der «Interaktion» soll zum Ausdruck bringen, dass sich das vertretene Verständnis von Sozialkompetenzen auf jene Form des sozialen Handelns bezieht, das nicht lediglich auf eine Wirkung des eigenen Handelns auf andere abzielt, sondern bei der eine Koordination im Rahmen einer sozialen Beziehung angestrebt wird. Die *Handlungskoordination* wird demnach zu einem Kernelement der Interaktion (vgl. EULER, 1988, S. 59ff.).

Unter Handlungskoordination wird die Abstimmung des eigenen mit dem Handeln der Interaktionspartner verstanden. Wesentlich ist dabei, dass der andere als ein Subjekt mit eigenen Zielen, Interessen, Erfahrungen, Gefühlen etc. wahrgenommen und akzeptiert wird. Dabei kann dem anderen mit einem unterschiedlichen Grad an Anonymität begegnet werden. Er kann in einem Extrem als einzigartiges, freundschaftlich verbundenes Individuum, im anderen als typisierter Rolleninhaber bzw. Repräsentant einer Institution betrachtet werden.

Der Terminus «Interaktion mit anderen Menschen» könnte vor dem Hintergrund der skizzierten Erläuterungen als Pleonasmus interpretiert werden. Die Formulierung wird jedoch beibehalten, um einerseits eine Abgrenzung zu der Interaktion mit physisch-materialen oder symbolischen Objekten herzustellen, andererseits durch die Präposition «mit» das Element des Wechselseitigen zu betonen.

(b) «*zielgerichtete* Interaktion»

Werte und Ziele bezeichnen normative Ausrichtungen auf unterschiedlichen Abstraktionsebenen. Während «Werte» abstrakt formulierte Stellungnahmen über den Wert eines Gegenstands oder Handelns darstellen, sind «Ziele» konkreter formuliert und nehmen zumeist Bezug auf Situationskontexte. So mag es beispielsweise als ein Wert für einen Vorgesetzten gelten, den Mitarbeitern Vertrauen entgegen zu bringen. Dieser Wert wird in ein konkretes Ziel umgesetzt, wenn für die Durchführung bevorstehender Mitarbeitergespräche die Festigung des Vertrauensverhältnisses angestrebt wird.

Interaktion als eine Form des Handelns erfolgt per Definition zielgerichtet, wobei hinsichtlich der Ziel- bzw. Wertausrichtung keine Festlegung getroffen wird. Bislang wurde der Zielaspekt lediglich qualifiziert durch das Erfordernis einer Handlungskoordination.

Sozialkompetenzen lösen vielerorts deshalb positive Vorstellungen aus, weil sie mit Werten wie Hilfsbereitschaft, Höflichkeit, Glaubwürdigkeit, Offenheit, Altruismus oder des solidarischen Eintretens für den Mitmenschen verbunden werden. Diese positive Konnotation ist jedoch keineswegs zwangsläufig. So ließe sich argumentieren, dass Menschen auch dann Sozialkompetenzen besitzen, wenn sie sich gezielt mit ausgeprägter Geschicklichkeit gemeinsamen Verpflichtungen entziehen, andere Menschen psychisch und/oder physisch verletzen oder Mitmenschen «über den Tisch ziehen». Ob heroische Selbstlosigkeit oder schrankenloser Egoismus – in jedem Fall liegen der sozialen Interaktion spezifische Werte und Ziele zugrunde.

Zudem können spezifische Sozialkompetenzen unterschiedlichen Zwecken dienen. So kann beispielsweise die Fähigkeit zur Moderation einer Gruppe sowohl dazu verwendet werden, alle Interessen und Positionen in der Gruppe zu aktivieren und eine kreative Problemlösung zu erarbeiten.

Sie kann aber auch dazu dienen, die unliebsamen Stimmen zu unterdrücken und vorbestimmten Positionen einen Nachdruck zu geben. Die rhetorischen Fähigkeiten in einer Präsentation könnten dazu dienen, die Zuhörer für ein schwieriges Thema zu motivieren. Sie könnten aber auch für eine unterschwellige Propaganda und Manipulation eingesetzt werden. Die Fähigkeit zur Klärung von Konflikten mit einem Mitarbeiter oder in einem Team kann hinsichtlich der normativen Ausrichtung sowohl im Sinne der Suche nach einer gemeinsamen Position als auch der Durchsetzung der eigenen Interessen dienen. Kurz: Es gibt keine eindeutige Verbindung zwischen Sozialkompetenzen und bestimmten Ziel- oder Wertausrichtungen.

«Zielgerichtet» kann vor diesem Hintergrund nicht bedeuten, dass inhaltlich spezifizierte Ziele für eine sozialkompetente Interaktion vorgegeben werden. So könnten die Lehrenden in didaktischen Situationen zwar ihre eigenen Ziel- und Wertpräferenzen zum Ausdruck bringen, aber sie müssen sich bewusst sein, dass zu deren Erreichung erworbene Sozialkompetenzen auch für andere Ziele instrumentalisiert werden können. Mit dieser Aussage verbindet sich die Prämisse, nach der Lernergebnisse nicht gegen den Willen des Lernenden bewirkt werden können. Damit korrespondiert eine normative Grundhaltung für pädagogisches Handeln, nach der anderen Menschen keine Ziele und Werte aufgezwungen, sondern als selbstverantwortliche Lernende in der Klärung und Bestimmung ihrer eigenen Ziele und Werte unterstützt werden sollten.

(c) «über sachliche, soziale und persönliche Themen»
Interaktion bedarf eines inhaltlich-thematischen Bezuges. Neben der Hervorhebung dieses Sachverhalts wird in der Definition eine erste grobe Unterscheidung zwischen sachlichen, sozialen und persönlichen Themen eingeführt. Dahinter verbirgt sich die zunächst auf Plausibilitätsüberlegungen gestützte Vermutung, dass der Austausch über sachliche Themen (z. B. Theorien, Ereignisse) andere Kompetenzanforderungen stellt als der über persönliche Aspekte (z. B. Gefühle, Absichten). Da eine soziale Interaktion auch selbst zum Gegenstand des Austauschs werden kann, wären als dritter Bezug soziale Themen zu nennen.

(d) Situationsgebundenheit von Sozialkompetenzen
Die Themen einer Interaktion werden über die Angabe des Situationskontextes näher präzisiert. So kann es beispielsweise für einen Kundenberater einen Unterschied bedeuten, ob er die Produkte einem Privat- oder Geschäftskunden, einem aufgeschlossenen oder reservierten Kunden prä-

sentiert. Einzelne Situationen, die in einigen wesentlichen Merkmalen ähnliche Handlungsanforderungen an den Kommunizierenden stellen, lassen sich zu einem *Situationstyp* zusammenfassen. In didaktischer Hinsicht grenzt ein Situationstyp den Praxiskontext ab, in dem ein Mensch sozialkompetent handeln soll. So können beispielsweise die «Beratung von Privatkunden» oder die «Beratung von Geschäftskunden» als verschiedene Situationstypen unterschieden werden.

Aus diesen Grundlegungen ergibt sich für die weiteren Überlegungen die Prämisse, dass (Sozial-)Kompetenzen nicht generell, sondern *situationsspezifisch* erworben und angewendet werden (vgl. KANNING (2003, S. 19ff.). Der Zuschnitt von Situationen kann dabei auf unterschiedlichen Abstraktionsebenen konstruiert werden (z. B. ein Projekt in einem heterogenen Team leiten; Teammitgliedern aktiv zuhören). Zudem wird davon ausgegangen, dass einzelne Sozialkompetenzen eine unterschiedliche Transferreichweite besitzen. So gibt es vermutlich Sozialkompetenzen, die nur in wenigen Situationen gefordert sind (z. B. Verhandlungen mit Flugzeugentführern zur Freilassung von Geiseln führen), andere sind demgegenüber häufiger gefordert (z. B. sich nach einem Fehler entschuldigen; anderen Menschen etwas präsentieren).

Für die Bestimmung von Sozialkompetenzen resultiert daraus, dass Menschen nicht «per se» und universell sozialkompetent sind, sondern immer nur in Hinblick auf einen abgegrenzten Situationstyp.

(e) Zusammenhang von Handlungskompetenz und Situation
Übergreifend zu den spezifischen Erläuterungen zu einzelnen Konstituenten der Definition soll der in Didaktik und Curriculumtheorie grundlegende Zusammenhang hervorgehoben werden, dass die Bewältigung von praktischen Situationen Anforderungen an die Kompetenzen des Handelnden stellen, umgekehrt verfügbare Handlungskompetenzen die Grundlage zur Bewältigung der Situationsanforderungen bilden. Zwischen Handlungskompetenz und Situation besteht demnach ein wechselseitiger Verweisungszusammenhang. Der Kompetenzbegriff wird dabei in einem pädagogischen Verständnis verwendet. Er bezeichnet Dispositionen für ein stabiles, regelmäßiges Handeln von Menschen in bestimmten Typen von Situationen (vgl. vertiefend Kapitel 4.4). In anderen Wissenschaften hat der Kompetenzbegriff andere Bedeutungen. So wird er beispielsweise in der Soziologie im Verständnis von «Befugnis» bzw. im Sinne eines «formal zugesprochenen Einflusses» verwendet. In personalwirtschaftlichen und organisationstheoretischen Werken erscheint er gelegentlich im Sinne von

«Unternehmenspotenzial», etwa in der Konnotation einer «Kernkompetenz» des Unternehmens (vgl. WUNDERER & DICK, 2002, S. 364 f.).

3 Vertiefung 1: Facetten des Kompetenzbegriffs

Obwohl der Begriff der Handlungskompetenzen insbesondere in der Berufs- und Wirtschaftspädagogik weit verbreitet ist, wird er in der Fachdiskussion weder exklusiv noch eindeutig verwendet. Vor diesem Hintergrund sollen zum einen das begriffliche Umfeld ausgeleuchtet, zum anderen die unterschiedlichen Semantiken des Kompetenzbegriffs erläutert werden.

3.1 Umfeld des Kompetenzbegriffs

Wie bereits ausgeführt, dient der Begriff der Handlungskompetenz zur Kennzeichnung einer Disposition des Menschen, die entweder bei ihm als gegeben festgestellt oder als Ziel des Lernens angestrebt wird. Einen instruktiven Einblick in die Vielfalt ähnlicher und verwandter Begriffe bieten die Ordnungsgrundlagen aus der deutschen Berufsausbildung. Die nachfolgenden Darstellungen stützen sich insbesondere auf BREUER, 2005:

Der *betriebliche Teil* der Berufsausbildung wird durch die Ausbildungsordnung reglementiert. In der 1998 erlassenen Ordnung für den Ausbildungsberuf des Mechatronikers wird in § 3 ausgeführt: «Gegenstand der Berufsausbildung sind mindestens die folgenden Fertigkeiten und Kenntnisse: ... 5. betriebliche und technische Kommunikation, 6. Planen und Steuern von Arbeitsabläufen, Kontrollieren und Beurteilen der Arbeitsergebnisse, 7. Qualitätsmanagement, 8. Prüfen, Anreißen und Kennzeichnen ...». Die als Kernkategorien verwendeten «Fertigkeiten» und «Kenntnisse» lehnen sich an die Begrifflichkeit des zu dieser Zeit geltenden Berufsbildungsgesetzes an. Einige Jahre später wird anstelle von Fertigkeiten und Kenntnissen häufig der Begriff «Qualifikationen» verwendet, teilweise wird von «Fertigkeiten und Kenntnissen (Qualifikationen)» (BREUER, 2005, S. 9) gesprochen. Legt man die o. g. strukturellen Anforderungen an diese Kernkategorien an, so fällt auf, dass z. T. nur Inhalte (Positionen 5 und 7), z. T. Inhalte verbunden mit Verhalten (Position 6) ausgeführt werden.

In den jüngeren Ausbildungsordnungen wird die Begrifflichkeit häufig mit einem Konzept verbunden, das in der Literatur prägnant als «handlungsorientiert» bezeichnet wird. Sprachlich wird diese Veränderung über Bezeichnungen wie «Befähigung zur Ausübung einer qualifizierten beruflichen Tätigkeit (...), die insbesondere selbständiges Planen, Durchführen und Kontrollieren sowie das

Handeln im betrieblichen Gesamtzusammenhang einschließt» (BREUER, 2005, S. 9) zum Ausdruck gebracht. Die mit dem Begriff «Befähigung» ausgedrückte Orientierung an eher ganzheitlich gedachten, dem dualen Prinzip von Reflexion und Aktion verpflichteten und selbstgesteuerten beruflichen Vollzügen, wird in anderen Kontexten auch mit dem Begriff der «Kompetenz» verbunden. Dabei geht Ganzheitlichkeit über den in der Ausbildungsordnung skizzierten Rahmen hinaus und bezieht u. a. auch soziale Kompetenzen ein. Erstmals wurde der Begriff der «Handlungskompetenz» in der Ausbildungsordnung für die Versicherungskaufleute (1996) verwendet, in jüngster Zeit wird auch von «beruflicher Handlungsfähigkeit» gesprochen. Bemerkenswert ist ferner die Erweiterung im BBiG von 2005, in dem (neben Kenntnissen und Fertigkeiten auch) «Fähigkeiten» (§ 5) bzw. «berufliche Handlungsfähigkeit» (§ 38) als Kategorie verwendet werden.

In der Gesamtschau zeigt sich für den Bereich der betrieblichen Berufsausbildung eine unsystematische Verwendung der Begriffe Kenntnisse, Fertigkeiten, Qualifikationen, Fähigkeit, Handlungskompetenzen und Handlungsfähigkeiten. Implizit ließe sich die Begriffsverwendung so interpretieren, dass ausgehend von dem Oberbegriff «Handlungskompetenz» mit den Synonyma «Qualifikation» und «(Handlungs-)Fähigkeit» die beiden Unterkategorien «Kenntnisse» und «Fertigkeiten» stehen.

Die für den *schulischen Teil* der Berufsausbildung maßgeblichen Rahmenlehrpläne verwenden seit 1996 den Begriff der «Handlungskompetenz» für die Kennzeichnung von Zielen und Bildungsauftrag: «Die aufgeführten Ziele sind auf die Entwicklung von Handlungskompetenz gerichtet. Diese wird hier verstanden als die Bereitschaft und Fähigkeit des einzelnen, sich in gesellschaftlichen, beruflichen und privaten Situationen sachgerecht, durchdacht sowie individuell und sozial verantwortlich zu verhalten.» (BREUER, 2005, S. 14). Der Kompetenzbegriff wird in bewusster Abgrenzung zum Qualifikationsbegriff verwendet; während Kompetenzen sich auf private, gesellschaftliche und berufliche Lebenssituationen beziehen, bleiben Qualifikationen auf die berufliche Sphäre begrenzt.

Als Dimensionen von Handlungskompetenz werden Fach-, Personal- und Sozialkompetenz ausgewiesen; zudem werden «Methoden- und Lernkompetenz» als verbindende Dimension eingeführt. Seit 2004 werden als Dimensionen Fach-, Human- und Sozialkompetenzen unterschieden, denen orthogonal die Methoden-, Kommunikations- und Lernkompetenz zugeordnet werden (KMK, 2004).

Die Erörterung der Begriffsverwendungen am Beispiel der Ordnungsgrundlagen für die Berufsausbildung in Deutschland dokumentierte einerseits unterschiedliche Bedeutungsgehalte des Kompetenzbegriffs, andererseits wird er in unterschiedliche Begriffsnetze eingeordnet.

3.2 Semantik des Kompetenzbegriffs

Im Folgenden soll der Kompetenzbegriff nochmals spezifisch aufgenommen und hinsichtlich seiner Semantik ausgeleuchtet werden.

Eine Linie der Bedeutungsverwendung ist das auch von uns verwendete Verständnis von *Kompetenz als innere Disposition* bzw. Fähigkeit des Menschen, unabhängig davon, ob bzw. in welcher Weise das Konstrukt weiter ausdifferenziert wird. Im Gegensatz zur Performanz ist eine Kompetenz nicht unmittelbar beobachtbar, sondern lässt sich nur vermittelt über Verhaltensweisen erschließen, die auf der Grundlage einer vorgenommenen Operationalisierung ihr Vorhandensein anzeigt.

Insbesondere im angelsächsischen Bereich existiert demgegenüber auch das Verständnis von *Kompetenz im Sinne eines ausgeführten Verhaltens (performance)*, das einem definierten Standard entsprechen soll. Kompetenzen stellen in dieser Auslegung die Beschreibung konkreter Tätigkeiten dar, d. h. sie geben an, welche Aktivitäten eine Person in einem Handlungsbereich in Hinblick auf einen definierten Standard konkret ausführen können soll (bzw. performativ leisten soll).

Die folgenden Beispiele aus dem Kontext der Berufsausbildung mögen diese Bedeutungsverwendung illustrieren:

- England: «The ability to *perform* a particular activity to a prescribed standard» (FLETCHER, 1997, S. 135).
- Schottland: «In a workplace sense, the ability to perform to the expected standards of a fully-functioning employee» (GUNNING, 2000, S. 8).
- Australien: «Comprises the specification of knowledge and skill and the application of the knowledge and skill to the standard of performance required in the workplace» (ANTA, 2000, S. 2).
- Neuseeland: «The *ability* to apply particular knowledge, skills, attitudes and values to the standard required in specified contexts» (NZQA, 2000, S. 5).

Während die Unterscheidung zwischen Kompetenz im dispositionalen Sinne (Kompetenz als Fähigkeit) und Kompetenz im performativen Sinne (Kompetenz als Verhalten) recht trennscharf erscheint, werden innerhalb des erstgenannten Kompetenzverständnisses zahlreiche Feinheiten mit unterschiedlichen Subkategorien eingeführt. Im Folgenden werden zwei verbreitete Konzepte skizziert.

Das erste Konzept geht zurück auf eine Definition von WEINERT und hat im Rahmen der Diskussion über Bildungsstandards sowie in internationalen Vergleichstests (z. B. PISA) eine hohe Bedeutung erlangt. In seiner Studie für die OECD stellt er den Begriff der Handlungskompetenz in einen spezifischen Zusammenhang und unterscheidet die folgenden Begriffe (WEINERT, 2001, S. 46ff.):

- «General cognitive competencies (as cognitive abilities and skills)» i. S. v. generellen intellektuellen Fähigkeiten;
- «Specialized cognitive competencies» i. S. v. bereichsspezifischen Fähigkeiten;
- «Motivational action tendencies» i. S. v. motivationalen Orientierungen für das Handeln.
- «Action Competence» i. S. v. Handlungskompetenzen mit Teilkompetenzen wie «general problem-solving ability; critical thinking skills; domain-general and domain-specific knowledge; realistic, positive self-confidence; social competencies» (Weinert macht im Einzelnen keine Ausführungen darüber, warum er gerade diese Teilkompetenzen wählt, welchen Bedeutungsgehalt er ihnen unterlegt, warum er Sozialkompetenzen als einzige Bezeichnung im Plural verwendet).
- «Key Competencies»
- «Metacompetencies»

(Berufliche) Handlungskompetenz wird in diesem Begriffsgebäude als ein komplexes, mehrdimensionales Konstrukt gedacht. Es umfasst dabei kognitive, motivationale, soziale, affektive u. a. Dimensionen, wie die folgende Umschreibung von WEINERT signalisiert. «The theoretical construct of action competence comprehensively combines those intellectual abilities, content-specific knowledge, cognitive skills, domain-specific strategies, routines and subroutines, motivational tendencies, volitional control systems, personal value orientations, and social behaviours into a complex system. Together, this system specifies the prerequisites required to fulfil the demands of a particular professional position, of a social role, or a personal project» (WEINERT, 2001, S. 51). Die Aufzählung erscheint nicht abschließend, so dass eine analytische Präzisierung noch aussteht.

Auf die Weinert'sche Strukturierung wird u. a. im Kontext der internationalen Vergleichsstudien sowie in der Diskussion über Bildungsstandards zurückgegriffen. So stützt sich der Ansatz der PISA-Studie primär auf das Konzept der bereichsspezifischen Fähigkeiten («specialized cognitive competencies», vgl. BAUMERT ET AL., 2001), wobei bekanntlich auf berufsunspezifische Domänen rekurriert wird. KLIEME ET AL. (2003) nehmen in ihrer Expertise zur Entwicklung nationaler Bildungsstandards ebenfalls das Begriffsgerüst von Weinert auf. Sie stützen sich auf einen kognitionspsychologisch dominierten Kompetenzbegriff, der sich – wie schon bei Weinert – ausdrücklich von dem (in einer bestimmten Weise interpretierten) Konstrukt der beruflichen Handlungskompetenz abgrenzt (vgl. KLIEME ET AL., 2003, S. 15, Fußnote 3). Unabhängig davon vertreten sie die Vorstellung, dass Kompetenzen sich in Expertise- bzw. Entwicklungsstufen abbilden lassen, wobei Wissen auf höheren Niveaustufen in Können übergeht (vgl. KLIEME ET AL., 2003, S. 79. Siehe hierzu kritisch SLOANE, 2005, S. 488).

Das zweite Konzept verbindet sich mit der Diskussion des so genannten Europäischen Qualifikationsrahmens für Lebenslanges Lernen (EQF) (EU, 2006). Dieser Rahmen soll dazu dienen, nationale Bildungssysteme transparent zu beschreiben und aufeinander zu beziehen. Die Beschreibung soll über acht Niveaus erfolgen, die jeweils in einer spezifischen begrifflichen Struktur i. S. v. Lernergebnissen (learning outcomes) zu erfassen sind. In diesem Zusammenhang werden folgende Kategorien grundlegend voneinander unterschieden:

– Lernen wird verstanden als Aneignung von Kenntnissen, Fertigkeiten und Kompetenzen.
– Lernergebnisse konkretisieren, was Lernende nach Abschluss ihres Lernprozesses wissen, verstehen und «in der Lage sind zu tun» (EU, 2006, S. 17 f.).
– Kompetenz bezeichnet «die nachgewiesene Fähigkeit, Kenntnisse, Fertigkeiten sowie persönliche, soziale und/oder methodische Fähigkeiten in Arbeits- oder Lernsituationen und für die berufliche und/oder persönliche Entwicklung zu nutzen. Im Europäischen Qualifikationsrahmen wird Kompetenz im Sinne der Übernahme von Verantwortung und Selbstständigkeit beschrieben.» (EU, 2006, S. 18).
– Eine Qualifikation stellt das formale Ergebnis eines Beurteilungs- und Validierungsprozesses dar, «bei dem eine dafür zuständige Stelle festgestellt hat, dass die Lernergebnisse einer Person vorgegebenen Standards entsprechen» (EU, 2006, S. 17).

Unabhängig davon, dass die begrifflichen Grundlegungen sprachlich nicht konsistent erscheinen und einige Unstimmigkeiten aufweisen, werden auch in dieser Betrachtung Kompetenzen als eine eigenständige Kategorie *neben* Kenntnissen und Fertigkeiten strukturiert.

3.3 «Handlungskompetenzen» – ein Begriffsverständnis

Der skizzierten Heterogenität in Praxis und Wissenschaft kann prinzipiell nur durch Anlehnung an eine bestehende oder durch Konstruktion einer eigenen Begriffssystematik entsprochen werden. Wir wählen die zweite Option, wobei in einzelnen Punkten eine Anlehnung an bestehende Ansätze vorgenommen wird.

Handlungskompetenzen (synonym: Fähigkeiten – Die Synonymsetzung geht zurück auf die lateinische Bedeutung von «compto» als «fähig sein») bezeichnen das Potenzial für das Verhalten in verschiedenen Situationen. So sollen Bankkaufleute beispielsweise das Potenzial erwerben, über Zahlungs- und Finanzierungsarten im Bankgeschäft zu berichten (Sachkompetenzen), Kontakt zu Kunden in Beratungsgesprächen aufzunehmen (Sozialkompetenzen), sich selbständig aktuelle Informationen etwa über die Konditionen der Wettbewerber zu erschließen (Selbstkompetenz). Handlungskompetenzen als Möglichkeiten des Handelns beziehen sich jeweils auf einen Typus von Situation (zum Beispiel die Kundenberatung), innerhalb dessen eine Vielzahl variierender Bedingungen zu je spezifischen Ausprägungen des jeweiligen Typs führen können (beispielsweise aggressive oder freundliche Kunden; anspruchsvolle oder einfache Sachlage). Vor diesem Hintergrund entsteht das Problem, aus dem konkreten Handeln in singulären Situationen (zum Beispiel in einer Prüfung) auf das generelle Vorhandensein stabiler Handlungskompetenzen zu schließen.

Handlungskompetenzen in den drei grundlegenden Bereichen der Sachkompetenz (Disposition zum kompetenten Umgang mit Sachen), der Sozialkompetenz (Disposition zum kompetenten Umgang mit anderen Menschen) und der Selbstkompetenz (Disposition zum kompetenten Umgang mit Facetten der eigenen Person) (EULER & HAHN, 2004, S. 129 ff.) können jeweils über drei Handlungsdimensionen ausdifferenziert werden. Im Überblick entsteht der folgende Zusammenhang:

Handlungs-kompetenzbereiche \ Handlungs-dimension	Erkennen (Wissen)	Werten (Einstellungen)	Können (Fertigkeiten)
Sachkompetenzen Umgang mit Sachen – materielle – symbolische			
Sozialkompetenzen Umgang mit anderen Menschen – Dyade – Gruppe/Team – Gemeinschaft			
Selbstkompetenzen Umgang mit eigener Person, z. B. – Emotionen – Lernen			

Abbildung 1: Handlungskompetenzbereiche und Handlungsdimensionen

Die Handlungsdimensionen lassen sich in Hinblick auf den Bereich der Sozial-kompetenzen wie folgt erläutern (ähnlich für die US-amerikanische Lehr-Lern-forschung BRANSFORD, BROWN & COCKING, 1999. Sie unterscheiden zwischen «skills, knowledge and attitudes» (S. 4):

–   In der Dimension des Erkennens bzw. Wissens stehen kognitive Handlungs-schwerpunkte im Vordergrund. Es existiert beispielsweise Wissen über die Beziehung zu anderen Menschen oder über Kommunikationsmodelle. Die kognitive Aktivität wiederum kann unterschiedliche Ausprägungen haben wie Verstehen, Analysieren oder Evaluieren.

–   In der Dimension des Wertens bzw. der Einstellungen dominieren affektive und moralische Schwerpunkte des Handelns (z. B. Einstellung gegenüber dem Kommunikationspartner).

–   In der Dimension des Könnens bzw. der Fertigkeiten ist in erster Linie das handhabend-gestaltende Wirken angesprochen. Der Handelnde will beispielsweise die Beziehung zu anderen Menschen effektiv gestalten oder verändern und verwendet hierzu spezifische Techniken.

Die Unterscheidung zwischen Erkennen/Wissen und Können/Fertigkeiten ist in Grenzfällen schwer zu ziehen. (vgl. EULER & HAHN, 2004, S. 130 f.). Eindeutig erscheinen solche Situationen, in denen sich das Können mit dem psychomoto-rischen Einsatz einer Technik vollzieht. So besitzt ein Lehrender nicht nur das Wissen, wie man beispielsweise einen verständlichen und lebendigen Vortrag hält, sondern er kann ihn auch ausführen. Nimmt man die Unterscheidung zwischen herstellender und erkennender Anwendung von AEBLI (1994, S. 359 ff.) auf, dann wird deutlich, dass sich Können auch auf den Vollzug intellektueller Operationen beziehen kann. In diesem Fall handelt es sich um die Anwendung bestehenden Wissens auf einen praktischen Fall. Ein Bankmitarbeiter besitzt nicht nur das Wissen über die Komponenten zur Entwicklung einer Verkaufsstrategie, er kann sie auch zu einer situationsangemessenen Strategie verknüpfen und in eine Konzeption überführen. In diesem Fall einer erkennenden Anwendung besteht der Übergang vom Wissen zum Können nicht in einer psychomotorischen Komponente, sondern in der Unterscheidung von Novizen- und Expertenschaft. Experten oder Könner zeichnen sich im Unterschied zu Novizen dadurch aus, dass sie für die Problemlösung einen geringeren Aufwand einsetzen (höhere Effizienz) und einen größeren Erfahrungsschatz aktivieren. «Übung und Erfahrung führen zu einem mehr oder minder komplexen Können, das reichhaltiger sein kann als die vormals gelernten Regeln.» (Bauer-Klebl, 2003, S. 232). Pointiert formuliert lässt sich Können auch als Fertigkeit zur Anwendung von Wissen bezeichnen.

Der Begriff der «Einstellung» wird in der Literatur mit unterschiedlichen Bedeutungszuordnungen verbunden (vgl. ROSCH & FREY, 1994, S. 296 f.). In der Sozialpsychologie dient er als Sammelbegriff für innere Zustände des Individuums – von Stimmungen über emotionale Erregung bis zu Bewertungen – gegenüber Objekten, (anderen) Personen, Ideen etc. Häufig wird eine analytische Trennung zwischen (eher kognitiv ausgerichteten) Bewertungen sowie (eher emotional ausgerichteten) Gefühlsäußerungen vorgenommen.

3.4 Sozialkompetenzen als Teilbereich von Handlungskompetenzen

Wie die Ausführungen zeigen, werden Sozialkompetenzen als ein Bereich von Handlungskompetenzen verstanden. Basis und Bezugspunkt für die Aktivierung von Sozialkompetenzen ist die Interaktion zwischen Menschen. Die Interaktion stellt Anforderungen an die Handelnden, zu deren Bewältigung sie Sozialkompetenzen benötigen. Ob es darum geht, Konflikte zu klären, in Teams zu kooperieren, Verhandlungen zu führen oder Diskussionen zu moderieren, in allen Fällen liegt eine Interaktion vor, zu deren Bewältigung spezifische Kompetenzen erforderlich sind. Interaktion ist eine soziale Handlung, die Begegnung eines Menschen mit einem Gegenüber, sei es Freund oder Fremder, in der Familie oder im Betrieb. Man erzählt sich Privates, ereifert sich über Öffentliches und selbst der Austausch von vermeintlichen Belanglosigkeiten kann Sinn stiften, denn durch ihn können Kontakte geschaffen, Respekt signalisiert und Beziehungen gefestigt werden. Die Interaktion vollzieht sich in unterschiedlichen Situationskontexten (z. B. Konflikt, Teamarbeit, Verhandlung, Moderation), deren Ausprägung die Anforderungen an die Interagierenden konkretisiert.

Die Interaktion mit anderen Menschen ist eine Weise des *Verhaltens*, die noch genauer zu bestimmen ist. Zudem hat die Interaktion notwendigerweise ein *Thema* bzw. einen Inhalt. In beruflichen Situationen sind dies häufig die gleichen Inhalte, die auch in Hinblick auf entsprechende Sachkompetenzen von Bedeutung sind. Insofern können sich Sach- und Sozialkompetenzen ergänzen. Beispielsweise benötigt der Kundenberater einer Bank Sachkompetenzen über die angebotenen Produkte; er sollte diese Produkte jedoch nicht nur verstehen oder analysieren (Sachkompetenzen), sondern sie situationsgerecht den Kunden präsentieren und erläutern können (Sozialkompetenzen). In bestimmten Situationen kann die Interaktion selbst zum Thema werden: Meta-Kommunikation bezeichnet die Auseinandersetzung der Interaktionspartner über die Art, wie sie miteinander umgehen, wie sie bestimmte Inhalte der Interaktion verstanden haben u. a. m. (vgl. Schulz von Thun, 1988, S. 91 ff.).

3.5 Konsequenzen für die Bestimmung von Sozialkompetenzen

Welche Konsequenzen haben die skizzierten Überlegungen für die eigene Konzeptualisierung des Verständnisses von Sozialkompetenzen?

Die Bestimmung von Sozialkompetenzen kann durch die kategorialen, strukturellen und prozeduralen «Theorieangebote» der Curriculumforschung unterstützt und fundiert werden. Dabei kann nicht auf ein objektives Verfahren zurückgegriffen werden, sondern der Zugriff auf die einschlägigen Befunde erfordert konstruktive Auswahl- und Gestaltungsschritte. Vor diesem Hintergrund sollen zusammenfassend die folgenden Ergebnisse festgehalten werden:

– Sozialkompetenzen werden – neben Sach- und Selbstkompetenzen – als eine Ausprägung von beruflichen Handlungskompetenzen verstanden. Als solche sollen die strukturellen Aufbauprinzipien des Kompetenzbegriffs auf «Sozialkompetenzen» übertragen werden. Daraus lässt sich folgern, dass eine präzise Formulierung von Sozialkompetenzen die Bestimmung der Verhaltens-, Inhalts- und Situationskomponente erfordert. Ein Beispiel mag verdeutlichen, dass es sich dabei nicht um ein akademisches Problem handelt: Häufig werden Sozialkompetenzen über Konstrukte wie beispielsweise Team-, Kooperations-, Konflikt- oder Kommunikationsfähigkeit konkretisiert. Im Hinblick auf Konfliktfähigkeit ließe sich dann etwa fragen: Konflikt über welche Inhalte, mit welchen Personen, in welchen Situationen? So ist es für die Bewältigung eines Konflikts bedeutsam, ob es sich um ein Sachthema oder eine Wertfrage handelt. Und es wird vermutlich für die Bestimmung der Kompetenzanforderungen wesentlich sein, ob der Konflikt in privaten oder beruflichen Situationen, mit einem Vorgesetzten oder Kollegen ausgetragen wird.

– Sozialkompetenzen können über die drei Dimensionen Wissen, Einstellungen und Fertigkeiten weiter ausdifferenziert werden. In dieser Perspektive wird sozial-kommunikatives Handeln durch entsprechende Teilkompetenzen in diesen Dimensionen getragen.

– Sozialkompetenzen sind notwendige Dispositionen zur Bewältigung von Lebenssituationen, die durch die Interaktion mit anderen Menschen bestimmt sind und entsprechende Anforderungen an das soziale Handeln eines Menschen stellen. Sozialkompetenzen können in diesem Verständnis nicht allgemein bzw. situationsunabhängig bestimmt werden, sondern sind auf noch zu konkretisierende Lebenssituationen zu beziehen. Der Begriff der «Lebenssituation» ist erst grob bezeichnet, er erfordert eine Konkretisierung.

– Die Verbindung zwischen Lebenssituation und Sozialkompetenzen ist kein Deduktions- sondern ein Begründungszusammenhang. Für die Bestimmung und Begründung relevanter Ereignisse im Rahmen eines Situationstyps können bezugswissenschaftliche Befunde herangezogen werden.

– Die Frage nach der (Art der) Bewältigung von sozial-kommunikativen Lebenssituationen ist nicht wertfrei zu beantworten. Sozial-kommunikatives Handeln ist unverzichtbar durch Werte und Ziele getragen. Dieser Sachverhalt muss in der Bestimmung von Sozialkompetenzen berücksichtigt werden.

4 Vertiefung 2: Sozialkompetenzen im Kontext unterschiedlicher Situationstypen

Interaktionen vollziehen sich im Kontext einer Situation. Zur Bewältigung der Anforderungen dieser Situation sind ganz spezifische Sozialkompetenzen erforderlich. Daraus folgt einerseits, dass Sozialkompetenzen zunächst immer nur für die Bewältigung spezifischer Situationen geeignet sind. Andererseits bedeutet dies aber auch, dass sich Sozialkompetenzen nur ausgehend von abgegrenzten Situationen bestimmen und präzisieren lassen. Hierbei stellt sich die Frage, was genau unter einer Situation verstanden wird. Auch dieser Begriff wird häufig verwendet, aber selten präzise definiert. «Sowohl in der Didaktik als auch auf dem weiten Felde der Verhaltens- und Handlungstheorien findet (...) oftmals ein eher umgangssprachlich unkontrollierter Situationsbegriff Verwendung, der sich vermutlich wegen seiner suggestiven Einfachheit und seiner (unter dem Komplexitätsaspekt) scheinbaren Unhintergehbarkeit einer breiten Resonanz erfreut.» (BECK, 1996, S. 87) Was soll demnach unter einer Situation verstanden werden? Wie lassen sich Situationstypen abgrenzen und präzisieren?

In den folgenden Unterkapiteln wird diese Frage eingehend beleuchtet. Kapitel 4.1 geht zunächst auf die theoretische Fundierung des Begriffs «Situation» ein. Kapitel 4.2 fragt danach, wie Situationen erfasst werden können. In Kapitel 4.3 werden Elemente einer Situation eruiert, um in Kapitel 4.4 konkrete Situationstypen bestimmen und abgrenzen zu können. Abschließend werden in Kapitel 4.5 Konsequenzen für die Bestimmung von Sozialkompetenzen festgehalten.

4.1 Situationstheoretische Fundierungen

Auf der Basis einer Literaturanalyse über den Situationsbegriff in den Sozialwissenschaften arbeitet ARNOLD (1981, S. 348 ff.) drei Begriffselemente heraus:

– Der Situationsbegriff dient zur Kennzeichnung der Elemente und Relationen, die als repräsentativ für die Darstellung einer abgegrenzten sozialen Wirklichkeit gelten sollen.
– Der Situationsbegriff grenzt zeit-räumliche Einheiten (Sequenzen) im Rahmen eines Prozessablaufes ab.
– Die Situationserfassung kann aus einer Außen- oder Innenperspektive vorgenommen werden. Die Außenperspektive geht von einer Objekt-Subjekt-Trennung aus, die Innenperspektive versteht den Konstrukteur einer Situationsbeschreibung als Teil der Situation.

Das Begriffselement der Erfassungsperspektive stellt in dem hier diskutierten Zusammenhang die Frage, ob die Situationsbestimmung aus Sicht des Curriculumentwicklers oder aus Sicht einer handelnden Person erfolgt. Im letztgenannten Fall werden zumeist handlungstheoretische Zugänge aufgenommen. «Kaum ein Satz findet (…) eine größere Zustimmung als das sog. Thomas-Theorem (…): If men define situations as real, they are real in their consequences» (ESSER, 1996, S. 3). Dieser Satz besagt, dass im Moment des Handelns lediglich die subjektiven Vorstellungen des Akteurs Bedeutung haben, unabhängig davon, ob sie falsch oder irrational sind, und dieses Handeln auch dann reale Folgen zeigt, wenn die subjektiven Sichtweisen objektiv nicht angemessen erscheinen. Entsprechend definiert ESSER eine handlungsleitende Situation über die äußeren Bedingungen der Situation, den inneren Einstellungen und Zielen des Akteurs sowie aus dem

Wechselspiel der beiden Faktoren. Eine Situation ist eine Idee bzw. Vorstellung, die die handelnde Person selbst über ihre Umwelt entwickelt. Diese Definition der Situation leitet das Handeln (vgl. ESSER, 1999, S. 35 ff.).

4.2 Perspektiven der Situationserfassung

Auf dieser Grundlage entsteht die Frage, inwieweit Situationen subjektübergreifend erfasst und beschrieben werden können, so dass sich unabhängig von der jeweiligen Situationswahrnehmung verbindliche Handlungsanforderungen für eine spezifische Situation definieren lassen. Hier wird davon ausgegangen, dass «soziale Verständigung» im Rahmen eines sich auf Konventionen stützenden, konsensuellen Bereichs möglich ist (vgl. VON GLASERSFELD, 1987, S. 92). Diese Konventionen haben die Handelnden in Sozialisationsprozessen gelernt und innerhalb von Kommunikationsprozessen erzeugt. Auf diese Weise lernt eine Person im Laufe ihrer Sozialisation typische Choreografien oder Skripte von Situationen kennen. Diese stellen «gedankliche Prototypen» (ESSER, 1999, S. 103) dar, die zwischen den Handelnden sozial geteilt werden. Es bleibt somit festzuhalten, dass die Situationswahrnehmung zwar subjektiv erfolgt, die Zuschreibung des Sinngehalts aufgrund einer gemeinsamen Sozialisation jedoch intersubjektiv ähnlich vorgenommen wird, so dass es möglich ist, für die Lebens- oder Berufsrealität bedeutsame «objektive» Interaktionssituationen zu bestimmen, um hierfür angemessene (bzw. situationsgerechte) Verhaltensweisen und damit bedeutsame Kompetenzen zu identifizieren.

Nach den Erörterungen über den Zusammenhang von subjektiven und subjektübergreifenden Prozessen einer Situationserfassung soll nun die Frage aufgenommen werden, welche Elemente eine (Interaktions-)Situation konstituieren. Für BECK (1996) weist eine Situation eine zeitliche und eine räumliche Dimension auf. Zudem lässt sie sich durch die vorhandenen Gegenstände und Personen beschreiben. Darüber hinaus ist sie durch die in ihr vorherrschenden sozialen Rollen gekennzeichnet. Für ESSER konstituieren sich Situationen einerseits aus materiellen, institutionellen und kulturellen Bedingungen, somit aus den äußeren Umständen der Situation, und andererseits aus den inneren Dispositionen der Akteure (vgl. ESSER, 1999, S. 50 ff.). SCHOTT kommt nach einer Literaturanalyse zu der Einschätzung, dass eine Situation inhaltlich durch die Art des Themas bzw. Anlasses, die Beschaffenheit der Umwelt (Räumlichkeiten, Institutionen und Gegenstände), durch die Personen sowie durch die Interaktionen (Handlungen/Intentionen) bestimmt ist (vgl. SCHOTT, 1991, S. 130 ff.). Als weitere Elemente nennt sie die Zeitdauer einer Situation und die den beteiligten Personen zugeschriebenen Rollen.

Gemeinsam ist den Darstellungen, dass eine Situation sowohl durch äußere Bedingungen (z. B. zeitliche, räumliche und institutionelle) als auch durch die in der Situation agierenden Personen (z. B. Wissen, Werte, Emotionen) konstituiert wird. Die von allen Autoren genannte zeitliche Dimension lässt sich dahingehend interpretieren, dass sich eine Situation über einen Zeitraum erstreckt, deshalb in gewisser Weise eine Prozessstruktur aufweist, die von der Zielsetzung der Situation (als Endpunkt des Prozesses) inhaltlich bestimmt ist. Darüber hinaus wird von allen Autoren als eine weitere relevante Situationsbedingung auf die in der Situation wirksamen sozialen Rollen bzw. institutionellen Regeln verwiesen.

4.3 Elemente einer Situation

Auf der Basis der skizzierten Positionen wird das folgende Modell zur Beschreibung von Situationstypen eingeführt. Es nimmt die als bedeutsam ausgewiesenen Kategorien auf, überträgt sie auf Interaktionssituationen und stellt sie in einen Zusammenhang. Dabei wird jedoch nicht von einer singulären Situation ausgegangen, sondern von so genannten Situationstypen. Konkret bedeutet dies, dass einzelne Situationen, die bezogen auf verschiedene Situationsmerkmale ähnliche Anforderungen an die Interaktion stellen, zu Situationstypen zusammengefasst werden.

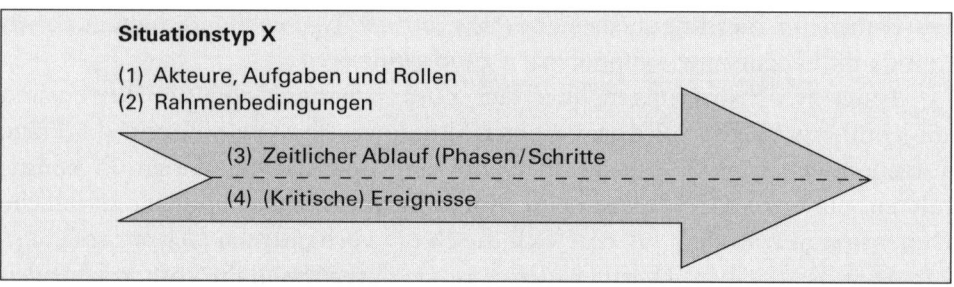

Abbildung 2: Modell des Situationstyps

Die Erfassung und Beschreibung von Situationstypen als Bezugspunkt für die Bestimmung von Sozialkompetenzen erfolgt entsprechend über die folgenden vier Komponenten:

– So gilt es zu klären, welche sozialen Aufgaben und Rollen den Akteuren in einem spezifischen Situationstyp jeweils zukommen und welche Erwartungen an ihr Handeln bestehen.

- Ferner sind relevante Rahmenbedingungen (z. B. institutionelle, kulturelle) im Einzelnen zu spezifizieren.
- Der zeitliche Ablauf bezeichnet die Phasen bzw. Schritte, die eine Interaktion innerhalb des Situationstyps strukturieren.
- Neben den genannten Situationsmerkmalen werden als Fokussierungen in der Zeitstruktur kritische Ereignisse berücksichtigt. Ihr Eintreten kann die Gestaltung der Interaktion erschweren bzw. die Handlungsanforderungen erhöhen.

Das Modell soll als Instrument zur Erfassung eines Situationstyps dienen. Die Ausprägung der Situationsmerkmale bestimmt maßgeblich die Anforderungen an die in der Situation Handelnden und damit die zur erfolgreichen Bewältigung erforderlichen Sozialkompetenzen. Dabei stellt sich die Frage, auf welchem Abstraktionsgrad ein Situationstyp zu formulieren ist. Generell gilt auch hier, dass Situationstypen nicht objektiv vorgefunden, sondern nach didaktischen Erwägungen konstruiert werden. Die Auswahl von Situationstypen und ihre Abgrenzung sind demnach abhängig von der Entscheidung darüber, auf welchen Praxisausschnitt eine Person vorbereitet werden soll. Auch der Zeitrahmen einer didaktischen Einheit bestimmt die Abgrenzung. Ein dreiwöchiger Intensivkurs bietet andere Zuschnittsmöglichkeiten als ein halbtägiges Seminar.

4.4 Bestimmung und Abgrenzung von konkreten Situationstypen

Nach der Präzisierung der Begriffe «Situation» bzw. «Situationstyp» stellt sich nun die Frage, wie Situationstypen konkret bestimmt und präzisiert werden und – damit verbunden – auf welcher Abstraktionsstufe ein Situationstyp zu formulieren ist. So wäre zum Beispiel die Konstruktion eines Situationstyps denkbar, der die Gestaltung eines Konfliktklärungsgesprächs beschreibt – dies wäre ein relativ abstrakter Zuschnitt. Es wäre aber auch ein konkreterer Zuschnitt möglich dahingehend, dass zwischen den beiden Situationstypen «ein Konfliktklärungsgespräch im privaten Kontext führen» und «ein Konfliktklärungsgespräch im schulischen bzw. beruflichen Kontext führen» differenziert wird.

In methodischer Hinsicht sind zur inhaltlichen Bestimmung und Präzisierung von Situationstypen drei Wege denkbar: So wäre es möglich, Situationstypen über Situations- und Aufgabenanalysen im Praxisfeld empirisch zu ermitteln. Dieses Vorgehen ermöglicht sehr präzise situative Zuschnitte, es ist jedoch relativ zeitintensiv und aufwändig, da eine systematische Erfassung vieler unterschiedlicher Einzelsituationen erforderlich ist, um die Abstrahierung auf den zugrunde liegenden Situationstyp zu ermöglichen. Zudem lassen sich Situationstypen über umfassende Literaturanalysen bestimmen. Sofern empirische oder theoretische Aussagen nicht (hinreichend) verfügbar sind, kann (vorläufig) auch auf Plausibilitätsüberlegungen zurückgegriffen werden, die sich auf eigene Beobachtungen oder Einzelgespräche mit Praktikern stützen. Es ergibt sich folgender Zusammenhang:

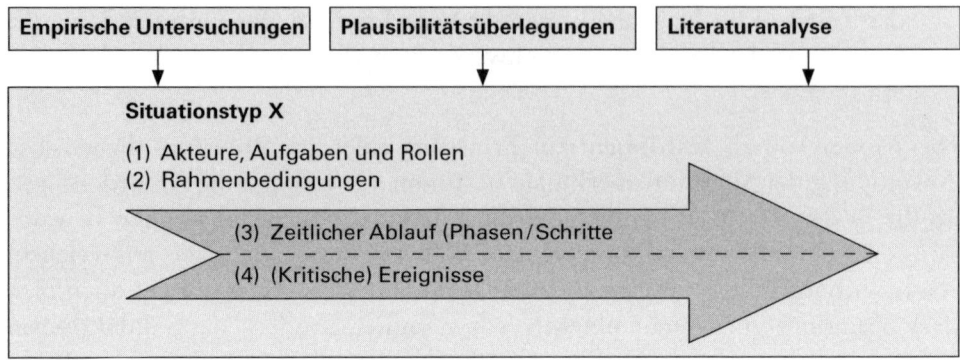

Abbildung 3: Bestimmung von Situationstypen

Generell ist auch hier zu beachten, dass Situationstypen nicht objektiv vorgefunden, sondern nach didaktischen Erwägungen konstruiert werden. «Das als ‹Situation› Gekennzeichnete ist keine Tatsache im physikalischen Sinn, sondern Resultat einer Tatsacheninterpretation, also ein theoretisches Konstrukt.» (HEID, 2001, S. 513. Vgl. auch BECK, 1996, S. 92). Die Auswahl von Situationstypen und ihre Abgrenzung sind demnach abhängig von der Entscheidung darüber, auf welchen Praxisausschnitt eine Person vorbereitet werden soll. Auch der Zeitrahmen einer didaktischen Einheit bestimmt die Abgrenzung. So werden bei 90-Minuten-Einheiten in der Regel konkretere Situationszuschnitte betrachtet werden als dies für ein Tagesseminar möglich wäre. Ein dreiwöchiger Intensivkurs bietet andere Zuschnittsmöglichkeiten als ein mehrtägiger Seminarblock, der aufgrund der zeitlichen Restriktionen in inhaltlicher Hinsicht im Vergleich zum Intensivkurs erhebliche Grenzen setzt. Zu denken ist auch an die Lernvoraussetzungen der Lernenden. So bieten die unterschiedlichen Erfahrungshintergründe und das Leistungsniveau der Lernenden unterschiedliche Möglichkeiten und Grenzen für den situativen Zuschnitt. Damit verbunden ist auch die Frage, für welche Zielgruppe didaktische Überlegungen anzustellen sind. Ist diese an einer spezifischen Fragestellung interessiert und ist die Anzahl der Lernenden überschaubar, dann werden die situativen Bezüge eher enger zu fassen sein, währenddessen bei einer sehr großen und heterogenen Zielgruppe der situative Rahmen entsprechend abstrakt zu formulieren ist, damit er für möglichst viele der Lernenden einen Anwendungsbezug besitzt.

Die nachfolgende Abbildung verdeutlicht den Zusammenhang von einzelnen Situationen und möglichen Zuschnitten von Situationstypen am Beispiel des Konfliktgesprächs:

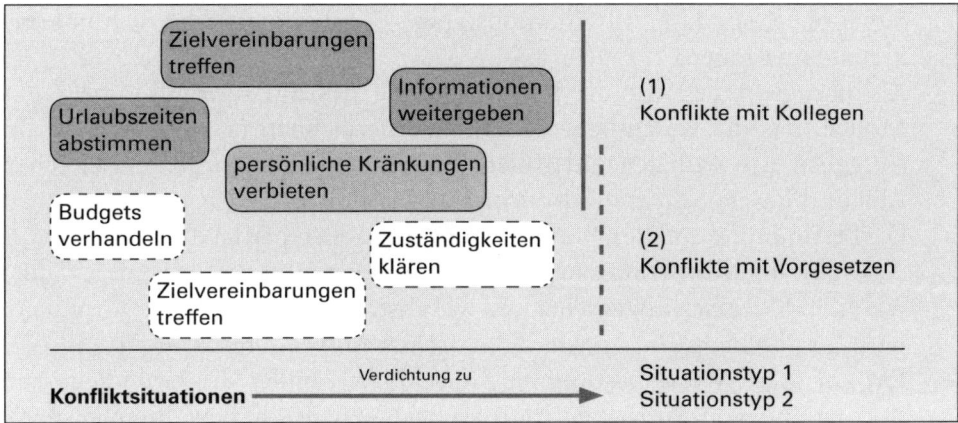

Abbildung 4: Abgrenzung von Situationstypen (vgl. Euler & Hahn, 2004, S. 238)

Demnach lässt sich der Zuschnitt eines Situationstyps nicht objektiv aus vorliegenden Kriterien ableiten, sondern er lässt sich jeweils nur auf der Basis didaktischer Überlegungen begründen.

4.5 Konsequenzen für die Bestimmung von Sozialkompetenzen

Welche Konsequenzen für die Bestimmung von Sozialkompetenzen ergeben sich nun aus den skizzierten Überlegungen? In Kapitel 2 wurde herausgearbeitet, dass Sozialkompetenzen notwendige Dispositionen zur Bewältigung von Lebenssituationen darstellen, die durch die Interaktion mit anderen Menschen bestimmt sind und entsprechende Anforderungen an das soziale Handeln eines Menschen stellen. Entsprechend wird davon ausgegangen, dass Sozialkompetenzen situations(typen)spezifisch zu bestimmen und zu präzisieren sind. Die Beschreibung von Situationstypen soll die Grundlage schaffen, die auf sie bezogenen Kompetenzen in den drei Handlungsdimensionen Wissen, Fertigkeiten und Einstellungen zu bestimmen. Hinsichtlich der Klärung des Begriffs der «Situation» bzw. des «Situationstyps» und der Bestimmung von Situationen lassen sich folgende Ergebnisse festhalten:

– Situationen beschreiben die raum-zeitlichen Bedingungen für soziales Handeln, wobei die Akteure mit ihren individuellen Dispositionen einen Teil der Situation ausmachen.

43

– Wenngleich die Wahrnehmung der Situation subjektabhängig erfolgt, ist es aufgrund von Sozialisationseinflüssen möglich, sozial geteilte Situationsdeutungen zu entwickeln.

– Die Bestimmung von Sozialkompetenzen bezieht sich nicht auf singuläre Situationen, sondern auf Situationstypen. Diese aktualisieren sich in konkreten Situationen.

– Als Bezugsrahmen für die Kennzeichnung des Situationstyps dient ein Modell, das die wesentlichen Merkmale bezeichnet: (a) Akteure; soziale Aufgaben, Erwartungen und Rollen; (b) Rahmenbedingungen; (c) Zeitlicher Ablauf (Phasen, Schritte); (d) (kritische) Ereignisse.

– Die Bestimmung und Beschreibung von Situationstypen ist das Ergebnis von Auswahl- und Konstruktionsprozessen. Welcher Situationstyp ausgewählt, wie er im Einzelnen abgegrenzt und wie abstrakt oder konkret er formuliert wird, ist abhängig von seinem didaktischen Anwendungskontext.

– Ein auf diese Weise bestimmter Situationstyp bildet die Grundlage zur Begründung von Situationsanforderungen, zu deren Bewältigung spezifische Sozialkompetenzen erforderlich sind.

Aus den bisherigen Ausführungen ergeben sich für die Bestimmung von Sozialkompetenzen folgende Zusammenhänge:

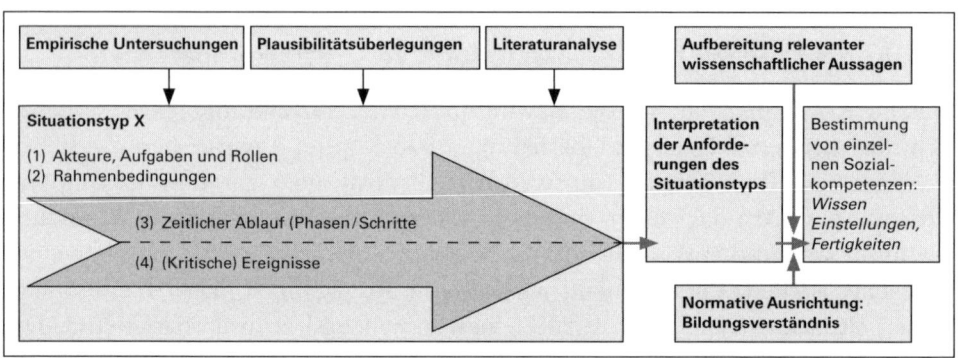

Abbildung 5: Bestimmung von Sozialkompetenzen für einen Situationstyp

Die Abbildung gibt das curriculumtheoretische Vorgehen wieder: Mit Hilfe empirischer Untersuchungen, Literaturanalysen und Plausibilitätsüberlegungen wird der Situationstyp bestimmt und beschrieben. Hiervon ausgehend lassen sich Situationsanforderungen interpretieren, mit denen die Interagierenden bei der angemessenen Bewältigung des Situationstyps konfrontiert sind. Auf der Basis der Bewertung dieser Situationsanforderungen anhand der normativen

Ausrichtung und vor dem Hintergrund relevanter wissenschaftlicher Aussagen werden die relevanten Sozialkompetenzen begründet.

5 Vertiefungen 3: Wertausrichtung in der didaktischen Interaktion

Soziale Interaktionen sind als eine spezifische Form des Handelns notwendigerweise zielgerichtet. Die inhaltliche Ausrichtung dieser Ziel- bzw. Wertgerichtetheit von sozialen Interaktionen kann norm*be*schreibend oder norm*vor*schreibend, deskriptiv oder präskriptiv formuliert werden. Normbeschreibende Aussagen konzentrieren sich darauf, die mit dem Verständnis von Sozialkompetenzen verbundene Zielausrichtung der sozialen Interaktion im Sinne von Erkenntnissen über Normen darzustellen. Normvorschreibende Aussagen verfolgen die Absicht, selbst Normen für die Gestaltung einer sozialen Interaktion vorzuschlagen, zu begründen und deren Geltung als Bestandteil von Sozialkompetenzen im Sinne von Bekenntnissen zu Normen zu fordern.

In den wissenschaftlichen Quellen sind Beispiele für beide Zugänge in der Ausweisung von Ziel- bzw. Wertausrichtungen vorhanden. So finden sich etwa in der *Kommunikationspsychologie* zahlreiche Zielausrichtungen für die Gestaltung von Interaktionssituationen. Diese begründen sich teilweise durch das unterlegte konstruktivistische Kommunikationsverständnis, welches einen toleranten und respektvollen Umgang mit anderen Sichtweisen und Interessen nahe legt. Teilweise stützen sie sich auf das Bekenntnis zu einem Menschenbild; so lässt beispielsweise SCHULZ VON THUN in Anlehnung an die Wertgrundlagen der Humanistischen Psychologie an vielen Stellen seine Präferenz für eine verständigungsorientierte Kommunikationsgestaltung erkennen. Zugleich impliziert das Postulat der Selbstverantwortung des Individuums, dass Ziele und Werte nicht oktroyiert werden sollen, sondern durch die handelnden Personen selbst zu bestimmen und zu verfolgen sind. Für die Präzisierung von Sozialkompetenzen resultiert daraus die Anforderung an das Individuum, sich über seine in einer sozialen Interaktion verfolgten bzw. angestrebten Ziele und Werte bewusst zu sein. Diese Ziele bzw. Werte werden in einer sozialen Interaktion beispielsweise als Ausprägung des Beziehungs- oder Absichtsaspekts erkennbar. Das von SCHULZ VON THUN vorgelegte Wertequadrat (vgl. SCHULZ VON THUN, 2000b, S. 38 ff.) stellt in diesem Rahmen ein Instrument dar, sich situationsbezogen über die wünschenswerten Ziele Klarheit zu verschaffen und sein Handeln konsistent an ihnen auszurichten.

In der *Pädagogischen Soziologie* werden Ziele und Werte über das Konstrukt der sozialen Rolle bzw. der sozialen Normen eingeführt. Soziale Normen als Erwartungen an das Individuum, sich in einer sozialen Interaktion in einem Korridor akzeptierter Ziele und Werte zu bewegen, können dabei in einem Spannungsverhältnis zu den angestrebten individuellen Zielen stehen. Eine normbeschreibende Aufnahme dieses Spannungsverhältnisses besteht in der Beschreibung und Typologisierung von Mechanismen der Handlungskoordination. Eine normvorschreibende Rezeption stellt etwa das Postulat von KRAPPMANN dar, nach dem das Individuum seine Autonomie gegenüber Rollenanforderungen behaupten und die Kompetenz erwerben soll, sich gegen die sozialen Erwartungen zur Wehr zu setzen.

In der *Sozialpsychologie* bilden Einstellungen eine zentrale Kategorie für die Erklärung der Entstehung, Entwicklung und Wirkung einer sozialen Interaktion. Einstellungen wie beispielsweise Altruismus, Kooperation, Wettbewerb, pro- oder antisoziales Verhalten und anderes mehr zählen dabei zu verbreiteten Forschungsgegenständen. Zahlreiche Befunde treffen sich in der Aussage, dass Einstellungen zumeist situationsabhängig wirksam werden, wobei in diesem Zusammenhang die Wahrnehmung der Interaktionspartner von großer Bedeutung ist. Der Grundsatz der Reziprozität wird dabei als ein tragendes Prinzip der Gestaltung einer sozialen Interaktion hervorgehoben, wobei die konkrete Ausprägung von der Art der Beziehung abhängt. In engeren Beziehungen ist die Form der Reziprozität tendenziell altruistisch ausgeprägt, ansonsten ist sie formeller, weniger persönlich und auf einen kurzfristigen Nutzenausgleich gerichtet. Neben diesen normbeschreibenden finden sich auch in der Sozialpsychologie präskriptive bzw. krypto-normative Aussagen. So wird beispielsweise prosoziales Handeln in einer sozialen Interaktion mit Werten wie Fairness oder sozialer Verantwortung konnotiert, während aggressives Handeln mit negativ besetzten Werten wie beispielsweise Ausübung von Zwang und Macht verbunden wird.

Theorien der *Entwicklungspsychologie* beschreiben die Potenziale eines Menschen zur Gestaltung einer Interaktionssituation in einem bestimmten Alter bzw. auf einer spezifischen Entwicklungsstufe. Sie verdeutlichen, dass ein Individuum im Laufe seiner Ontogenese immer wieder neue Optionen zur Entwicklung von Werten und entsprechenden Einstellungen erfährt. Im Rahmen der Beziehung zu den Eltern, Geschwistern oder Peers bilden sich beispielsweise personenbezogene Einstellungen in Hinblick auf Vertrauen oder Verantwortungsübernahme. So fordern Eltern in der Regel von ihren Kindern mit zunehmendem Alter eine wachsende Selbstverantwortung; in diesem Prozess lernen Kinder beispielsweise Regeln des sozialen Umgangs, Prinzipien der Fairness und Gerechtigkeit, das Aushandeln von Ansprüchen sowie die Übernahme von

Verantwortung für sich selbst und andere. Es entwickeln sich u. a. Balancen zwischen Bindung und Ablösung, Nähe und Distanz, Vertrauen und Misstrauen sowie unterschiedliche Formen des Umgangs mit Konflikten. In der Interaktion mit Geschwistern entstehen Einstellungen in Hinblick auf die Gestaltung einer nicht-kündbaren Beziehung. Eine neue Dimension erfährt diese Entwicklung in der Beziehung zu Peers und Freunden, insbesondere in der Gestaltung von sozialem Austausch (u. a. gegenseitige Unterstützung, Aushandeln von Ansprüchen, Umgang mit Dominanz und Macht), aber auch in der Erfahrung von Ablehnung, Hass oder Solidarität in der Eigengruppe bei gleichzeitiger Abgrenzung gegenüber einer Fremdgruppe. In diesen Entwicklungsprozessen kann sich stufenweise die Kompetenz zur Koordination von fremder und eigener Perspektive herausbilden, eine wesentliche Voraussetzung zur Realisierung einer verständigungsorientierten sozialen Interaktion. Zudem besitzt das Prinzip der Reziprozität auch in der Entwicklungspsychologie eine hohe Bedeutung.

Theorien der *pädagogischen Kommunikation* beschreiben die Ausprägung sowie Erklärungszusammenhänge von sozialen Beziehungen in pädagogischen Interaktionssituationen. In diesem Rahmen werden beispielsweise Beziehungsstrukturen zwischen Lehrenden und Lernenden in unterschiedlichen Dimensionen typologisiert (z. B. symmetrisch vs. asymmetrisch, Nähe vs. Distanz, Grad an Vertrauen und Wertschätzung). Teilweise werden spezifische Beziehungsqualitäten in pädagogischen Kontexten mit unterschiedlichen Lernpotenzialen verbunden, so u. a. für die Herausbildung von Einstellungen und Werten, die wiederum in zukünftigen sozialen Interaktionen wirksam werden können. Darüber hinaus beschäftigen sich einzelne Theorien mit der Analyse von Interaktionsstörungen, wobei zum einen die Bedeutung von zugrunde liegenden Werthaltungen betont wird, zum anderen notwendige Einstellungen beispielsweise im Zusammenhang mit der Bewältigung von Konfliktsituationen spezifiziert werden.

Zusammenfassend lassen sich in den bezugswissenschaftlichen Quellen zahlreiche Beispiele für spezifische Ziele und Werte identifizieren, die als mögliche Ausrichtung einer sozialen Interaktion entweder normbeschreibend für konkrete Praxissituationen aufgenommen oder die normvorschreibend als Postulate einzelner Autoren in spezifischen Situationen eine Geltung beanspruchen. Kennzeichnend für eine soziale Interaktion ist dabei das Spannungsverhältnis von individuellen Ansprüchen und sozialen Anforderungen, von individuellen Zielen und sozialen Normen. Die Strukturierung dieses Spannungsverhältnisses kann beispielsweise über das so genannte Wertequadrat vorgenommen werden.

Was leisten diese Ausführungen für die Frage nach der Präzisierung von Sozialkompetenzen? Die Gestaltung einzelner bzw. typischer Interaktionssituationen entlang der exemplarisch skizzierten Werte und Ziele stellt an das Individuum Anforderungen, deren Bewältigung an die Existenz entsprechender Einstellungen gebunden ist. Sozialkompetenzen in der Dimension von Einstellungen erlauben es dem Individuum, in einer sozialen Interaktion wert- und zielgerichtet zu handeln. Die konkrete Ausprägung dieser Ziele und Werte kann – so die Prämisse – nicht oktroyiert und verordnet, sondern nur unterstützt und ermöglicht werden. Oder anders formuliert: Die Entwicklung von Einstellungen kann durch Lehrende zwar angestrebt, ihre spezifische Ausprägung hingegen nur mehr oder weniger attraktiv angeboten werden.

In den Theorien wird zumeist von einer situationsspezifischen Wirksamkeit von Einstellungen ausgegangen. Je nach Situationstyp aktiviert das Individuum entsprechend seiner Entwicklungsstufe unterschiedliche Einstellungen. Auch wenn es vor diesem Hintergrund keine situationsunabhängig «besten» Werte gibt, so legen viele der Theorien (z. B. sozialer Austausch, Reziprozitätsprinzip) nahe, dass die Kompetenz zur verständigungsorientierten Interaktion zumindest in einem Minimum vorhanden sein muss, um eine soziale Interaktion dynamisch und konstruktiv gestalten zu können.

6 Zusammenfassung: Präzisierung von Sozialkompetenzen als didaktisches Konstrukt

Die erarbeiteten Befunde können nunmehr aufgenommen und zusammengeführt werden, um die Frage zu klären, wie Sozialkompetenzen als als Zielgröße zur Gestaltung von Lernprozessen bzw. zur Diagnose von Lernvoraussetzungen präzisiert werden können.

Kapitel 6.1 fasst entlang der in Kapitel 2 eingeführten Definition von Sozialkompetenzen die vorgängigen Ausführungen zusammen. In Kapitel 6.2 wird ein curriculumtheoretisch gestütztes Verfahren vorgeschlagen, um Sozialkompetenzen in einem didaktischen Anwendungskontext zu präzisieren.

6.1 Definitionsmerkmale von Sozialkompetenzen

Grundlage ist das Bedeutungsverständnis von Sozialkompetenzen, das in Kapitel 2 eingeführt und über insgesamt fünf Merkmale expliziert wurde. Sozialkompetenzen werden in diesem Kontext verstanden als

(1) Disposition zur
(2) zielgerichteten
(3) Interaktion mit anderen Menschen
(4) über sachliche, soziale und persönliche Themen
(5) in spezifischen Typen von Situationen.

6.1.1 Kompetenzverständnis

Sozialkompetenzen als ein Bereich der menschlichen Handlungskompetenzen werden als interne Dispositionen des Individuums verstanden; als solche sind sie nicht direkt beobachtbar.

Das von uns vertretene Verständnis von Kompetenzen (synonym: Fähigkeiten) bezeichnet das Potenzial eines Menschen zur Bewältigung von Anforderungen in einem Spektrum ähnlicher Situationen. Kompetenzen kennzeichnen Dispositionen bzw. Verhaltensmöglichkeiten eines Menschen, die in konkreten Situationen aktiviert und aktualisiert werden können. Die Anforderungen können sich auf den Umgang mit Sachen, mit der eigenen Person oder mit anderen Menschen beziehen; entsprechend werden Sach-, Selbst- und Sozialkompetenzen unterschieden. Weitergehend können Sozialkompetenzen als notwendige Dispositionen zur Bewältigung von Interaktionen mit anderen Menschen über die drei Dimensionen Wissen, Einstellungen und Fertigkeiten konkretisiert und präzisiert werden.

6.1.2 Wert- und Zielgerichtetheit von Sozialkompetenzen

Die soziale Interaktion als eine Form des menschlichen Handelns wird getragen durch Werte bzw. Ziele, die zugleich als Ausprägung der Einstellungsdimension verstanden werden können. Des Weiteren wurde begründet, dass Werte als Grundlage einer sozialen Interaktion den Interagierenden nicht aufgezwungen werden können. Ferner wurde in Hinblick auf den Zusammenhang der Dimensionen Fertigkeiten und Einstellungen darauf hingewiesen, dass spezifische soziale Fertigkeiten (z. B. rhetorische Fertigkeiten) mit unterschiedlichen Einstellungen verbunden bzw. für gegensätzliche Ziele instrumentalisiert werden können.

6.1.3 Soziale Interaktion

Legt man die Strukturkomponenten einer Handlungskompetenz zugrunde, so kann die «soziale Interaktion» prinzipiell sowohl als Verhaltens- als auch als Inhaltskomponente auftreten. Im ersten Fall ist der Prozess des Interagierens angesprochen, im zweiten Fall wird die soziale Interaktion zu einem Gegenstand, auf den sich eine Aktivität richtet (z. B. Planung oder Beurteilung einer sozialen Interaktion). Eine Verbindung der beiden Zugänge findet beispielsweise im Rahmen einer Meta-Kommunikation (bzw. Meta-Interaktion) statt, indem über die Interaktion kommuniziert wird.

6.1.4 Thematischer Bezug der sozialen Interaktion

Soziale Interaktionen beziehen sich auf Themen, die analog zur Unterscheidung von Kompetenzbereichen sachlicher, sozialer und persönlicher Art sein können.

– Soziale Interaktionen mit dem Schwerpunkt auf sachlichen Themen sind auf verfügbare Sachkompetenzen bzw. auf die Fähigkeiten der Interaktionspartner angewiesen, bestehende sachliche Lücken zu schließen. Sofern die Schließung dieser Lücken innerhalb der sozialen Interaktion erfolgt (z. B. durch Befragung oder kooperative Wissenserarbeitungsprozesse), sind damit unmittelbar soziale Kompetenzanforderungen verbunden.

– Soziale Interaktionen mit dem Schwerpunkt auf persönlichen Themen sind auf die Fähigkeit angewiesen, Gefühle, Empfindungen, Einstellungen, Werte u. ä. aufnehmen und ausdrücken zu können. Insofern besteht hier eine Verbindung zu Selbstkompetenzen.

– Soziale Interaktionen mit dem Schwerpunkt auf sozialen Themen nehmen das zwischenmenschliche Zusammenwirken der Interaktionspartner in den Blick. Als eine spezifische Ausprägung dieses Schwerpunkts kann die Meta-Kommunikation bzw. Meta-Interaktion verstanden werden. In dieser Perspektive verbinden sich Verhalten (Interagieren) und Inhalt (Interaktion) und stellen spezifische Kompetenzanforderungen an die Interaktionspartner. Im Einzelnen bilden beispielsweise das Aushandeln von sozialen Normen bzw. Interaktionsregeln, die Klärung von Interaktionsstörungen oder die Vergewisserung der Beziehungsdefinitionen das Thema der Interaktion.

Die Ausführungen verdeutlichen, dass Sozialkompetenzen mit Sach- und Selbstkompetenzen verknüpft sein können und diese Kompetenzbereiche zuweilen nur schwer voneinander zu trennen sind.

6.1.5 Situationsbezug der sozialen Interaktion

Sozialkompetenzen werden nicht universell, sondern situationsspezifisch erworben und sind entsprechend auch nur situationsspezifisch anwendbar. Diese Annahme lässt sich nach Auswertung relevanter Theorien nachdrücklich stützen.

So werden viele Grundmodellierungen in den entsprechenden Theorien zwar generisch vorgenommen (z. B. Nachrichtenquadrat, sozialpsychologische Prozesse der interpersonalen Wahrnehmung, Unterscheidung von Beziehungstypen und Kommunikationsstilen), jedoch machen die Konkretisierungen und Illustrierungen deutlich, dass ihre Ausprägungen situationsspezifisch unterschiedlich verlaufen. Eine Stützung erfährt diese Aussage durch die Grundfigur vieler Theorien, nach der das Handeln in einer sozialen Interaktion eine Verbindung von persönlicher und sozialer Identität, von authentischen und situationsangemessenen Verhaltensanteilen erfordert. Demnach begründen Situationen unterschiedliche Anforderungen, Erwartungen und Normen, die vor dem Hintergrund individueller Bedürfnisse und Ansprüche aufzunehmen sind und denen situationsgerecht entsprochen werden muss.

Im Ergebnis lässt sich zusammenfassen, dass die Anwendbarkeit von verfügbaren Sozialkompetenzen an mehr oder weniger eng abgegrenzte Situationstypen gebunden ist. Unter welchen Bedingungen zwischen einzelnen Situationstypen ein Transfer stattfindet, bleibt dabei ungeklärt.

6.1.6 Zusammenführung

Die Bestimmungsgrößen einer sozialen Interaktion können in dem folgenden Modell zusammengeführt werden:

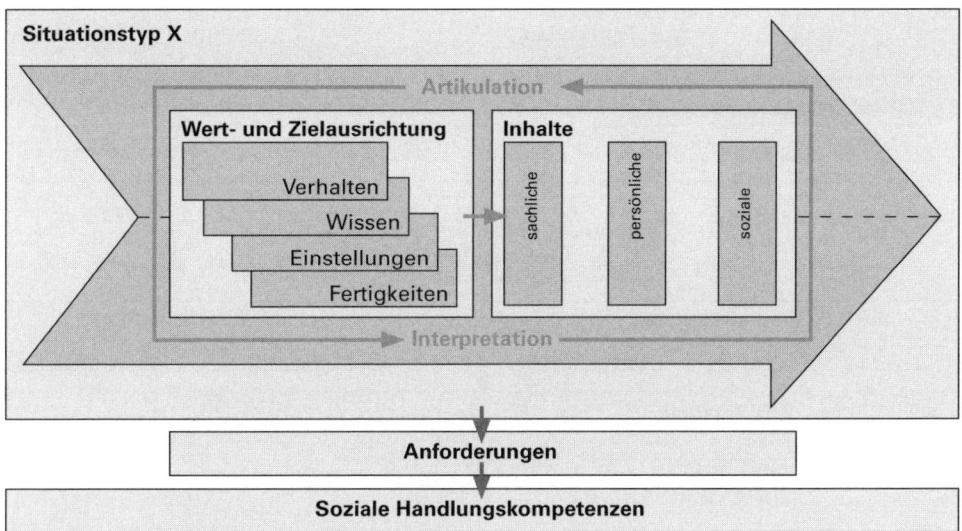

Abbildung 6: Modell der sozialen Interaktion

6.2 Verfahren zur Bestimmung von Sozialkompetenzen in einem didaktischen Anwendungskontext

Nachdem die Bestimmungsgrößen für die Präzisierung von Sozialkompetenzen diskutiert und ausdifferenziert wurden, stellt sich die Frage, wie der Prozess zur Bestimmung von Sozialkompetenzen in einem spezifischen Situationskontext gestaltet werden kann. Das folgende Modell erweitert die vorgängigen Ausführungen um diesen Aspekt und wird nachfolgend näher erläutert.

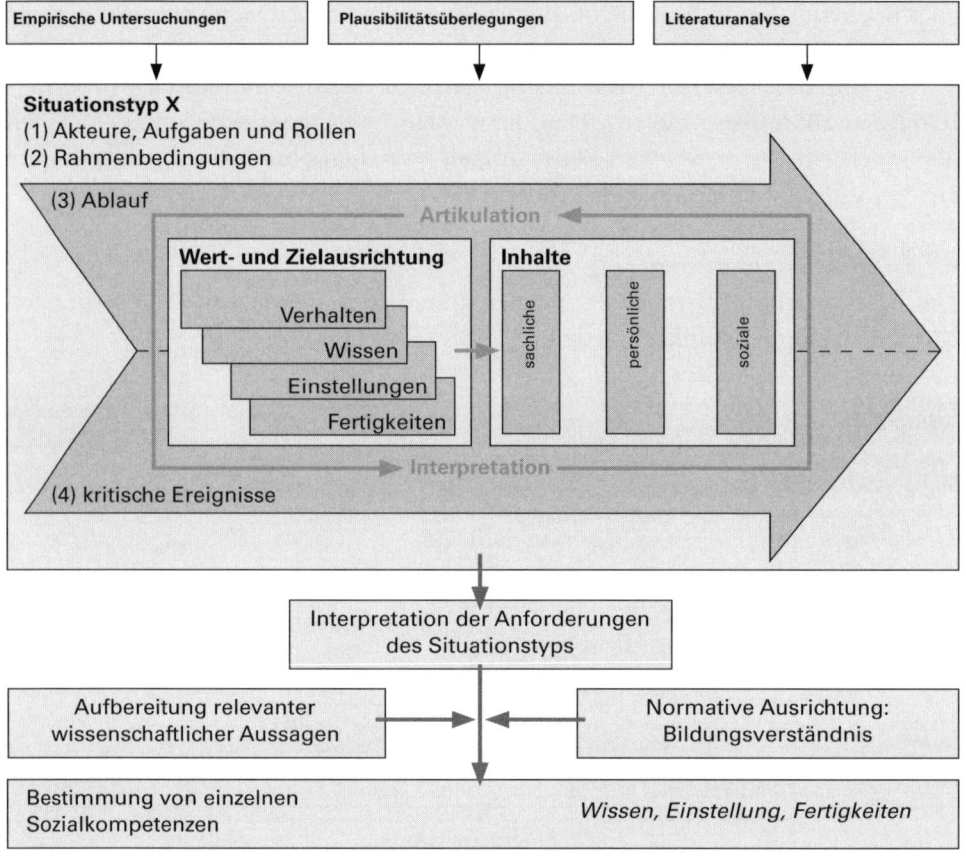

Abbildung 7: Bestimmung von Sozialkompetenzen für einen Situationstyp

Der Situationsbezug einer sozialen Interaktion legt nahe, zu Beginn der Kompetenzbestimmung den relevanten Situationstyp abzugrenzen. Dieses Vorgehen korrespondiert mit der Entscheidung, Lebenssituationen als den Ausgangs- und Bezugspunkt für die Bestimmung von Handlungskompetenzen zu wählen. Situationstypen werden dabei nicht objektiv vorgefunden, sondern nach didaktischen

Erwägungen konstruiert, d. h. die Auswahl von Situationstypen und ihre Abgrenzung sind abhängig von der Entscheidung darüber, auf welche Lebenssituationen eine Person vorbereitet werden soll. Die situationstheoretischen Grundlegungen und insbesondere das Modell des Situationstyps (vgl. Kapitel 4.3) bieten für die Beschreibung und Erfassung eines Situationstyps die zentralen Kategorien. Die Ausprägung der Situationsmerkmale bestimmt maßgeblich die Anforderungen an die in der Situation Handelnden und damit auch die zur erfolgreichen Bewältigung erforderlichen Sozialkompetenzen.

In methodischer Hinsicht können die abgegrenzten Situationstypen über Situationsanalysen konkretisiert werden, die sich insbesondere auf empirische Untersuchungen, Literaturanalysen oder Plausibilitätsüberlegungen stützen. So können an dieser Stelle auch wissenschaftliche Aussagen für die Curriculumentwicklung nutzbar gemacht werden. In der Regel ist davon auszugehen, dass diese Quelle alleine nicht ausreicht, eine Konkretisierung des Situationstyps vorzunehmen. Zum einen erfassen wissenschaftliche Aussagen einen Gegenstandsbereich aufgrund von Forschungslücken häufig nur unvollständig bzw. aufgrund von unterschiedlichen Modellierungen auch gegensätzlich; zum anderen wird es aus arbeitsökonomischen Gründen häufig nicht möglich sein, in der Curriculumentwicklung alle verfügbaren wissenschaftlichen Befunde in einer vertretbaren Zeit auszuwerten. Aus diesen Gründen sind komplementär auch andere Bestimmungszugänge zu berücksichtigen.

Die Bestimmung und Beschreibung von Situationstypen ist das Ergebnis von Auswahl- und Konstruktionsprozessen. Ein konkretisierter Situationstyp bildet den Ausgangspunkt zur Begründung von Situationsanforderungen, zu deren Bewältigung spezifische Sozialkompetenzen erforderlich sind. Der Zusammenhang zwischen einem Situationstyp und Kompetenzanforderungen ist ein interpretativer, d. h. aus der prinzipiellen Komplexität einer Situation werden einzelne Aspekte hervorgehoben, die als Anforderung für die Kompetenzbestimmung als besonders bedeutsam bewertet werden. Die Interpretation von Anforderungen aus Situationen beinhaltet zudem eine Entscheidung über den Abstraktionsgrad in der Begriffswahl.

An dieser Stelle kann nunmehr als dritte Komponente neben Lebenssituationen und wissenschaftlichen Aussagen die normative Ausrichtung der Situationsanforderungen in das Verfahren integriert werden. So ist die Möglichkeit zu berücksichtigen, dass Kompetenzanforderungen normativ überformt werden, d. h. die analytisch ermittelten Anforderungen nicht gewünscht werden oder einzelne Rahmenbedingungen des Situationstyps nicht akzeptiert werden. Ein Beispiel soll dies verdeutlichen: Bezogen auf einen abgegrenzten Situationstyp «Konflikte mit Kollegen klären» würde über die Konkretisierung der Situationsmerkmale u. a. ein kritisches Ereignis wie beispielsweise «Vorgesetzte erwarten, dass auftretende Konflikte nicht öffentlich werden» herausgearbeitet. In normativer Hinsicht kann man mit einer solchen Situation unterschiedlich verfahren: Man könnte diese Vorgabe akzeptieren und somit als Kompetenzanforderung aufnehmen, man könnte diese Vorgabe aber auch in Frage stellen und deshalb als Kompetenzanforderung ablehnen. In jedem Fall kann die normative Ausrichtung des eigenen Handelns reflektiert und bewusst gemacht werden.

7 Exemplarische Illustration: Bestimmung von Sozialkompetenzen am Beispiel des Situationstyps «Beratungsgespräche kundenorientiert führen»

Im Folgenden werden die theoretischen Grundlegungen aufgenommen und auf ein zusammenhängendes Beispiel angewendet. Dies geschieht aus der Perspektive eines Didaktikers, der eine Bildungsmaßnahme für die Vorbereitung von Mitarbeitern der Finanzdienstleistungsbranche auf die kundenorientierte Führung von Beratungsgesprächen planen soll. Das Bildungsangebot soll aus mehreren Modulen bestehen. Jedes einzelne Thema, wie «Ermittlung des Kundenproblems», soll im Rahmen eines Seminars erarbeitet und anschließend in einer angeleiteten und unterstützten Phase am Arbeitsplatz angewendet und gefestigt werden.

Die Entwicklung des Curriculums erfolgt dabei in den folgenden drei Schritten:

1. Abgrenzung und Kennzeichnung des Situationstyps anhand des Modells der sozialen Kommunikation
2. Ausweisung der angestrebten Wertausrichtung
3. Bestimmung der Sozialkompetenzen

In Anlehnung an die curriculumtheoretischen Ausführungen in den Kapiteln 4.4 und 4.5 kann darauf hingewiesen werden, dass der erste Schritt den Zugriff auf Situationstypen bzw. relevante wissenschaftliche Aussagen voraussetzt. Der zweite Schritt stützt sich auf ein Bildungsverständnis, das dem didaktischen Handeln unterlegt ist. Der dritte Schritt besteht darin, die aus den vorangegangenen Schritten resultierenden Anforderungen in eine Bezeichnung von Sozialkompetenzen umzuwandeln.

Konkret folgen die inhaltlichen Ausführungen im Wesentlichen DUMPERT, 2001, S. 94 ff. Seine Kennzeichnung des Situationstyps wiederum stützt sich auf eine umfangreiche Literaturauswertung sowie fallbezogene empirische Analysen zu unterschiedlichen Bereichen der betrieblichen Beratungspraxis (vgl. detailliert DUMPERT, 2001, S. 121 f.).

7.1 Abgrenzung und Kennzeichnung des Situationstyps

Der Situationstyp wird nunmehr entlang des in Kapitel 4.3 skizzierten Modells (vgl. Abbildung 2) präzisiert.

7.1.1 Akteure, Aufgaben und Rollen

Die Grundkonstellation des Situationstyps «Beratungsgespräche in Unternehmen der Dienstleistungsbranche kundenorientiert führen» besteht darin, dass ein Berater potenzielle Kunden in finanziellen Fragen berät. Auf Kundenseite steht zumeist eine Einzelperson, gegebenenfalls mit einer Begleitung. Als Anbieter von Finanzdienstleistungen gelten insbesondere Banken, Bausparkassen und Versicherungen. Kunden lassen sich etwa beraten, um Liquidität zu sichern, Geld- oder Sachvermögen wie Spareinlagen oder Hypotheken zu bilden oder Risiken abzusichern. Im Vordergrund steht ein Sachthema, doch kann dies für den Kunden mit einer Vielzahl sensibler Themen verbunden sein.

7.1.2 Rahmenbedingungen

Beratungsgespräche können durch *Medien* (z. B. Laptop) unterstützt werden und an unterschiedlichen *Orten* stattfinden (z. B. beim Kunden, im Betrieb). Die Beratung erfolgt vor dem Hintergrund, dass für das Problem des Kunden mindestens zwei den Zielvorstellungen entsprechende *Handlungsalternativen* existieren. Auf diese Weise werden Beratungsgespräche von solchen Situationen abgegrenzt, in denen der Kunde lediglich eine Auskunft oder die Bearbeitung bzw. Abwicklung eines Auftrags wünscht.

7.1.3 Ablauf des Kundenberatungsgesprächs

Das Beratungsgespräch wird in verschiedene Phasen eingeteilt, wobei jede davon bestimmte Teilziele verfolgt:

- Aufbau einer vertrauensvollen Gesprächsatmosphäre
- Ermittlung des Problems des Kunden
- verständliche Darbietung und gemeinsame Entwicklung von Lösungsalternativen

55

- bedarfsgerechte Unterstützung des Kunden bei der für ihn bestmöglichen Entscheidung
- Sicherung einer vertrauensvollen Gesprächsatmosphäre

7.1.4 Kritische Ereignisse

Im Hinblick auf die Gestaltung des Gesprächsverlaufs werden nun phasenübergreifend bzw. -spezifisch kritische Ereignisse und darauf bezogene Bedingungen erschlossen und konkretisiert. So könnten beispielsweise Ereignisse erkundet werden, die sich auf bestimmte Kundentypen stützen. So sind beispielsweise offene und verschlossene, freundlich-zuvorkommende, unfreundlich-abweisende, entscheidungsfreudige oder zögerliche Kunden zu unterscheiden.

Nachfolgend eine Auswahl möglicher kritischer Ereignisse:

- Der Berater hat schlechte Erfahrungen mit bestimmten Kundentypen gemacht, die als Stereotype nachwirken. Dies kann in der Interaktion zum Einstieg in einen Teufelskreis führen, indem der Berater bei dem aktuellen Kunden auf all jene Verhaltensweisen sensibel reagiert, die seine Erwartungshaltung verstärken. Auch kann der Kunde entsprechend schlechte Erfahrungen mit bestimmten Beratertypen in das Gespräch einbringen. Entsprechend bringt er dem Berater Misstrauen entgegen und beantwortet die Fragen unvollständig und zurückhaltend.
- Der Kunde hat eine überzogene Erwartungshaltung an den Berater, z. B. Detailinformationen sofort zu erhalten oder Garantien zugesichert zu bekommen. Werden diese nicht erfüllt, so kann dies beim Kunden Unzufriedenheit auslösen, beim Berater Verärgerung oder Selbstzweifel.
- Der Kunde erscheint mit einem «Experten» zum Beratungsgespräch (z. B. fachkundiger Freund, Steuerberater). Der Berater könnte dies als Misstrauen in Hinblick auf seine Vertrauenswürdigkeit verstehen. Zudem könnte dies zu einem «Wettkampf» zwischen Berater und Experten führen, bei dem das Anliegen des Kunden in den Hintergrund gedrängt wird.
- Der Kunde ist fachlich überfordert oder unsicher, mag dies aber nicht eingestehen. Er hat Schwierigkeiten, die Fragen und Erklärungen des Beraters zu verstehen; der Berater möchte ihn nicht bloßstellen. Im Ergebnis wird die Sachlage nicht geklärt, weil das Gespräch oberflächlich bleibt. Der Berater reagiert ungeduldig oder gar ungehalten.
- Der Kunde äußert Werthaltungen in Hinblick auf Politik, Religion oder Lebensweisen, die den Auffassungen des Beraters grundlegend widersprechen. Darüber hinaus erwartet er, dass der Berater seine Urteile und Meinungen bestätigt. Der Berater reagiert jedoch, insbesondere non-verbal, mit Abwehr und Abgrenzung, was die Beziehungsebene belastet.

7.2   Ausweisung der angestrebten Wertausrichtung

Die Wertausrichtung präzisiert sich über die Frage, was unter dem Begriff der «Kundenorientierung» verstanden werden soll. Dahinter verbirgt sich das Spannungsverhältnis zwischen den Geschäftsinteressen des Finanzdienstleisters und den Ansprüchen des Kunden in Hinblick auf eine problemgerechte Lösung für sein Problem. In der Praxis konkretisiert sich dieses Spannungsverhältnis beispielsweise in der Frage, ob dem Kunden auch dann zum Kauf eines Produktes aus dem eigenen Angebot geraten werden soll, wenn dieses nur begrenzt sein Problem löst. Dagegen kann es aus Sicht der langfristigen Kundenbindung ökonomisch sinnvoller sein, die Beratung nicht nur auf den Verkauf der eigenen Produkte zu konzentrieren.

Im Rahmen dieses Spannungsfeldes soll folgende Wertausrichtung festgelegt werden: Kundenorientierung wird verstanden «als die verständigungsorientierte Entwicklung einer für das Kundenproblem bestmöglichen Lösung innerhalb eines auf langfristige Kundenbindung abzielenden Möglichkeitsrahmens» (DUMPERT, 2001, S. 90). «Verständigungsorientiert» soll bedeuten, dass die Berater im Rahmen eines kooperativen Problemlösungsprozesses ihre eigenen sowie die betrieblichen Vorstellungen und Interessen in die Beratung einbringen, sich zugleich aber für die Bedürfnisse der Kunden interessieren und diese ernst nehmen.

Das folgende Wertequadrat stellt die vertretene Wertausrichtung in diesen Kontext:

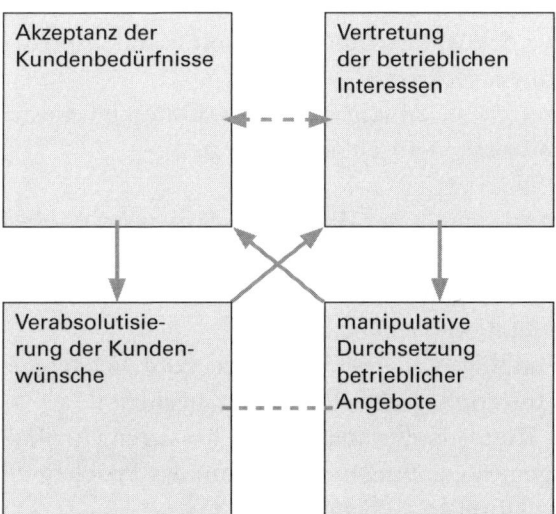

Abbildung 8: Wertausrichtung für die Gestaltung von kundenorientierten Beratungsgesprächen

7.3 Bestimmung der Sozialkompetenzen für den Situationstyp «Beratungsgespräch»

Die Kennzeichnungen von Situationstyp und Wertausrichtung können nunmehr aufgenommen und in die Frage überführt werden, welche Anforderungen sich daraus für das sozial-kommunikative Handeln des Beraters begründen lassen. Exemplarisch und in illustrativer Absicht sollen die folgenden Kompetenzen angeführt werden:

7.3.1 Sozialkompetenzen in der Handlungsdimension Wissen
– Komponenten des Modells einer sozialen Kommunikation im agentiven und reflexiven Schwerpunkt auf die Führung von kundenorientierten Beratungsgesprächen in Unternehmen der Dienstleistungsbranche beziehen
– Die Führung von kundenorientierten Beratungsgesprächen in Unternehmen der Dienstleistungsbranche hinsichtlich zentraler Merkmale (Aufgaben/Rollen, essenzielle Bestandteile, Ablauf, kritische Ereignisse) verstehen
– Kundenorientierung als eine mögliche Wertausrichtung für die Führung von kundenorientierten Beratungsgesprächen bewusst machen
– Typische Kommunikationsstörungen in der Führung von kundenorientierten Beratungsgesprächen verstehen und reflektieren

7.3.2 Sozialkompetenzen in der Handlungsdimension Einstellungen
– Beziehung zu Kunden entwickeln und dabei akzeptierte von abgelehnten Wertausrichtungen (im Rahmen eines Wertequadrats) unterscheiden
– Sensibilität für das Wahrnehmen von Kommunikationsstörungen im Beratungsgespräch entwickeln
– Bereitschaft zeigen, sich mit im Beratungsgespräch wahrgenommenen Kommunikationsstörungen auseinanderzusetzen

7.3.3 Sozialkompetenzen in der Handlungsdimension Fertigkeiten (begrenzt auf die Phase «Ermittlung des Kundenproblems»)
– Sachgehalt der (verbalen und non-verbalen) Kundenäußerungen interpretieren (Interpretation Sachebene)
– Kunden in Hinblick auf seine Fähigkeit zum Verstehen der Fachsprache einschätzen (Interpretation Selbstkundgabeebene)
– Interpretierte Kundenäußerungen paraphrasieren (Artikulation Sachebene)
– Situationsangemessene Fragen stellen, um das Problem des Kunden zu verstehen (Artikulation Sachebene)

- Begründungen für die Einbringung persönlicher Fragen in Hinblick auf das Beratungsziel artikulieren (Artikulation Sachebene)
- Wertschätzung für die Offenheit des Kunden artikulieren, wenn er bereit ist, persönliche Informationen zu geben (Artikulation Beziehungsebene)
- Latente Kommunikationsstörungen in der Gesprächsphase erkunden
- Techniken für die situationsgerechte Aufnahme von erkannten Kommunikationsstörungen einsetzen (z. B. Bitte um Klärung, Gesprächsvertagung)

Analysen

3

Integration von Sozialkompetenzen in Curricula

Dieter Euler
Annette Bauer-Klebl
José Gomez
Martin Keller
Sebastian Walzik

Dieser Teil befasst sich mit der Frage, wie soziale Kompetenzen in Curricula verankert werden können. In diesem Zusammenhang müssen diverse Aspekte untersucht werden. Am Anfang wird kurz eruiert, was der Begriff «Curriculum» in Einzelnen umfasst (Kapitel 8). Daran schließt sich die Frage an, welche Lebenssituationen für den Erwerb von Sozialkompetenzen als relevant erachtet werden sollen. Entsprechend werden in Kapitel 9 drei Legitimationsquellen für die Begründung der Auswahl von Lernzielen genauer beleuchtet. Kapitel 10 geht nochmals näher auf die erste Legitimationsquelle (wissenschaftliche Aussagen und Methoden) ein. Hier wird der Begriff «Sozialkompetenz» aus der Perspektive verschiedener disziplinärer Zugänge beleuchtet. Kapitel 11 verbindet all diese Überlegungen mit dem in Teil II begründeten Situationstypenansatz und stellt Literaturzugänge zur Präzisierung von Situationstypen dar. Den Abschluss dieses Teils (Kapitel 12) bildet eine Studie über die Verankerung von Sozialkompetenzen in Curricula der schweizerischen Berufsbildung.

8 Curriculumverständnisse

In Anlehnung an REETZ & SEYD manifestieren sich Curricula auf der Ebene der Planung und Steuerung primär als Ordnungsmittel (z. B. Berufsbilder, Ausbildungsrahmenpläne, Lehrpläne) sowie als Prüfungsanforderungen. Auf der Ebene der Realisation dokumentieren sie sich beispielsweise in Form von Lehrmaterialien, Medien oder Aufgaben (vgl. REETZ & SEYD, 1995, S. 203). Curricula treten demnach immer in Erscheinung, wenn Lehr-Lernprozesse systematisch geplant und realisiert werden sollen. Obwohl in der Curriculumdiskussion zumeist auf Lernprozesse abgehoben wird, die durch staatliche Rahmenvorgaben beeinflusst werden, lässt sich das Konzept auch auf andere Zusammenhänge übertragen (z. B. auf die Planung und Gestaltung einer betrieblichen Bildungsmaßnahme).

Mit Blick auf das hier verfolgte Erkenntnisinteresse fokussieren sich die Betrachtungen auf die strukturellen Merkmale von Curricula auf der Ebene der Planung und Steuerung von Lehr-Lernprozessen. In diesem Kontext wurden im Verlauf der curriculumtheoretischen Diskussion einige Begriffe eingeführt, deren Semantik auch für die Frage nach der Bestimmung und Präzisierung von Sozialkompetenzen bedeutsam sein könnte.

Eine Kernkategorie stellt der Lernzielbegriff dar. Lernziele bezeichnen die Handlungskompetenzen, «die bei einem Menschen zu einem zukünftigen Zeitpunkt angestrebt werden *sollen*.» (EULER & HAHN, 2004, S. 117). Lernziele können auf unterschiedlichen Abstraktionsebenen formuliert werden, in Anlehnung an MÖLLER wird häufig zwischen Richt-, Grob- und Feinzielen unterschieden (vgl. MÖLLER, 1995, S. 67). In struktureller Hinsicht können die folgenden Komponenten als Bestandteile eines Lernziels unterschieden werden:

- Verhaltenskomponente: Diese bezeichnet die Art der Aktivität bzw. Tätigkeit, die seitens des Lehrenden gezeigt werden soll (z. B. etwas erklären; berechnen; moderieren);
- Inhaltskomponente: Diese bezeichnet den Gegenstand, auf den sich die in der Verhaltenskomponente ausgedrückte Aktivität bezieht (z. B. Sachthema erklären; Kalkulation berechnen; Arbeitsbesprechung moderieren).
- Situationskomponente: Diese bezeichnet die Rahmenbedingungen, in denen die Aktivität zum Einsatz kommt (z. B. Sachthema gegenüber Mitschülern erklären; Kalkulation für die Erstellung eines Angebots berechnen; Arbeitsbesprechung unter gleichrangigen Arbeitskollegen moderieren). Wie die Beispiele zeigen, kann die Situationskomponente auch als eine Präzisierung der Inhaltskomponente verstanden werden.

Lernziele unterscheiden sich von Handlungskompetenzen durch den so genannten Solloperator, über den der normative Anspruch zum Ausdruck gebracht wird.

9 Legitimationsquellen von Curricula

Wenn Kompetenzen als stabile Disposition zur Bewältigung von Lebenssituationen dienen, dann ist damit bereits eine mögliche Legitimationsgrundlage angedeutet. Pointiert: Kompetenzen werden nicht als Selbstzweck entwickelt, sondern ihr Erwerb legitimiert sich dadurch, dass sie zur Bewältigung von Lebenssituationen erforderlich sind. Daraus ergeben sich zwei wesentliche Anschlussfragen: Welche Lebenssituationen sollen für den Erwerb als relevant erachtet werden? Wie soll eine «Bewältigung» dieser Lebenssituationen konkret erfolgen?

Die folgenden Überlegungen gehen diesen Fragen nach. Zudem wird die vertretene Position in den Kontext von erweiterten curriculumtheoretischen Betrachtungen gestellt, indem neben der Anbindung an Lebenssituationen andere Legitimationsquellen skizziert werden.

In der Theorie der Curriculumentwicklung werden zumeist drei *Legitimationsquellen* für die Begründung der Auswahl von Lernzielen bzw. Handlungskompetenzen angeführt, die miteinander verbunden sind. Im Folgenden werden diese Grundlagen zunächst getrennt eingeführt, um anschließend eine Verknüpfungsmöglichkeit vorzustellen.

9.1 Legitimationsquelle I: Wissenschaftliche Aussagen und Methoden

In diesem Ansatz gelten all jene Ziele und Inhalte als legitimiert, die sich durch wissenschaftliche Aussagen stützen lassen. Der Rückgriff auf die Wissenschaftsdisziplinen geht davon aus, dass in wissenschaftlichen Theorien die Wirklichkeit in einer repräsentativen Weise abgebildet wird und sich das in der Praxis Vorfindliche in Form von wissenschaftlichen Erkenntnissen wieder findet (vgl. REETZ & SIEVERS, 1983, S. 88). Handlungskompetenzen werden in der Folge als Verfügung über einen bestimmten Kanon an wissenschaftlichen Aussagen und Methoden definiert, d. h. die Lerninhalte bestehen aus einer didaktisch reduzierten Struktur von Wissenschaft. Allerdings ergibt sich in diesem Zusammenhang das Problem, dass es keinen verbindlichen und übereinstimmenden Kanon von Erkenntnissen in den Wissenschaftsdisziplinen gibt, sondern eine Vielzahl von Forschungsrichtungen und Lehrmeinungen existiert.

Das Prinzip der Wissenschaftsorientierung kann dabei entweder anpassungsbezogen oder kritisch ausgestaltet werden. Eine anpassungsorientierte Umsetzung liegt beispielsweise vor, wenn eine ökonomische Theorie aufgenommen wird, ohne etwa nach den humanen oder sozialen Prämissen oder Konsequenzen ihrer Aussagen zu fragen. Eine kritisch-reflexive Auslegung, wie sie der Strukturgitteransatz von BLANKERTZ bietet, würde demgegenüber die wissenschaftlichen Aussagen nicht ungefiltert in didaktische Aussagen überführen, sondern sie auf der Grundlage spezifischer Kriterien einer kritischen Diskussion unterziehen. Strukturgitter nehmen grundlegende Sachverhalte (Grundstrukturen) eines Gegenstandsfeldes aus den Wissenschaften auf, beziehen diese auf ein bildungstheoretisch gesetztes Ziel («edukative Intentionalität») und gewinnen als Ergebnis dieses Interpretationsprozesses spezifische Lerninhalte (vgl. BLANKERTZ, 1975, insbesondere S. 206).

9.2 Legitimationsquelle II: Lebenssituationen der Lernenden

Das Situationsprinzip nimmt eine Bestimmung und Begründung von Lernzielen und -inhalten über die Analyse von typischen Lebenssituationen vor, auf deren Bewältigung der Lernende vorbereitet werden soll. Mit der Entscheidung, die Bewältigung von Lebenssituationen als Ausgangspunkt der Curriculumentwicklung zu wählen, ist zum einen ein Leitkriterium vorgegeben, zum anderen wird eine engere Verbindung zur Erfahrung und Praxis der Lernenden hergestellt, als dies mit der Ausrichtung an wissenschaftlichen Aussagen der Fall ist. Entsprechend dem Problem der Ermittlung von relevanten Wissenschaftsstrukturen entsteht bei der Umsetzung des Situationsprinzips die Herausforderung, relevante und typische Lebenssituationen zu bestimmen.

Soll das Situationsprinzip nicht zur Tradierung des Bestehenden führen, so muss die Beschreibung von Lebenssituationen auch zukunftsbezogene Anforderungen berücksichtigen. Eine konzeptionelle Ausprägung erfährt die Zukunftsausrichtung in Zabecks «Modell einer antizipierenden Didaktik der Berufsausbildung»: Sie versucht, «die Konfrontation mit jenen Situationen vorwegzunehmen, denen der einzelne in seinem künftigen Berufsleben begegnen wird. Damit stellt sich für sie die Aufgabe, das zu konkretisieren, was als ‹Ausbildungsforderung› in der Regel von der Praxis recht vage vorgegeben wird.» (ZABECK, 1984, S. 130). Indem zukünftige Aspekte in die Bestimmung von Lernzielen einbezogen werden, kann zwar dem Vorwurf der Tradierung des Ansatzes entgegengewirkt werden – jedoch nur um den Preis eines neuen Problems, nämlich der methodischen Absicherung zukunftsbezogener Aussagen. In diesem Sinne ist der Rückgriff auf «Interpretation und Spekulation» (ZABECK, 1984, S. 135), nicht zuletzt aber gerade auch die Berücksichtigung normativ gewünschter Zukunftsvorstellungen, unvermeidbar.

Auch das Prinzip der Situationsorientierung kann anpassungsbezogen oder kritisch ausgelegt werden. Die anpassungsorientierte Ausrichtung zeigt sich beispielsweise dort, wo im Wesentlichen danach gefragt wird, welche Art von Qualifikationen bzw. Mitarbeitern «die Wirtschaft braucht». Eine kritisch-reflexive Position des situationsorientierten Ansatzes nimmt Reetz ein, wobei er das Situationsprinzip mit dem zuvor skizzierten Wissenschaftsprinzip und dem weiter unten noch erläuterten Persönlichkeitsprinzip verknüpft (vgl. REETZ, 1984, S. 106 f.). Sein Ausgangspunkt ist die Situationsorientierung. Die Persönlichkeitsorientierung wendet den Blick auf die Person des Lernenden und wird zu einer regulierenden Größe für das Situationsprinzip. Reetz kennzeichnet diese Kopplung als «erweiterten Qualifikationsbegriff», der Sach-, Sozial- und Selbstkompetenz umfasst: «Das Persönlichkeitsprinzip mit seiner kompetenzorientierten Variante und das Situationsprinzip erhalten somit für unseren Qualifikationsbegriff konstitutiven Charakter. Das Wissenschaftsprinzip hat in diesem Rahmen eine Kontrollfunktion bezüglich der Wahrheit der vermittelten Inhalte inne. Des weiteren bieten die Wissenschaften das sachliche Problemlösungswissen für die situationsorientiert erschlossenen Anforderungen.» (REETZ, 1984, S. 127).

9.3   Legitimationsquelle III: (Bildungs-)Vorstellung über die Persönlichkeit des Lernenden

Die Bestimmung von Lernzielen und -inhalten nach dem Persönlichkeits- bzw. Bildungsprinzip geht von einem Bekenntnis zu gesetzten Grundwerten aus, aus denen heraus zielgruppen- und situationsspezifisch konkrete Normen begründet werden. Werte sind in diesem Zusammenhang «relativ abstrakt gefaßte Ideen [...], Normen sind Werte, die wir zum Maßstab eigenen und fremden Handelns machen.» (AEBLI, 1994, S. 39). Das Persönlichkeitsprinzip tritt in der pädagogischen Diskussion in den Vordergrund, wenn «die Rechte und Bedürfnisse des heranwachsenden Individuums gegen Zumutungen der Erwachsenen und ihrer Gesellschaft zu wahren, oder aber bestimmte Persönlichkeitsmerkmale als Erziehungsziele oder ‹Bildungsideale› zu betonen» (REETZ, 1984, S. 93) sind. In diesem Sinne wird auch die grundsätzliche Abgrenzung gegenüber dem Wissenschafts- und Situationsprinzip deutlich, die zumindest in ihrem jeweiligen Ausgangspunkt eine starke Orientierung an der Bewältigung sozialer Anforderungen ausdrücken, während das Persönlichkeitsprinzip zunächst eine Abschirmung von den sozialen Anforderungen zugunsten der Entwicklung individueller Ansprüche betont. Eine solche Ausrichtung führt in die Tradition des Bildungsbegriffs, der etwa zu Zeiten der Aufklärung auch einen gesellschaftspolitischen Kampfbegriff gegen die Obrigkeit und für die Vorstellung eines autonomen, selbstbestimmten und mündigen Bürgers darstellte (vgl. exemplarisch ZABECK, 1984, S. 145 ff.; KLAFKI, 1985, S. 14; ROLFF, 1986, S. 58 ff.; ROLFF, 1988, S. 53 ff.; DIEDERICH, 1988, S. 36; OELKERS, 1991, S. 34 f.; HOFFMANN, 1991, S. 89 ff.). Das auch über den Bildungsbegriff bezeichnete Spannungsverhältnis zwischen der Erfüllung gesellschaftlicher Anforderungen und der Entwicklung individueller Ansprüche kann bis in die Gegenwart verfolgt werden (vgl. EULER & HAHN, 2004, S. 124f).

9.4 Verknüpfung der Legitimationsquellen

Die drei Legitimationsgrundlagen stehen nicht zusammenhanglos nebeneinander, sondern lassen sich in unterschiedlicher Form miteinander verbinden.

– *Lebenssituationen als Ausgangspunkt*
 Wenn Didaktik auf die Bewältigung von Lebenssituationen vorbereiten soll, so bilden diese den Ausgangs- und Bezugspunkt für die Bestimmung relevanter Ziele und Inhalte. Damit ist jedoch lediglich eine erste Orientierung geschaffen, denn es bleiben zentrale Anschlussfragen offen: Was sind *relevante* Lebenssituationen? Wie lassen sie sich *im Einzelnen* beschreiben? Welche *Art von Bewältigung* wird angestrebt?
 Die Relevanz von Lebenssituationen kann durch entsprechende Situationsanalysen erschlossen werden. In methodischer Hinsicht können diese Situationsanalysen im Idealfall auf differenzierten, systematischen Untersuchungen beruhen. Liegen solche Untersuchungen nicht vor und ist es

kurzfristig nicht möglich sie durchzuführen, so lässt sich die Relevanz auch auf punktuell zugängliche und sporadisch verfügbare Erfahrungsquellen stützen (z. B. Schilderungen von Mitarbeitern aus Unternehmen, in Fachzeitschriften oder in der Wirtschaftspresse).

– *Aufarbeitung relevanter wissenschaftlicher Aussagen*
Wenn das Situations- dem Wissenschaftsprinzip übergeordnet wird, so folgt dies der Annahme, dass die Lebenssituationen der Lernenden in der Regel nicht vollständig anhand der Wissenschaft erfassbar sind und in diesem Sinne die Wissenschaften zumeist nur partielle Beiträge zur Beschreibung und Erklärung praktischer Lebenssituationen zu leisten vermögen. Daher geht es in einem zweiten Schritt darum, die relevanten wissenschaftlichen Aussagen zu sichern, die zur Aufklärung dieser abgegrenzten Lebenssituationen beitragen können. Im Einzelnen können dies beispielsweise empirische Aussagen über die Qualifikationsentwicklung in einzelnen Branchen, Fallstudien über Betriebstypen, Benchmarks in Branchen oder Klassifikationen und Modelle über betriebs- oder volkswirtschaftliche Sachverhalte und Zusammenhänge sein.
Wissenschaftliche Theorien können in zweifacher Hinsicht von Bedeutung sein: Zum einen erfüllen sie eine heuristische Funktion, indem sie auf potenziell relevante Sachverhalte in der Praxis der Lernenden hinweisen und somit die Situationsbestimmung anregen. Zum anderen haben sie eine instrumentelle Funktion, indem sie Auskunft über die Struktur und Ausprägung bereits definierter sozio-ökonomischer Lebenssituationen geben.

– *Normative Ausrichtung auf ein spezifisches Bildungsverständnis*
Mit der Wahl von Lebenssituationen als Ausgangspunkt der Ziel- und Inhaltsbestimmung erfolgt zunächst eine starke Bezugnahme auf die Praxis. Diese Praxisbezogenheit ist jedoch noch bestimmungsbedürftig, denn sie könnte sehr Unterschiedliches bedeuten, so unter anderem die
– unreflektierte Nachahmung der bestehenden Praxis,
– kritische Reflexion der vorfindlichen Praxis,
– Weiterentwicklung und Gestaltung der bestehenden Praxis.

An dieser Stelle entsteht erneut eine Referenz auf die der sozialen Kommunikation unterlegten Wertausrichtung.

10 Sozialkompetenzen in wissenschaftlichen Quellen

Wissenschaftliche Aussagen wurden als eine mögliche Quelle ausgewiesen, Lebenssituationen zu konkretisieren und durch verfügbare Erkenntnisse aufzuklären (siehe Kapitel 9.1, S. 69). Damit ist die Erwartung verbunden, dass relevante Bezugswissenschaften dazu beitragen können, differenzierende Aussagen über soziale Interaktion und die damit verbundenen Handlungsanforderungen bereit zu stellen. Eine Darstellung von potenziell relevanten Aussagen kann angesichts der nahezu unüberschaubaren Zahl an Disziplinen und Veröffentlichungen, die sich mit Aspekten der sozialen Interaktion beschäftigen, nur überblickhaft und exemplarisch erfolgen. Die Befunde können dabei in verschiedener Weise systematisiert werden, beispielsweise als theoretische vs. empirische oder situationstypenspezifische vs. situationstypenübergreifende Aussagen. Für die exemplarischen Befunde wurden die folgenden disziplinären Zugänge gewählt:

Abbildung 9: Disziplinäre Zugänge für die Erschließung von Befunden über soziale Interaktion

Als Ausgangskoordinaten werden die vier Disziplinen Pädagogik, Psychologie, Soziologie und Kommunikationswissenschaften gewählt. In der Auseinandersetzung mit der Literatur zeigte sich, dass insbesondere an der Schnittstelle zwischen einzelnen Disziplinen Forschungs- und Lehrgebiete entstanden sind, die für die hier verfolgte Fragestellung von besonderem Interesse sind. Im Ergebnis wurde eine Fokussierung auf die nachfolgend skizzierten Wissenschaftsbereiche vorgenommen.

10.1 Kommunikationspsychologie

An der Schnittstelle von Psychologie und Kommunikationswissenschaften lassen sich Aussagen über die Merkmale und Dynamiken einer interpersonalen Kommunikation lokalisieren. Die Aussagen sind teilweise situationsspezifisch, teilweise situationsübergreifend ausgerichtet. Relevante Quellen können dabei den folgenden Schwerpunkten zugeordnet werden:

– Modelle strukturieren die als bedeutsam erachteten Komponenten einer Interaktionssituation. Exemplarisch sei auf das Kommunikationsquadrat von SCHULZ VON THUN (1988; 1989) oder die Typologien der Transaktionsanalyse (vgl. RAUTENBERG & ROGOLL, 2002) verwiesen.
– Axiome beanspruchen die Bedeutungserfassung von Interaktion über die Formulierung von Aussagen mit einem «gewissen Evidenzcharakter ..., ohne im strengen Sinne beweisbar» (BAACKE, 1980, S. 98) zu sein. Als Beispiele dienen die Axiome von WATZLAWICK, BEAVIN & JACKSON (1996, S. 50 ff.), die von BAACKE (1980, S. 98 ff.) teilweise aufgenommen und ausdifferenziert werden.
– Analytische Kategoriensysteme dienen primär der Erfassung von Interaktionsprozessen, sind jedoch teilweise in Form von Gestaltungsprinzipien weitergeführt worden. Zahlreiche Kategoriensysteme wurden ursprünglich als Instrumente im Rahmen der empirischen Lehr-Lernforschung entwickelt, so beispielsweise die Systeme von FLANDERS (1970), BELLACK (1972) oder MANSTETTEN (1983). Andere Systeme nehmen einzelne dieser Kategorien auf, ergänzen oder akzentuieren sie um anwendungsbezogene Spezifika und gelangen so zu handlungsleitenden Prinzipien. Als Beispiel kann auf die Polaritätsskalen zur Erfassung und Gestaltung des Lehrerverhaltens nach TAUSCH & TAUSCH (1970, S. 155 ff.) verwiesen werden.
– Kommunikationstechniken heben Einzelaspekte der Interaktion hervor und betrachten diese in der Absicht, eine pragmatische Anleitung zur Bewältigung von spezifischen Anforderungen zu leisten. Dabei werden i. d. R. mögliche Schwierigkeiten («kritische Ereignisse») beschrieben und Handlungsempfehlungen über den Umgang mit diesen Schwierigkeiten gegeben, die sich hinsichtlich ihrer Wirkung auf mehr oder weniger begründete Plausibilisierungen stützen.

Eine soziale Interaktion wird handlungsanalytisch als eine Ereignisfolge wechselseitiger Artikulationen und Interpretationen von verbalen und non-verbalen Äußerungen zwischen Gesprächspartnern verstanden. Dabei wird unterschieden zwischen einer Äußerung und den Bedeutungen, die der Adressat ihr zuordnet. Eine Wirklichkeit ist demnach nicht objektiv vorhanden, sondern sie wird durch den Menschen in seinem Denken sowie in der Interaktion konstruiert. Diese Sichtweise hat zur Folge, dass sich eine Interaktion permanent unter dem Risiko des Miss- und Unverständnisses bzw. des Scheiterns und Auftretens von Störungen vollzieht. Diese konstruktivistische Grundlage einer Interaktion führt zu der Frage, inwieweit eine Verständigung zwischen den Interaktionspartnern überhaupt möglich ist. Trotz der individuellen Verankerung einer sozialen Interaktion wird in einer spezifischen Variante des Konstruktivismus davon ausgegangen, dass eine Verständigung innerhalb der Grenzen dessen möglich ist, was MATURANA einen «konsensuellen Bereich» (MATURANA, 1982, S. 73) nennt. Soziales Handeln kann sich demnach auf Konventionen stützen, die die Handelnden innerhalb ihrer zumindest partiell ähnlichen Sozialisation gelernt oder aber in einem Interaktionsprozess etabliert haben.

In einer statischen Betrachtung werden die als wesentlich erachteten Eigenschaften und Merkmale einer sozialen Interaktion in Form von Axiomen bzw. Modellen herausgearbeitet. Ein spezifisches Forschungsfeld sind die Untersuchungen, die auf die Wirkungszusammenhänge zwischen non-verbalem Verhalten und den zugrunde liegenden Emotionen, Einstellungen oder Beziehungsdefinitionen abheben. So zielen beispielsweise Untersuchungen von EKMAN ET AL. (1972) darauf, über die Stellungen von Mund- und Augenpartie auf Gefühlslagen wie etwa Freude, Überraschung, Furcht, Trauer zu schließen.

Dynamische Perspektiven zielen demgegenüber darauf, Aussagen über den Verlauf von Interaktionsprozessen zu gewinnen. Allgemeine Grundlage ist eine Prozessstruktur mit definiertem Anfang, Ende, einer Dauer und einer Strukturierung von Prozessphasen und (kritischen) Ereignissen. Umfassende Verlaufsprozesse einer sozialen Interaktion stehen zumeist im Kontext eines Situationstyps. In diesem Rahmen werden beispielsweise Teambildungs-, Konfliktlösungs-, Beratungs- oder Verhandlungsprozesse analysiert und über Phasenmodelle abgebildet. Vereinzelt werden Interaktionsprozesse abstrahiert und situationstypübergreifend typologisiert; ein Beispiel ist eine von JONES & GERARD eingeführte Typologie, die zwischen Pseudo-, reaktiver, symmetrischer und asymmetrischer Interaktion unterscheidet (vgl. ARGYLE, 1985, S. 71 f.). Ein anderer Zugang zur situationstypübergreifenden Beschreibung von Interaktionsprozessen findet sich bei SCHULZ VON THUN (1988). Er nimmt die Strukturen des Kommunikationsquadrats auf und exploriert Ereignisse und Konstellationen, die zu Störungen in der sozialen Interaktion führen können. Dabei unterscheidet er Störungen, die (a) auf unverständlichen oder verdeckten Artikulationen, (b) auf eingeschränkten Interpretationen und (c) auf Dynamiken im Ablauf der Interaktion (z. B. Teufelskreis-Modell) beruhen.

10.2 Pädagogische Soziologie

Soziale Interaktionen werden wesentlich durch gesellschaftliche Rahmenbedingungen beeinflusst. Mikrosoziologisch werden diese Zusammenhänge durch Konzepte wie etwa «soziale Rolle», «Sozialisation», «Identität» und «soziale Norm» angesprochen. Soziale Normen können auf unterschiedlichen Ebenen (Dyade, Gruppe, Gesellschaft) gelten; hier interessiert ihr Einfluss als Wirkungsfaktor für eine soziale Interaktion. Die Konventionen und Regeln, die auf eine soziale Interaktion einwirken, können durch die Interaktionspartner selbst geschaffen und vereinbart worden sein, oder sie wirken als soziale Objektivierung. Objektivierungen sind Spuren von Regelfestlegungen, die in der Vergangenheit erfolgten, sich von ihrem Ursprung gelöst haben und zunehmend schwieriger auf ihre Entstehung hin rekonstruiert werden können (vgl. SCHÜTZ & LUCKMANN, 1979, S. 325 f.). So mag beispielsweise eine Vorschrift im Eherecht als Kompromiss zweier Regierungsparteien entstanden sein. Jahre nach dieser Vereinbarung wird einem betroffenen Ehepaar die Entstehung dieser Vorschrift i. d. R. nicht mehr gegenwärtig sein. Dabei wirken rechtliche, soziale und kulturelle Normen in unterschiedlicher Intensität und Verbindlichkeit auf soziale Interaktionen. Objektivierungen in Form von sozialen Normen konkretisieren sich über Rollenanforderungen und werden i. d. R. im Rahmen von Sozialisationsprozessen vermittelt. Neben der Ausgestaltung von zugeschriebenen Rollen (z. B. Geschlechtsrolle) wächst das Individuum in erworbene Rollen (z. B. Berufsrolle) hinein und verinnerlicht die jeweils verbundenen gesellschaftlichen Verhaltenserwartungen. Soziale Normen werden ihm erst verständlich, dann selbstverständlich. Sozialisationsprozesse verlaufen dabei sozial- und kulturspezifisch. Kulturspezifische Unterschiede zeigen sich nicht zuletzt in einer Vielzahl von Interaktionsregeln, so beispielsweise in Begrüßungszeremonien, dem Distanzverhalten oder dem Konfliktverhalten. Die Beherrschung sozial- und kulturspezifischer Interaktionsregeln fördert die soziale Integration und vermeidet die Sanktionierung bei Nichtbefolgung der Regeln. In diesem Sinne beinhalten soziale Normen eine Entlastungsfunktion und vermitteln Sicherheit.

Die Wirkung gesellschaftlicher und kultureller Sozialisationsprozesse führt zu der Frage, in welchem Maße vor diesem Hintergrund noch von einer Individualität des Menschen gesprochen werden kann. Sozialisationstheorien verbinden sich diesbezüglich in der Grundaussage, dass die Sozialisation aus verschiedenen Gründen nicht so durchgreifend wirkt, dass dem Individuum jegliche Autonomie und Eigenverantwortlichkeit genommen würde. Entsprechend vollziehen sich soziale Interaktionen im Spannungsverhältnis von sozial erhobenen Verhaltenserwartungen und individuellen Gestaltungsspielräumen. GOFFMAN fasst diesen

Zusammenhang zwischen sozialen Erwartungen und individueller Freiheit in die Unterscheidung von sozialer und persönlicher Identität: Soziale Identität bezeichnet die soziale Rolle, persönliche Identität die Einzigartigkeit des Individuums (vgl. GOFFMAN, 1967, S. 9 f., 73 f., 132 f.). Eine ähnliche Abgrenzung nimmt MEAD vor, wenn er zwischen dem personalen Selbst («I») und dem sozialen Selbst («me»), als die zwei Seiten der menschlichen Identität, unterscheidet (vgl. MEAD, 1978, S. 216 ff.). KRAPPMANN nimmt die Überlegungen GOFFMANS auf und verbindet sie mit Kompetenzanforderungen. Auch bei ihm hat die Identität einen doppelten Aspekt: die antizipierten Erwartungen der anderen und die eigene Antwort des Individuums (vgl. KRAPPMANN, 1978, S. 39). Interaktion beinhaltet demnach stets, die Erwartungen anderer zu antizipieren und sich in die Rolle anderer hineinzuversetzen. Zugleich führt er in normativer Diktion aus, dass das Individuum seine Autonomie gegenüber Zwängen behaupten und das Potenzial entfalten soll, sich gegen die Umwelt zur Wehr zu setzen (vgl. KRAPPMANN, 1978, S. 19 f.). In den zwischen sozialer und persönlicher Identität bestehenden Diskrepanzen sieht er für das Individuum die Chance, seine Identität zu manifestieren. Zur Entwicklung der Identität – als normativer Bezugspunkt und zugleich «Produkt» der Sozialisation – nennt KRAPPMANN (1978, S. 132 ff.) die fünf Teilkonstrukte: (1) Rollenübernahmefähigkeit («role-taking» und Empathie; sich in den Interaktionspartner hineinversetzen, seine Erwartungen übernehmen); (2) Rollendistanz (die eigene Rolle in Frage stellen); (3) Ambiguitätstoleranz (widersprüchliche und belastende Erwartungen aushalten); (4) Identitätsdarstellung (eigene Bedürfnisse und Interessen einbringen); (5) sprachliches Vermögen (das gemeinsame Sprachsystem beherrschen). Die unterschiedlichen Teilkompetenzen werden von KRAPPMANN als Voraussetzung zur Herausbildung einer «Ich-Identität» verstanden (vgl. KRAPPMANN, 1978, S. 132, 210).

Den Theorien über die Ausbalancierung von sozialer und persönlicher Identität kann eine spezifische Vorstellung über die Handlungskoordination in einer sozialen Interaktion unterlegt werden. Formen der Handlungskoordination erfassen die Wirkfaktoren, über die Handelnde in der sozialen Interaktion ihre Ziele koordinieren und ein für sie zufrieden stellendes Ergebnis zu erreichen versuchen. Neben der Argumentation werden insbesondere noch die Mechanismen Routine, Charisma, Macht und Geld diskutiert (vgl. Habermas, 1981). Es handelt sich dabei um idealtypische Kategorien, die jeweils eine spezifische Art der Handlungskoordination repräsentieren. Da es sich um idealtypische Konstrukte handelt, werden sie kaum in reiner Form auftreten, vielmehr sind im Verlauf einer sozialen Interaktion Überschneidungen und Verlagerungen zwischen den Kategorien zu erwarten (vgl. Euler & Bauer-Klebl, 2006, S. 70 ff.).

Empirische Untersuchungen über Sozialisations- oder Identitätsbildungsprozesse sind aufwändiger als theoretische Studien und daher seltener zu registrieren. So gibt LEMPERT (2006, S. 43 ff.) einen Überblick über Untersuchungen mit dem spezifischen Fokus der beruflichen Sozialisation. Einzelne dieser Untersuchungen fokussieren spezifische Typen von Interaktionssituationen im Sinne von Rollensets und arbeiten dabei auch Bezüge zu Sozialkompetenzen heraus. Beispielsweise untersuchte eine Forschergruppe um BECK die sozialen Bedingungen für die Entwicklung von moralischer Urteilskompetenz in einer Berufsausbildung. Auf das hier verfolgte Erkenntnisinteresse bezogen kann die Fragestellung auch so formuliert werden: Inwieweit trägt die Ausprägung spezifischer Sozialkompetenzen dazu bei, eine höhere Stufe der moralischen Urteilskompetenz im Sinne der Theorie von KOHLBERG zu erreichen und damit die persönliche Identität zu entwickeln. Im Einzelnen wurden sechs Dimensionen untersucht, die teilweise einen engen Bezug zu spezifischen Sozialkompetenzen erkennen lassen (vgl. BECK ET AL., 1998, insbesondere S. 197 ff.):

–   Gewährte Wertschätzung als Indikator für die Qualität von zwischenmenschlichen Beziehungen (Achtung, Wärme, Rücksichtnahme, Vertrauen).
–   Offene Konfrontation mit unverträglichen Orientierungen interagierender Personen, sozialen Problemen und Konflikten.
–   Chancen zur Teilnahme an Kommunikationsprozessen im Sinne eines Austauschs von moralrelevanten Informationen, Meinungen, Argumenten etc.
–   Partizipationsmöglichkeiten bei Entscheidungen im Sinne einer gleichberechtigten Teamarbeit und Eingebundensein in Entscheidungsprozesse.
–   Angemessene Zuweisung und Zurechnung von Verantwortung.
–   Wahrnehmbarkeit angemessener Handlungschancen zur Stützung von Autonomiebewusstsein und zur Stärkung von Kontrollüberzeugungen.

10.3 Sozialpsychologie

Sozialpsychologische Befunde beschreiben und erklären, «wie das Denken, Fühlen und Verhalten von Individuen durch die reale, vorgestellte oder implizite Anwesenheit anderer beeinflusst wird» (ALLPORT, zit. in ULICH, 1976, S. 100). Ausgehend von der jeweiligen theoretischen Richtung werden dabei unterschiedliche Aspekte betont. Beispielsweise sehen Theorien in der Tradition des Behaviorismus das soziale Verhalten und damit auch Interaktionsprozesse in erster Linie durch von außen erfolgende Belohnungen und Bestrafungen kontrolliert. Der symbolische Interaktionismus fasst soziale Interaktion als ein Handeln auf, das durch Bedeutungen und Regeln bestimmt ist. Demnach können Menschen soziale Situationen definieren, sich entsprechend den zugeschriebenen Bedeutungen verhalten und sich je nach Situationskontext in einer bestimmten sozialen Identität präsentieren (vgl. MERTENS, 1997, S. 86). Gestaltpsychologische Theorieansätze betonen vornehmlich innere Prozesse und Repräsentationen und ihr Einwirken auf die Wahrnehmung und Interpretation der sozialen Umwelt eines Menschen. Die kognitionspsychologische Richtung erachtet die Analyse der Wahrnehmungen, Kognitionen und Informationsverarbeitungsprozesse als zentral für das Verstehen des Sozialverhaltens des Menschen. Sozialpsychologische Quellen, die sich mit sozialen Interaktionen beschäftigen, reichen von umfassenden Modellen, die die in einer Interaktionssituation bedeutsamen Komponenten und deren Zusammenwirken in den Blick nehmen, bis zu Theorien, die lediglich Einzelaspekte, wie etwa eine soziale Kognition (z. B. Attribution), Motive sozialen Handelns (z. B. Macht, Nutzenmaximierung, Gerechtigkeit) oder spezifische Verhaltensweisen (z. B. prosoziales Verhalten, aggressives Verhalten) fokussieren. Die folgenden Darstellungen fokussieren problemgeleitet zentrale Theorien über die Wahrnehmung von Interaktionssituationen sowie Interaktionstheorien, in deren Rahmen auch die Motive sozialen Handelns thematisiert werden.

Theorien über die Wahrnehmung von Interaktionssituationen greifen als zentralen Ausgangspunkt das Bestreben der Akteure auf, das Handeln des Interaktionspartners erklären und hierauf das eigene Handeln ausrichten zu können. *Theorien zur Eindrucksbildung* zeigen, dass der Eindruck über eine Person über einige zentrale Eigenschaften gesteuert wird und sich weniger auf die Auswertung der Gesamtheit vieler Einzelinformationen stützt (vgl. HÄFNER, 2006, S. 330 f.). Die *Attributionstheorien* gehen weitergehend davon aus, dass das Verhalten in einer sozialen Interaktion nicht (nur) über die wahrgenommenen Eigenschaften des Interaktionspartners gesteuert wird, sondern der Situationskontext in die Betrachtung einbezogen werden muss. So gehen etwa JONES & DAVIS (1965) in ihrer Theorie der korrespondierenden Schlussfolgerungen davon aus, dass Verhalten dahingehend beurteilt wird, inwiefern es in wechselnden Situationen stabil ist. Unabhängig davon ließ sich empirisch zeigen, dass die Ursachenzuschreibung von Personen fehleranfällig ist (vgl. HÄFNER, 2006, S. 331 f.; SIX, 1997, S. 125 ff.; FÖRSTERLING, 2006, S. 354 ff.). Da zumeist mehrere Ursachen gleichzeitig handlungsleitend sein können, sind Wahrscheinlichkeitsabschätzungen erforderlich. Diese sind in starkem Maße von dem bereits existierenden Wissen und den Vorerfahrungen der einschätzenden Person abhängig. Deshalb werden in *Ansätzen zur sozialen Wahrnehmung* sowohl Fragen der Informationsintegration als auch Fragen der Informationsorganisation gestellt. Soziale Kognitionen werden dabei in Skripten (vgl. SCHANK & ABELSON, 1977) und

Handlungsschemata (vgl. VAN DER MEER, 1996) repräsentiert. Im Einzelnen kann es sich bei den Repräsentationen z. B. um interpersonale Erwartungen, Stereotype oder implizite Persönlichkeitstheorien handeln. Diese spezifischen sozialen Kognitionen sind für eine soziale Interaktion sehr bedeutungsvoll, weil sie helfen, die soziale Situation zu strukturieren und die Komplexität im Umgang mit anderen Menschen zu reduzieren. Gleichzeitig besteht jedoch die Gefahr, dass der Interaktionspartner und die Interaktionssituation verzerrt wahrgenommen werden. Da die Aussagen über soziale Kognitionen die individuellen kognitiven Prozesse in den Blick nehmen, nicht aber die Wechselwirkung zwischen den Handlungen von Interaktionspartnern, können sie soziales Handeln in Interaktionssituationen nicht erklären.

Als die zentralen sozialpsychologischen Theorien im Bereich der sozialen Interaktion werden zumeist die «Bekräftigungstheorien der Interaktion» bzw. Austauschtheorien (vgl. BIERHOFF, 2002, S. 335) sowie das Modell der sozialen Fertigkeit (ARGYLE, 1975) genannt. Bei den Austauschtheorien ist insbesondere auf die Theorie der grundlegenden sozialen Prozesse von HOMANS (1968) oder die Interdependenztheorie von KELLEY & THIBAUT (1978) zu verweisen. Gemeinsam ist den Theorien die Orientierung am Bekräftigungskonzept der behavioristischen Lern- und Verhaltenstheorie. Demnach analysieren Menschen soziale Interaktionen danach, inwieweit sich durch das gegenseitige Verhalten positive oder negative Konsequenzen bzw. Ergebnisse ergeben, und handeln so, dass sie möglichst positive Ergebnisse erzielen. Sie verstehen Interaktion als einen sozialen Austausch, d. h. Personen sind in der Interaktion wechselseitig voneinander abhängig und beeinflussen sich gegenseitig. Eine Beeinflussung erfolgt dabei über die Belohnungen und Kosten, die mit der Interaktion verbunden sind. Belohnungen sind alle Befriedigungen oder Gratifikationen (z. B. soziale Anerkennung, soziale Unterstützung, Bedürfnisbefriedigung), die eine Person als Folge der Interaktion erhält. Kosten sind negative Konsequenzen, die mit einer Handlung im Rahmen der Interaktion verbunden sind. Generell wird bei KELLEY & THIBAUT davon ausgegangen, dass Personen in Interaktionssituationen zuerst ihre Einflussmöglichkeiten, die Ergebnisse der Interaktion sowie den Vergleichswert für Alternativen einschätzen und dann so handeln, dass sie auf der Basis der vorherrschenden Interdependenzstruktur ihre Ergebnisse maximieren. Dabei ist es auch denkbar, dass das Streben nach Ergebnismaximierung von anderen Zielen und Motiven als dem Eigeninteresse gelenkt wird, indem beispielsweise mittel- bis langfristige Handlungsergebnisse oder die Handlungsergebnisse des Interaktionspartners fokussiert werden. Handeln Personen kooperativ, richten sie ihr Verhalten auf die Maximierung der Ergebnisse beider Partner aus; handeln sie eher wettbewerbsorientiert, versuchen sie die Differenz zwischen beiden

Ergebnissen bei Vernachlässigung der Höhe der eigenen Ergebnisse zu maximieren; beruht ihr Handeln auf Gleichheitsüberlegungen, sind sie an einer Minimierung der Differenz der Ergebnisse interessiert; sind sie prosozial eingestellt, wird die Maximierung der Ergebnisse des Interaktionspartners angestrebt. Welche Handlungsausrichtung jeweils erfolgt, ist u. a. von den Überzeugungen in Hinblick auf das Verhalten des Interaktionspartners, den verfolgten Werthaltungen sowie von beziehungsspezifischen Motiven (z. B. Vertrauen) abhängig. Damit wird der in vielen sozialpsychologischen Theorien für Interaktionsprozesse postulierte Grundsatz der Reziprozität relativiert, nach dem ein Interaktionspartner auf das Verhalten des anderen nach dem Grundsatz «wie du mir, so ich dir» reagiert. Die konkrete Ausprägung der Reziprozität ist vielmehr abhängig von der Art der Beziehung. In engeren Beziehungen ist die Form der Reziprozität in der Tendenz altruistisch, außerhalb solcher Beziehungen ist sie formeller und weniger persönlich.

Während die Interdependenztheorie eine motivationstheoretische Basis beinhaltet, stellt das Handeln in einer Interaktionssituation in dem Modell der sozialen Fertigkeit nach ARGYLE weitgehend eine motorische Fertigkeit dar. Diese lässt sich für ihn «als eine organisierte, koordinierte Handlung in Richtung auf ein Objekt oder eine Situation definieren, die eine ganze Kette sensorischer, zentraler und motorischer Mechanismen involviert» (ARGYLE, 1975, S. 177). Soziale Interaktion entspricht demnach einer Aufeinanderfolge motorischer Fertigkeiten, die sich in einer ständigen Folge verbaler und non-verbaler Signale der Interaktionspartner äußert. Die verbalen Signale werden dabei nicht gleichzeitig, sondern alternierend gegeben, der Verhaltensablauf zwischen den Interaktionspartnern ist synchron (vgl. ARGYLE, 1975, S. 196). Skizzenhaft lässt sich der einer sozialen Interaktion zugrunde liegende Ablauf wie folgt zusammenfassen: Ein Akteur hat konkrete Ziele, die er mit seinem Handeln in der Situation verbindet. Auf der Basis dieser Zielsetzung beobachtet er seinen Interaktionspartner und nimmt an diesem spezifische, für die Interaktion relevante Schlüsselreize wahr. Dabei achtet er besonders auf verbale Signale, aber auch non-verbale Signale sind von Bedeutung. Diese wahrgenommenen Informationen werden übersetzt, d. h. sie werden vom kognitiven System verarbeitet. Das kognitive System gibt Impulse für konkrete soziale Verhaltensweisen, die unter Kontrolle der Sinnesorgane ausgeführt werden. Die motorischen Reaktionen des Akteurs wirken auf die soziale Situation und auf den Interaktionspartner ein und lösen bei diesem Verhaltensweisen aus. Diese Reaktionen nimmt der Akteur über Schlüsselreize wahr. Sie geben ihm einerseits Hinweise über den Erfolg oder Misserfolg seines Verhaltens und zeigen andererseits auf, inwieweit das gewählte Verhalten angemessen bzw. zielführend war. Zudem wirkt das Verhalten bzw. die

Reaktion des Interaktionspartners auf die Motivationslage des Akteurs ein und verändert diese gegebenenfalls. Dem Modell liegt dabei die Annahme zugrunde, dass sich wechselseitige Interaktionen in der Regel auf relativ stabile Interaktionsmuster hin entwickeln. Mit diesem Modell wird insbesondere der Charakter der Wechselwirkung zwischen den Verhaltensweisen beider Interaktionspartner betont, indem die Einflüsse von Verhaltensweisen auf den Interaktionspartner und Rückwirkungsschleifen von Verhaltensweisen in der Interaktion verdeutlicht werden. Zudem wird der Einfluss kognitiver Prozesse auf die Situationseinschätzung und die Ausführung von Verhaltensweisen hervorgehoben. Darüber hinaus wird verdeutlicht, dass Interaktionen sich des Mediums der verbalen und non-verbalen Kommunikation bedienen. Dabei bleiben die den Interaktionen unterlegten Zielsetzungen offen. Es werden keine Zusammenhänge zwischen spezifischen Zielen und entsprechendem Verhalten aufgezeigt. Zudem verdeutlicht das Modell zwar den Charakter der Wechselseitigkeit der Interaktion, es vernachlässigt jedoch die Kontextbedingungen, in denen die soziale Interaktion eingebunden ist, und deren Auswirkungen auf die Interaktion.

10.4 Entwicklungspsychologie

Entwicklungspsychologische Theorien beschäftigen sich u. a. mit der Entstehung von sozialen Verhaltensweisen des Menschen sowie den Faktoren, die diese Entwicklung beeinflussen. So weiß man, dass die auditive Wahrnehmung über das Ohr eines Kindes bereits zur Mitte der Schwangerschaft ausgebildet ist und das Kind die Laute und Geräusche innerhalb und außerhalb des Mutterleibs wahrnehmen kann. Die prinzipielle Bedeutung der frühkindlichen Kommunikation für das Lernen von sozialen Verhaltensweisen und Einstellungen ist ebenso bekannt wie die Folgen fehlender sozialer Bindungen und Beziehungen in dieser Entwicklungsphase (vgl. NEIDHARDT, 1979).

Es ist weitgehend unbestritten, dass die Entwicklung des Sozialverhaltens durch den Verlauf der frühkindlichen Sozialisation und insbesondere durch die soziale Kommunikation mit Eltern, Geschwistern, dem Freundeskreis und anderen Bezugspersonen im sozialen Umfeld wesentlich beeinflusst wird. Je nach Verlauf der Sozialisation entwickeln sich unterschiedliche Kompetenzen im Umgang mit sozialen Herausforderungen wie das Verhalten in Konflikten oder in Gruppen. Die Entwicklung wird zudem geschlechtsspezifisch beeinflusst (vgl. CARTLEDGE & MILBURN, 1995, S. 7 f.). Insofern ist anzunehmen, dass der Mensch in der fortgeschrittenen Phase seiner ontogenetischen Entwicklung auch in Hinblick auf die Ausstattung mit Sozialkompetenzen kein leeres Blatt darstellt, sondern pädagogische Einflussversuche immer vor dem Hintergrund vorangegangener Entwicklungen erfolgen. Ungeklärt ist hingegen die Frage, in welchem Maße die Sozialisationsprozesse noch Potenziale lassen für spätere Veränderungen oder Erweiterungen. So findet etwa SINGER (2002, S. 91) Hinweise in der Forschung, dass «gewisse soziale Kompetenzen schon früh ausgeprägt werden und dann nur noch schwer, wenn überhaupt, modifizierbar sind», doch bezeichnet er die Beweislage als «schütter». An anderer Stelle wird betont, dass es direkt vor Abschluss der Pubertät «ein Fenster der Entwicklung des Gehirns (gibt), in dem die differenzierten sozialen Kompetenzen erworben werden, die man mit der Aura der Persönlichkeit verbindet». Die Betrachtungen münden jedoch letztlich in die Erkenntnis, dass der Grad der Beeinflussbarkeit durch pädagogische Interventionen nicht quantifiziert werden kann. In der Konsequenz wird auf diese Weise das Ergebnis der Anlage-Umwelt-Debatte bestätigt, nach dem beiden Faktoren eine Bedeutung für die menschliche Entwicklung zugesprochen wird, ohne den jeweiligen Anteil genau bemessen zu können (vgl. EULER & HAHN, 2004, S. 89 ff.).

Entwicklungspsychologische Theorien fokussieren im Kern zwei Perspektiven: Zum einen beschäftigen sie sich mit den *Entwicklungsverläufen von sozialen Kognitionen*. Zum anderen erfassen sie die typischen Merkmale von *sozialen Beziehungen einer Person im Lebensverlauf*. Hierbei werden die spezifischen Interaktionssituationen und die mit ihnen einhergehenden Bedingungen sowie die Wechselwirkung zwischen Person und sozialer Umwelt in den Blick genommen.

Die folgenden Ausführungen fokussieren jene Teilbereiche der sozialen Kognition, die unmittelbar Konsequenzen für die soziale Interaktion erkennen lassen. So zeigen Studien zur *Entwicklung der Personenwahrnehmung*, dass sich Kinder mit zunehmendem Alter mehr an psychischen Vorgängen und weniger an äußerlich beobachtbaren Verhaltensweisen orientieren. Zudem werden mit steigendem Alter die Vorstellungen differenzierter und integrierter. Weiterhin werden psychologische Deutungen bis in das mittlere Erwachsenenalter hinein mit zunehmendem Alter komplexer. In diesem Zusammenhang ist ferner die *Kompetenz zur Perspektivenübernahme* von Bedeutung. Sie bezeichnet das Vermögen, soziale Sachverhalte wie Gedanken oder Gefühle einer anderen Person zu verstehen, indem die Perspektive dieser Person eingenommen und die Situation aus deren Blickwinkel analysiert wird. Die Entwicklung dieser Fähigkeit erfolgt nach FLAVELL ET AL. (1975) in verschiedenen Schritten: Zuerst wird die Möglichkeit unterschiedlicher Perspektiven erkannt, ohne jedoch bestimmen zu können, wie diese Perspektiven im konkreten Fall aussehen könnten. Das Erkennen der Möglichkeit führt in einem zweiten Schritt dazu, diese Perspektiven erkunden und verstehen zu wollen. In einem dritten Schritt werden analytische

Fertigkeiten entwickelt, die das Erkunden der Perspektiven ermöglichen. Im vierten und letzten Schritt werden Fähigkeiten erworben, die es ermöglichen, die durch die Perspektivenübernahme gewonnenen Erkenntnisse zielgerichtet in die soziale Interaktion einzubeziehen. Die Fähigkeit zur Perspektivenübernahme besitzt kognitive und emotionale Dimensionen. Während sich die kognitive auf die Erschließung von Gedanken anderer angesichts einer spezifischen Situation bezieht und empirischen Studien zufolge im Grundschulalter ausgeprägt wird, umfasst die emotionale das Verstehen von Emotionen anderer Menschen aufgrund der Lage, in der diese sich befinden. Bezüglich elementarer Gefühle wie Trauer, Angst, Freude oder Ärger entwickelt sich diese Fähigkeit im Kindergartenalter. Kinder lernen in diesem Zeitraum, zwischen Emotionen und ihren situativen Auslösern zu unterscheiden (vgl. SILBEREISEN, 1983, S. 124). SELMAN (1984) hält das Konzept der Perspektivenübernahme zur Erklärung sozialen Verstehens nicht für ausreichend. Da sich wechselseitiges Verständnis in der sozialen Interaktion aufbaut, muss seiner Einschätzung zufolge die *Fähigkeit zur Koordination der Perspektiven* in den Blick genommen werden. Das Konzept der Perspektivenkoordination setzt ein Verständnis von der eigenen Rolle und der Rolle des Interaktionspartners bzw. der Erwartungen, welches Verhalten zukünftig von den Interagierenden erwartet wird, voraus und beinhaltet eine Darstellung «der Veränderungen des Verstehens der Beziehung *zwischen* Personen ebenso wie der Veränderungen der Konzepte von den Beziehungen *innerhalb* von Personen, z. B. zwischen Gefühlen, Gedanken und Handlungen» (SELMAN, 1984, S. 46). Die Entwicklung der Fähigkeit zur Perspektivenkoordination erfolgt nach SELMAN über fünf Stufen und reicht bis ins Erwachsenenalter. Entsprechend ist ein Mensch mit zunehmendem Alter in der Lage, den Interaktionspartner in seinen Gedanken, seinem Fühlen und Handeln wahrnehmen und verstehen zu können. Damit verbunden ist die Fähigkeit, das eigene Handeln auf den Interaktionspartner ausrichten, die Perspektive und die Bedürfnisse des Partners im eigenen Handeln bewusst mitführen und die Auswirkungen des eigenen Handelns auf sich selbst, aber auch auf das Handeln des anderen einschätzen zu können. Verbunden mit den Entwicklungsgewinnen im Bereich der Perspektivenübernahme bzw. -kooperation lassen sich Veränderungen im Verhalten beobachten. Beispielsweise sind Kinder zunehmend fähig, sich kooperativ oder wettbewerbsorientiert zu verhalten (vgl. SCHMIDT-DENTER, 2005, S. 85 f.).

Die Erfassung von *typischen Merkmalen einer sozialen Beziehung im Lebenslauf* erfolgt u. a. über die Kennzeichnung komplementär vs. symmetrisch sowie nah-distanziert. Eine komplementäre Beziehung ermöglicht es einem der Interaktionspartner, Ziele vorzugeben, Anforderungen zu stellen, Erwartungen zu formulieren und Aufträge zu erteilen. Demgegenüber sind in einer symmetrischen Beziehung beide Interaktionspartner ebenbürtig und gleichgestellt, Ziele und Aufgaben werden ausgehandelt. Beide Formen lassen sich als Idealtypen möglicher Beziehungsformen interpretieren (vgl. YOUNISS, 1984, S. 40 f.). Darüber hinaus lassen sich Beziehungen nach ihrer Kündbarkeit sowie nach ihrer Nähe-Distanz-Struktur unterscheiden. Ist eine Beziehung durch Nähe gekennzeichnet, ist sie intrinsisch bedeutsam, sie hat einen Wert an sich. Besteht Distanz, ist in der Tendenz von einem Austausch- bzw. instrumentellen Verhältnis auszugehen (vgl. FEND, 1998, S. 39 ff.). Mit Hilfe dieser drei Dimensionen können die Beziehungen von Kindern und Jugendlichen in spezifischen Entwicklungsphasen eingeordnet und beschrieben werden, wobei die entwicklungspsychologischen Theorien primär die Beziehung zu den Eltern, den Geschwistern sowie zu Gleichaltrigen und Freunden aufnehmen.

10.5 Pädagogische Kommunikation

Soziale Pädagogische Kommunikation als Sonderform einer sozialen Interaktion umfasst all jene Situationskontexte, in denen das Lehren und Lernen im Mittelpunkt steht. Wenngleich pädagogische Kommunikation auch in einer Eltern-Kind-Interaktion stattfindet, sollen im Folgenden die Interaktionen in Bildungsinstitutionen im Vordergrund stehen. Forschungsbefunde zur Frage der Spezifika sozialer Interaktionen im Rahmen der pädagogischen Kommunikation können in folgende Schwerpunkte unterteilt werden:

–   Interpersonale Erwartungen und Attributionsmuster von Lehrern und Schülern.
–   Führungsstil des Lehrenden.
–   Gestaltung der Beziehungsstruktur zwischen Lehrern und Schülern.
–   Interaktionsprozesse in Lehr-Lernsituationen und Lenkung des Unterrichtsgeschehens.
–   Schüler-Schüler-Interaktion.
–   Lehrer-Lehrer-Interaktion.

Lehrer und Schüler verfügen über spezifische kognitive Strukturen im Sinne von impliziten Persönlichkeitstheorien zur Steuerung der Wahrnehmung und des Verhaltens. Die impliziten Persönlichkeitstheorien charakterisieren Bündel von Eigenschaften, die subjektiv als zusammengehörig erlebt werden. Wird eine der Eigenschaften des Bündels wahrgenommen, wird automatisch auf die anderen geschlossen, unabhängig davon, ob diese vorliegen oder nicht. Somit begünstigen die impliziten Persönlichkeitstheorien eine schnelle Eindrucksbildung. Ein wesentliches Element von impliziten Persönlichkeitstheorien ist die wahrgenommene Attraktivität des Interaktionspartners. Diese wird häufig mit positiven Eigenschaften wie Hilfsbereitschaft, Lebensfreude oder Erfolg verknüpft. Attraktiver wahrgenommene Kinder und Jugendliche sind bei Lehrern und Mitschülern beliebter, haben eine höhere Position im sozialen Gefüge der Schulklasse und einen höheren sozialen Einfluss (vgl. SCHWEER & THIES, 2000, S. 62). Analog lässt sich bei attraktiv wahrgenommenen Lehrern argumentieren. Sie werden u. a. als kompetenter und motivierungsstärker eingeschätzt (vgl. DUBS, 1995, S. 124). Eng mit den impliziten Persönlichkeitstheorien verbunden sind soziale Erwartungen. So verfügen Lehrer und Schüler u.a. über ein Bild von «Schule» und den Interaktionspartnern, das die weiteren Wahrnehmungsprozesse mit beeinflusst. Der Interaktionspartner wird jeweils danach beurteilt, inwieweit er diesen Erwartungen entspricht. Bei Erwartungskonkordanz wird der Partner als angenehm, sympathisch o.ä. beurteilt und ein entsprechendes Verhalten erwidert. Entsprechend werden Schüler, die gemäß den Erwartungen des Lehrers handeln, freundlicher und unterstützender behandelt als Schüler, die den Erwartungen nicht entsprechen. Bei den Schülern vollziehen sich analoge Prozesse. Sie beurteilen das Verhalten des Lehrers ebenfalls hinsichtlich Erwartungskonkordanz und handeln entsprechend, indem sie ein positives Unterrichtsverhalten und Leistungsbereitschaft oder ein unangemessenes Unterrichtsverhalten und mangelnde Leistungsbereitschaft zeigen. Somit beeinflussen sich die Interaktionspartner wechselseitig, in der Regel mit reziproker Ausrichtung (vgl. ROSEMANN, 1978, S. 45). Gleichwohl handelt es sich um eine allgemeine Verhaltenstendenz, die im konkreten Fall nicht zutreffen muss. So können beispielsweise negative Lehrererwartungen den Schüler auch anspornen, diese Erwartung zu widerlegen.

Neben Persönlichkeitstheorien und Erwartungshaltungen wirken bei Lehrern und Schülern weitere Vereinfachungen. Lehrer weisen Schüler bestimmten Kategorien bzw. Typen zu. HOFER (1981) konnte zeigen, dass Lehrer gute Schüler in aktive und leistungsbereite einerseits sowie stille und zurückhaltende andererseits kategorisieren. Bei den schlechten Schülern unterscheiden Lehrer zwischen grundsätzlich leistungsfähigen, aber wenig leistungswilligen bzw. störenden Schülern sowie solchen, die aufgrund ihrer geringen Leistungsfähigkeit bzw. ihrer mangelnden Motivation nicht gefördert werden können. Darüber hinaus gibt es für Lehrer einen weiteren Schülertyp, der als moderat begabt eingeschätzt wird, sich mäßig anstrengt und sich angemessen verhält. Entscheidend ist nun, dass mit den verschiedenen Schülertypen verschiedene Handlungsklassen verbunden sind. Demnach nehmen Lehrer in Interaktionssituationen häufig nicht die individuelle Person des Schülers wahr, sondern dieser spiegelt für den Lehrer einen bestimmten Schülertyp wider. Diese Zuordnung prädeterminiert beim Lehrer die Umsetzung bestimmter Unterrichtsstrategien diesem Schüler gegenüber. Auch Schüler kategorisieren Lehrer. Es finden sich insbesondere zwei Dimensionen. Die Tüchtigkeitsdimension erfasst die fachliche Kompetenz des Lehrers, die Qualität des Unterrichts (Spannung und Abwechslung im Unterricht, Fähigkeit der Lehrkraft zu erklären) sowie die Fähigkeit des Lehrers, für Disziplin im Unterricht sorgen zu können. Die affektive Dimension umfasst menschliche Wärme, soziale Kompetenz und Rücksichtnahme auf die Wünsche der Schüler (vgl. HOFER, 1996, S. 226).

Alle diese Faktoren sind für eine soziale Interaktion bedeutsam, weil sie helfen, die Komplexität im Umgang mit anderen Menschen zu reduzieren. Als solches sind sie für jeden Menschen und damit auch für die Interaktionen in Bildungsinstitutionen unverzichtbar. Allerdings besteht die Gefahr von Wahrnehmungsverzerrungen und der Herausbildung von Interpretationsmustern. So konnten GOOD & BROPHY nachweisen, dass Lehrer schlechte Schüler bei richtigen Antworten nur halb so oft loben wie gute Schüler, sie kritisieren diese nach falschen Antworten aber dreimal so häufig (vgl. GRELL, 1992, S. 87).

Ausgehend von der Annahme, dass jeder Lehrer einen situationsübergreifenden Erziehungsstil hat, wurden Typen zur Klassifizierung des Lehrerverhaltens entwickelt und Auswirkungen dieser Typen auf den Lernerfolg und das Sozialverhalten der Schüler untersucht. Die *Führungsstile* bilden dabei das Lehrerverhalten auf den beiden Dimensionen «Geringschätzung/Wertschätzung» bzw. «emotionale Kälte/emotionale Wärme» sowie «Lenkung/Nichtlenkung» ab. Unterschieden werden der autoritäre, der laissez-faire und der sozialintegrative Führungsstil (vgl. TAUSCH & TAUSCH, 1970, S. 170 ff.). An der Führungsstilforschung wurde intensiv Kritik geübt. So können über Führungsstile die vielfältigen Verhaltensweisen verschiedener Lehrer in sozialen Situationen nicht angemessen erfasst werden, weil das Lehrerverhalten nur auf sehr abstrakter Ebene konzipiert wird. Zudem bestehen Zweifel, ob Lehrer tatsächlich kontextunabhängig bzw. unabhängig von den Bedingungen der Lernenden handeln.

Kennzeichnend für jede soziale Interaktion und somit auch für Unterricht ist die Herausbildung einer Beziehung zwischen den Interaktionspartnern. Verschiedene Beiträge typologisieren die Beziehungsstrukturen nach unterschiedlichen Kriterien (z. B. Anteil an Symmetrie bzw. Asymmetrie der Beziehung und damit verbundene Macht- bzw. Abhängigkeitsstrukturen zwischen den Interaktionspartnern; Ausmaß des zwischen den Interaktionspartnern vorherrschenden Vertrauens; Ausprägung von Nähe und Distanz zwischen den Interaktionspartnern).

Untersuchungen zu *Interaktionsprozessen im Unterricht* haben im Zeitablauf unterschiedliche Aspekte fokussiert. In den Anfängen wurden insbesondere die Handlungen des Lehrenden in den Blick genommen, Schüleräußerungen wurden nur am Rande berücksichtigt. Ein Beispiel hierfür ist die Interaktionsanalyse von Flanders, der zur Erfassung der Verhaltensweisen des Lehrenden sieben Kategorien ausweist, während sich auf Schülerseite nur zwei Kategorien finden (vgl. FLANDERS, 1970). Erst in neueren Studien finden die kommunikativen Handlungen der Schüler vermehrt Beachtung. Viele Untersuchungen stimmen darin überein, dass mehrheitlich den Lehrenden die interaktive Lenkung zukommt (vgl. WUTTKE, 2005). Ein typisches Grundmuster der Interaktion ist die IRF-Sequenz (Invitation by the teacher – response by the pupil – feedback by the teacher). Hierbei handelt es sich um kleinschrittige Frage-Antwort-Ketten: Der Lehrende stellt ausgehend von den eigenen Planungen Fragen oder setzt Impulse, die Schüler reagieren mit kurzen, fragmentarischen und grammatikalisch unvollständigen Antworten, der Lehrer gibt Feedback, indem er die Schüleräußerung nochmals rekapituliert, strukturiert, ergänzt oder korrigiert. Demnach gehen die Interaktionsimpulse im Unterricht weitgehend von der Lehrkraft aus, die Schüler reagieren überwiegend und ordnen die Initiative wieder dem Lehrer zu (vgl. MANSTETTEN, 1983). Die Lehrer haben dabei einen Redeanteil von mindestens 60 % der Sätze und einen Wortanteil, der bei 65 – 73 % des Gesprochenen liegt. Interaktion zwischen den Schülern findet kaum statt und beschränkt sich meist auf sogenannte «Nebenstränge des Unterrichts».

Besondere Beachtung findet in den Forschungen zum unterrichtlichen Interaktionsverhalten das Frageverhalten, insbesondere das des Lehrers, aber auch immer mehr das des Lernenden (vgl. NIEGEMANN & STADLER, 2001; NIEGEMANN, 2004; WUTTKE, 2005). Während Lehrende zwischen 30 und 120 Fragen pro Unterrichtsstunde stellen, finden sich auf Schülerseite lediglich zwischen 1.3 und 4 Fragen. Spontane Schüleräußerungen sind selten. In qualitativer Hinsicht kommen empirische Studien zu dem Ergebnis, dass nur 4 % der Lehrerfragen für die Bearbeitung eine tiefere Elaboration bzw. schlussfolgerndes Denken erfordern, mehrheitlich werden Fakten- und Erinnerungsfragen gestellt. Zudem wird den Lernenden nach einer Frage häufig nicht ausreichend Zeit zum Überlegen gegeben. Stellen Schüler Fragen, so beziehen sich diese mehrheitlich auf Vorgehensweisen und Abläufe des Unterrichts, auf allgemeine Informationen zu Lerninhalten («Könnten Sie das bitte noch mal erklären?») oder auf weitere Informationen zu bereits besprochenen Inhalten. WEST & PEARSON (1994) haben typische Kombinationen von Lehrer- und Schülerfragen bzw. -reaktionen ermittelt.

Neben der Interaktion zwischen Lehrer und Schülern ist auch die *Interaktion zwischen den Schülern* für das Lernen sehr bedeutsam. Schulklassen stellen zu Beginn des Schuljahres eine formelle Gruppe dar. Im Laufe der Zeit entwickeln sich Gruppenstrukturen (Freundschaftsgruppen, Cliquen, Außenseiter usw.), Normen (z. B. bezogen auf angemessene Schulleistungen oder akzeptierte Verhaltensweisen im Unterricht) oder informelle Rollen- und Statushierarchien (vgl. PERREZ, HUBER & GEISSLER, 2001). Häufig bilden sich in Schulklassen zwei Typen von Führern heraus, ein Leistungs- und ein Beliebtheitsführer. Während erstgenannter die Höhe und Qualität der Leistungsnormen in der Klasse vorgibt, kümmert sich der zweitgenannte um die Kohäsion der Klasse. Mögliche Faktoren, die für die Beliebtheit eines Mitschülers als verantwortlich angesehen werden, sind die körperliche Attraktivität des Schülers und ein vergleichsweise hoher sozio-ökonomischer Status der Eltern. Weniger von Bedeutung sind die Schulleistungen (vgl. SELG, 1978).

In übergreifender normativer Hinsicht ergeben sich für das Interaktionsverhalten zwei unterschiedliche Bezugspunkte. Einerseits stehen die Lernenden aufgrund des Benotungssystems und der Selektionsfunktion von Schule zueinander in Konkurrenz, deren Bedeutung jedoch in der eigenen Klasse häufig eine Relativierung erfährt. Dennoch fürchten viele Schüler Kritik und mangelnde Anerkennung bzw. Ablehnung bei Fehlern im Unterricht. Andererseits werden unter den Mitschülern Kooperations- und Freundschaftsbeziehungen aufgebaut, in denen die Norm des gegenseitigen Helfens, insbesondere bei Hausaufgaben und Prüfungsaufgaben, vorherrscht. Zudem ist den Schülern die Klassengemeinschaft wichtig. Demnach erfordern die Konkurrenzstruktur und die Norm der Klassengemeinschaft bzw. der gegenseitigen Hilfe von den Schülern ein ständiges Ausbalancieren zwischen zwei unterschiedlichen Bezugspunkten (vgl. ULICH, 2001, S. 61 f.).

Die Interaktionen zwischen den Lehrern erhielt insbesondere in den letzten Jahren im Rahmen der Diskussion über Schulentwicklung eine neue Bedeutung. Traditionell agieren Lehrkräfte als «Einzelkämpfer», Abstimmungen über die Arbeit bzw. den Umgang mit den Schülern sind selten. «Den Unterricht üben sie alleine aus, wie sie auch meistens die Unterrichtsvorbereitung alleine und zuhause durchführen. Während der meisten Zeit ihrer Berufsausübung haben Lehrer mit anderen Mitarbeitern des Kollegiums keinen Kontakt. Lediglich die Konferenzen (...) bieten eine Plattform berufsbezogener (formeller) Interaktion.» (KRETSCHMANN, 1978, S. 124) Sofern ein Austausch erfolgt, fokussiert dieser häufig so genannte Problemschüler. Gemeinsame Unterrichtsvorbereitungen der Lehrkräfte, die Durchführung eines Teamteachings oder gegenseitige Unterrichtshospitationen und damit verbundene Rückmeldungen stellen häufig singuläre Ereignisse dar.

10.6 Situationstypspezifische Zugänge

Die in den vorangegangenen Kapiteln exemplarisch skizzierten wissenschaftlichen Aussagen sind in der Regel situations*übergreifend* formuliert. Entsprechend wäre zu prüfen, inwieweit sie für die Bestimmung von Handlungsanforderungen in Hinblick auf spezifische Situationstypen relevant sind und dann ggf. angepasst und modifiziert werden müssen. Ein alternativer Zugang zu relevanten wissenschaftlichen Aussagen wählt nicht den Zugriff über eine abgegrenzte wissenschaftliche Fachdisziplin, sondern greift auf Erkenntnisse zurück, die (quer zu den Disziplinen) in Hinblick auf spezifische Handlungsfelder generiert wurden. Dabei stößt man auf Situationstypen wie beispielsweise «Konflikte klären», «Führungssituationen gestalten», «Innovationen begleiten», «Präsentationen gestalten», «Moderationen gestalten» oder «im Team kooperieren». Exemplarisch soll der Situationstyp «im Team kooperieren» in der Systematik des in Kapitel 4 eingeführten Modells des Situationstyps skizziert werden.

Aussagen über den Situationstyp können sich auf theoretische und empirische Arbeiten aus unterschiedlichen Wissenschaftsbereichen stützen. Exemplarisch sei auf Aussagen und Modelle der Spieltheorie, der Gruppendynamik und der Führungsforschung hingewiesen. Damit verbunden sind unterschiedliche sprachliche Benennungen des Gegenstandsbereichs, was Begriffe wie «Team» oder «Gruppe» bzw. weitere Auffächerungen wie schulische Lerngruppe, Arbeitsteam, Projektteam oder Hochleistungsteam zum Ausdruck bringen. Mit den unterschiedlichen Bezeichnungen verbinden sich je nach Verständnis unterschiedliche Situationstypen; so wird das Zusammenwirken in einer schulischen Lerngruppe in Struktur und Ablauf anders funktionieren als die Kooperation in einem sportlichen Hochleistungsteam. Die nachfolgenden Darstellungen fokussieren auf den Situationstyp «in schulischen Lerngruppen kooperieren».

Als konstitutiv für eine schulische Lerngruppe werden folgende *Merkmale* verstanden (vgl. WALZIK, 2006, S. 64 ff.; GOMEZ, 2007, S. 94 f.): Mehrzahl von Personen, die sich in der Interaktion (noch) gegenseitig beeinflussen können; gemeinsame Verfolgung eines Ziels; eine aus mehreren Teilaufgaben bestehende Arbeitsaufgabe; auf Regeln gestützte Handlungsorganisation. Als *Akteure* der Kooperation sind die Gruppenmitglieder zu nennen, die entweder für die Gruppenarbeit bestimmt wurden oder die sich in ihrer Zusammensetzung selbst konstituiert haben. Entsprechend können sich die Gruppenmitglieder mehr oder weniger vertraut oder fremd sein. Hinsichtlich der *Aufgaben* ist zunächst zwischen sach- und beziehungsbezogenen zu unterscheiden. Zu den sachbezogenen Aufgaben zählen beispielsweise: Ziele festlegen, Informationen austauschen, Entscheidungen treffen und die Zielerreichung überprüfen. Beziehungsorientierte Aufgaben sind u. a.: Kohäsion fördern, Verantwortung übernehmen oder Konflikte klären. Übergreifend ist die Aufgabe der Gruppenreflexivität hervorzuheben; WEST (1996, S. 559) fasst darunter die Bewusstmachung der Ziele, Strategien und (sach- bzw. beziehungsbezogenen) Prozesse der Gruppe sowie deren Anpassung an angestrebte Zustände. Die Aufgabenschwerpunkte werden in der Literatur teilweise mit Mitglieder- und Führungsrollen und darauf bezogenen *Erwartungen* verbunden (vgl. GOMEZ, 2007, S. 113 ff.). Diese *Rollen* resultieren aus der Vorstellung einer idealtypisch verlaufenden Gruppenarbeit, d. h. sie ordnen die Verantwortung für die Erfüllung der für eine effektive Gruppenarbeit wesentlichen Aufgaben einzelnen Gruppenmitgliedern zu. Im Gegensatz zu diesen normativ fixierten Rollen stehen Typologien, mit deren Hilfe beobachtbare Rollenausprägungen durch Gruppenmitglieder erfasst und unterschieden werden. Exemplarisch kann auf den Typenindikator von MYERS-BRIGGS (1962) oder das RIEMANN-THOMANN-Kreuz (vgl. zusammenfassend WALZIK, 2006, S. 82 ff.) verwiesen werden.

Bedingungen der Gruppenarbeit werden kurzfristig als gegeben betrachtet; in längerer Perspektive sind sie zumeist gestaltbar. Im Einzelnen fallen darunter zunächst die räumlichen (face-to-face vs. virtuell), zeitlichen (enger vs. offener Zeitrahmen), kulturellen (Vertrautheit vs. Fremdheit; symmetrische vs. komplementäre Beziehung) und materiellen Rahmenbedingungen. Letztere können in schulischen Kontexten eine Bedeutung erhalten, wenn etwa besondere Anreizkonstellationen (z. B. Bestehen einer Prüfung) oder technologische Gegebenheiten zu berücksichtigen sind. Weitergehend besteht eine zentrale Rahmenbedingung in der Art der Aufgabenstellung. Erfordert die Aufgabenstellung nur eine (organisationsbezogene) Koordination oder eine (inhaltliche) Kollaboration zwischen den Gruppenmitgliedern? Welche Aufgabenmotivation löst die Aufgabe aus? Die Aufgabenmotivation kann durch verschiedene Faktoren begründet werden: Bewertung der Aufgabe als herausfordernd, Erfolgserwartung zur Lösung der Aufgabe, Nutzen aus der Aufgabenlösung und Bedeutung der zugrunde liegenden Ziele.

Modelle über den *Prozess* der Gruppenentwicklung skizzieren über die Folge von abgegrenzten Phasen und Schritten den Weg zu einer funktionsfähigen und effektiven Gruppe. Verbreitet sind etwa das Modell der themenzentrierten Interaktion, die Teamleistungskurve sowie das auf TUCKMAN zurückgehende, in einem therapeutischen Kontext entstandene, Modell mit den Phasen des «Forming» (Teamfindung), «Storming» (Konfrontation), «Norming» (Organisierung) und «Performing» (Reifephase) (vgl. WALZIK, 2006, S. 100 ff.; GOMEZ, 2007, S. 148 ff.). Dabei ist feststellbar, dass die Modelle unterschiedliche Analyseebenen adressieren (insbesondere Aufgaben- und Beziehungsebene). Die

Dieter Euler · Annette Bauer-Klebl · José Gomez · Martin Keller · Sebastian Walzik

Forschungsbefunde sind widersprüchlich hinsichtlich der Frage, ob Gruppen bestimmte Phasen durchlaufen müssen, bevor sie effektiv zusammenarbeiten können. Die meisten Modelle sind nicht überprüft, auch das in der Praxis häufig zitierte Modell von TUCKMAN. Insbesondere die Linearitätsvorstellung im Durchlaufen der Phasen wird kritisiert (vgl. SIMON, 2003). Andere Herangehensweisen gehen davon aus, dass bestimmte Faktoren gegeben sein müssen, um die Leistungsfähigkeit der Gruppe zu gewährleisten. So postulieren etwa CRANACH & TSCHAN (2003) die Existenz eines transaktiven Gedächtnisses (Wissen der Gruppenmitglieder muss transparent für alle zugänglich sein), geteilte mentale Modelle (Gruppenmitglieder müssen gemeinsame Vorstellung über Ziele, Aufgaben und Rahmenbedingungen der Gruppenarbeit besitzen) sowie Handlungsregulationsprozesse (Prozesse, nach denen Vorgehen erfolgt, reflektiert und ggf. angepasst wird) als unverzichtbare Determinanten von effektiver Gruppenarbeit. Das noch allgemein eingeführte Ziel der Gruppeneffektivität kann dabei auf unterschiedliche Dimensionen bezogen werden (z. B. Erfüllung der Sach- oder Beziehungsaufgaben, Effizienz der Aufgabenerfüllung im Sinne einer günstigen Input-Output-Relation, Reflexionsfähigkeit, Innovationsgrad und Originalität, Erreichung spezifischer Sach-, Selbst- oder Sozialkompetenzen; vgl. auch GOMEZ, 2007, S. 96).

In den bisherigen Ausführungen sind bereits zahlreiche *kritische* Ereignisse angelegt. Zu nennen sind beispielsweise die unterschiedlichen Prozessverluste, so etwa Koordinations- und Motivationsverluste aufgrund von fehlender Zielklarheit, unklaren Aufgabenprioritäten, unrealistischen Arbeits- und Zeitplänen, schlechter Aufgabenverteilung, ineffizientem Informationsaustausch (insbesondere Dominanz von geteilten gegenüber ungeteilten Informationen), unstrukturierten Gruppensitzungen, fehlender Entscheidungsbildung, Groupthink-Phänomenen, Streben nach Dominanz, fehlendes transaktives Wissenssystem, sozialem Trittbrettfahren bzw. Faulenzen (vgl. Gomez, 2007, S. 145 ff.). Dazu kommen Gruppenkonflikte aufgrund eines ungünstigen Zusammenwirkens der Persönlichkeiten von Gruppenmitgliedern. WALZIK (2006, S. 117 ff.) illustriert mögliche Konstellationen über das Zusammenspiel unterschiedlicher Ausprägungen im Rahmen des RIEMANN-THOMANN-Kreuzes (Nähe – Distanz; Dauer – Wechsel) sowie in Hinblick auf spezifische Phasen im Gruppenentwicklungsprozess.

Neben den deskriptiv-typologischen Aufarbeitungen der Konstituenten von Gruppenprozessen gibt es zahlreiche Versuche, mögliche Wirkungszusammenhänge empirisch zu überprüfen. So existieren zahlreiche Untersuchungen in der Tradition des kooperativen Lernens, in denen im Rahmen eines Experimental-/Kontrollgruppendesigns einzelne Variablen in Hinblick auf mögliche Wirkungseffekte untersucht werden. Im Ergebnis wird das *Potenzial* herausgearbeitet, über spezifische Ausprägungen des kooperativen Lernens kognitive Prozesse auf einem höheren Niveau auszulösen, die Motivation der Lernenden zu erhöhen, das Selbstwertgefühl und die Selbstwirksamkeit der Lernenden zu steigern, die Lernverantwortung bei den Lernenden zu stärken und soziale Kompetenzen zu fördern (vgl. u. a. SLAVIN, 1995; JOHNSON, JOHNSON & HOLUBEC, 1986; YAGER, 1985; JOHNSON & JOHNSON, 1998). Der Potenzialcharakter dieser Zusammenhänge kommt auch in folgender Aussage von JOHNSON & JOHNSON (zit. in GREEN & GREEN, 2007, S. 51) zum Ausdruck: «Nur weil Einzelne in ein Team gesteckt werden, heißt das nicht, dass sie das Wissen, die Fertigkeiten und die Haltung haben, die nötig sind, um in einem Team effektiv zu arbeiten.» Daraus wird deutlich, dass Teamkompetenzen zugleich Voraussetzung und Ziel von Gruppenarbeit sein können. Wesentlich sind daher die Lernvoraussetzungen der Lernenden, die entsprechend zum Gegenstand einzelner Untersuchungen wurden. Verschiedene Untersuchungen zeigen beispielsweise, dass sich ungewissheitsorientierte Lernende in kooperativen Situationen wohler fühlen und leistungsstärker agieren als beispielsweise in geschlossenen Lernsituationen, während bei gewissheitsorientierten Lernenden das Gegenteil zutrifft (HUBER, 1996).

Ein umfangreiches Wirkmodell in Form der so genannten «Kasseler Teampyramide» leitet bei KAUFFELD (2001; 2004) die Untersuchung komplexer Wirkungszusammenhänge an. Insbesondere gestützt auf die theoretischen Überlegungen von WEST (1996) sowie FRY ET AL. (1981) wird das Funktionieren von Teams über eine strukturelle Dimension (Subdimensionen: Zielorientierung, Aufgabenbewältigung) sowie eine personelle Dimension (Subdimensionen: Zusammenhalt, Verantwortungsübernahme) erklärt. Die vier Subdimensionen werden in eine hierarchische Abfolge gebracht, indem davon ausgegangen wird, dass in einer Gruppe erst auf der Grundlage einer gemeinsamen Vorstellung über die Ziele und Aufgaben ein Zusammenhalt entstehen und sich die Gruppenmitglieder im Rahmen einer Verantwortungsübernahme aktiv in die Gruppe einbringen und Engagement zeigen. GOMEZ (2007) hat dieses Kausalmodell in einem universitären Anwendungskontext überprüft und weitergehend vorgeschaltete Wirkfaktoren identifiziert, die eine Zielorientierung begründen. Die Auswertung zeigt, dass neben der Aufgabenmotivation weitere Inputvariablen einen Einfluss auf die vier Subdimensionen besitzen. Hervorzuheben sind hier insbesondere das Wissen über die erfolgreiche Gestaltung von Teamarbeit, die möglichst homogene Teamzusammensetzung (mit der Folge einer Ausgrenzung von «weniger kompetenten Teammitgliedern»), das Feedback des Lehrenden, ausreichende Zeitressourcen für Besprechungen sowie die Prüfungsrelevanz als externes Merkmal der Gruppenaufgabe.

Die Aussagen ließen sich nunmehr in der Systematik der Kompetenzmatrix zu *Handlungsanforderungen* und daraus transformierten Kompetenzbeschreibungen übersetzen (vgl. Abbildung 1 sowie Abbildung 5 auf den Seiten 34 und 44). Als Filter wären dazu zum einen die Rahmenbedingungen der didaktischen Anwendung, insbesondere die Lernvoraussetzungen der Zielgruppe sowie der Umfang der Bildungsmaßnahme, zum anderen die verfolgte Ziel- und Wertausrichtung zu berücksichtigen. Beispiele für eine Umsetzung finden sich bei WALZIK (2006, S. 130 ff.) und GOMEZ (2007, S. 162 ff.).

11 Sozialkompetenzen in der Erfassung von berufsrelevanten Handlungsfeldern

Während in Kapitel 10 relevante bezugswissenschaftliche Befunde substanziell aufgenommen wurden, steht in den nachfolgenden Betrachtungen die Systematik und Illustration der verfügbaren Literatur zu berufsrelevanten Handlungsfeldern im Vordergrund. Dabei sollen die folgenden Bezüge unterschieden werden:

– Berufsübergreifende Handlungsfelder (Kapitel 11.1)
– Berufsspezifische Handlungsfelder (Kapitel 11.2)
– Berufsprofile (Kapitel 11.3)
– (Kritische) Ereignisse im Rahmen der Gesprächsführung (Kapitel 11.4).

11.1 Bezug: Berufsübergreifende Handlungsfelder

Literatur mit einem Bezug auf berufsübergreifende Handlungsfelder grenzt Situationskontexte ab, die über einen spezifischen beruflichen Anwendungskontext hinausreichen. Das Spektrum der Bezüge umspannt Situationstypen wie beispielsweise «Konflikte klären», «Führungssituationen gestalten», «Innovationen begleiten», «Präsentationen gestalten», «Moderationen gestalten» oder «im Team kooperieren». Exemplarisch soll der Situationstyp «Konflikte klären» auf der Grundlage des eingeführten Situationsmodells skizziert werden (vgl. exemplarisch KELLER, 2004, S. 11 ff.; GEHM, 1997, S. 180 ff.; GLASL, 1997; FISHER, URY & PATTON, 1998; ROSNER, 2002, S. 156 ff.).

Konflikte sind integraler Bestandteil zwischenmenschlicher Beziehungen, sie finden sich deshalb in allen möglichen Lebensbereichen. Demnach setzt auch der Situationstyp «Konflikte klären» in der Literatur zumeist berufsfeldübergreifend an. In dem Situationstyp finden sich unterschiedliche Aufgaben und Rollen. Einerseits gibt es die Konfliktparteien, d. h. Personen, die konfliktär zueinander stehen und zu einem Konfliktklärungsgespräch – aus welchen Beweggründen auch immer – bereit sind. Sie sollen die eingeführten oder vereinbarten Regeln einhalten und im Laufe des Gesprächs gemeinsam eine Lösung finden. Mit dem Konfliktbegleiter findet sich eine weitere Person, deren Aufgabe darin besteht, das Gespräch zu begleiten und zu unterstützen (in Abhängigkeit von der gewählten Konfliktbehandlung wären als mögliche Konfliktbegleiter auch ein Prozessbegleiter oder ein Mediator denkbar. Vgl. etwa GLASL, 1997, S. 368 ff.). Er strukturiert das Gespräch, legt Regeln fest, stimmt Gesprächsthemen, Zeitraum und Vorgehen ab, bestimmt Einzelziele und dokumentiert erreichte Zwischenziele. Ziel ist es, im Sinne einer «Hilfe zur Selbsthilfe» die Eigeninitiative der Konfliktparteien zu den inhaltlichen Fragen, zu den Methoden und den Verfahren der Konfliktbehandlung zu fördern.

Die Ausgangspunkte des Situationstyps «Konflikte klären» bestehen im Vorliegen eines Konflikts und in damit verbundenen subjektiven Realitätskonstruktionen der Konfliktparteien. Unter Konflikt wird dabei «eine Interaktion zwischen Aktoren (Individuen, Gruppen, Organisationen usw.)» verstanden, «wobei wenigstens ein Aktor Unvereinbarkeiten im Denken/Vorstellen/Wahrnehmen und/oder Fühlen und/oder Wollen mit dem anderen Aktor (anderen Aktoren) in der Art erlebt, dass im Realisieren eine Beeinträchtigung durch einen anderen Aktor (die anderen Aktoren) erfolgt» (GLASL, 1997, S. 14 f.).

Das Konfliktklärungsgespräch selbst weist verschiedene Prozessphasen auf, die sich teilweise überlagern können: In der Phase der Orientierung geht es darum, dass der Konfliktbegleiter sich ein Bild von der Situation macht, Regeln für das weitere Vorgehen bzw. die Kommunikation vereinbart und mit den Konfliktparteien Vereinbarungen zur Deeskalation des Konflikts trifft. In der Phase der Konfliktdiagnose gilt es Konfliktphänomene wahrzunehmen und Kontrollmechanismen zu erkennen, die zwischen und innerhalb der Konfliktparteien wirken. Wenn eine mehr oder minder detaillierte Diagnose des Konflikts vorliegt, sind geeignete Methoden und Maßnahmen zur Lösung des Konflikts bzw. zur Problembewältigung zu entwickeln. Die Konsolidierungsphase zielt auf das Vertiefen, Festigen und Internalisieren der erzielten Ergebnisse, um zukünftig eine Entschärfung des Konflikts bzw. eine Vermeidung weiterer Konflikte zu ermöglichen.

Während des gesamten Konfliktklärungsprozesses können kritische Ereignisse eintreten, welche die Gestaltung des Prozesses erschweren. So wäre es z. B. denkbar, dass bei einer Konfliktpartei der Eindruck entsteht, der Konfliktbegleiter würde die andere Partei bevorzugen oder dass sich bei der Drittpartei unterschiedliche Sympathien bzw. Zuneigungen für die Konfliktparteien entwickeln. Als kritisch können sich ebenfalls räumliche oder zeitliche Rahmenbedingungen erweisen, wenn beispielsweise kein geeigneter Gesprächsraum zur Verfügung steht oder eine Partei unter Zeitdruck steht, so dass sie sich nicht angemessen auf den Gesprächsinhalt konzentrieren kann. Als problematisch kann sich auch erweisen, wenn eine Konfliktpartei nur die eigenen Vorzüge im Blick hat und keine Rücksicht auf die Bedürfnisse der anderen Seite nimmt oder wenn Emotionen nicht kontrolliert werden können.

11.2 Bezug: Berufsspezifische Handlungsfelder

In der Grundstruktur ist der hier aufgenommene Situationsbezug vergleichbar mit dem der berufsübergreifenden Handlungsfelder, doch erfolgt eine engere Bezugnahme auf einen beruflichen Kontext. Das folgende Beispiel des Situationstyps «Kundenorientierte Beratung im Handel» mag dies illustrieren (vgl. exemplarisch DUMPERT ET AL., 2003; BRATER & LANDIG, 1995, S. 12 ff., S. 19 ff.).

In diesem Situationskontext berät ein Berater bzw. Verkäufer Kunden hinsichtlich spezifischer Produkte. Der Grundsatz der Kundenorientierung erfordert vom Verkäufer ein Handeln, das nicht nur die betrieblichen Vorstellungen und Interessen in der Beratung berücksichtigt, sondern auch die Bedürfnisse und Interessen des Kunden einbezieht. Hierzu muss der Verkäufer die Kundenwünsche umfassend ermitteln und gemeinsam mit dem Kunden echte Alternativen für eine individuelle Problemlösung entwickeln. «Im Kern sind Berater damit gefordert, eigene und fremde Interessen zu präzisieren, auszuloten und um deren Ausgleich bemüht zu sein.» (DUMPERT ET AL., 2003, S. 54. Diese skizzierte Ausrichtung der Kundenorientierung ist *ein* mögliches Verständnis, in der Literatur finden sich darüber hinaus weitere Definitionen, vgl. DUMPERT ET AL., 2003, S. 45 ff.) Ein weiterer essenzieller Bestandteil des Situationstyps besteht darin, dass im Unterschied zu einer Auskunft dem Kunden in Hinblick auf die Problemlösung mindestens zwei Handlungsalternativen zur Auswahl stehen. Die Beratung erfolgt normalerweise in den Räumen des Unternehmens. Dabei kann das Gespräch durch Medien (z. B. Prospekte) oder durch den zu verkaufenden Gegenstand selbst unterstützt werden.

Der Ablauf des Verkaufs- bzw. Beratungsgesprächs im Handel gliedert sich beispielsweise in vier Phasen: Bei der Kontaktaufnahme mit dem Kunden geht es um eine situationsangemessene Ansprache des Kunden, so dass dieser sich willkommen fühlt. Die Phase «Vom Kundenbedarf zur Kaufentscheidung» umfasst die Ermittlung des Kundenwunsches, die Präsentation des Produktangebots und die Unterstützung der Entscheidungsfindung. Demnach ist es Aufgabe des Beraters die Bedürfnisse des Kunden herauszuarbeiten, d. h. er muss herausfinden, was der Kunde «wirklich» will und braucht, in welcher Qualität er es braucht und wieviel Geld dieser dafür ausgeben möchte und kann. Auf dieser Basis stellt er mögliche Lösungsalternativen vor, erklärt sie hinsichtlich der Vor- und Nachteile für den Kunden und nimmt Einwände des Kunden angemessen auf. Ist der Kunde unentschlossen und weiß nicht, für welche Alternative er sich entscheiden soll, können die wichtigsten Merkmale des Kundenwunsches nochmals genannt und den verschiedenen Lösungsalternativen gegenübergestellt werden. Gegebenenfalls kann der Verkäufer auch die eigene Einschätzung äußern. Im Rahmen der Phase «Ergänzende Leistungen» werden dem Kunden sinnvolle Zusatz- und Serviceleistungen zu seinem Produkt präsentiert. Das Gespräch endet mit einer kundenorientierten Verabschiedung.

Schwierige Situationen im Beratungsgespräch können sehr vielfältig sein. So ist es beispielsweise denkbar, dass der Kunde eine sehr überzogene Vorstellung hat und sich davon nicht abbringen lassen will. Auch ist es möglich, dass der Verkäufer den Kunden auf den ersten Blick unsympathisch findet und ihn deshalb nur ungern berät oder der Kunde auf die Erklärung des Verkäufers sehr ungehalten reagiert. Zudem können sich räumliche Bedingungen ungünstig auf das Beratungsgespräch auswirken, wenn etwa die Abteilung umgeräumt wird und deshalb die interessierenden Produkte weit verteilt stehen.

11.3 Bezug: Berufsprofile

Im Rahmen einer berufsförmig organisierten Arbeitswelt finden sich Berufsprofile häufig in so genannten Aus- und Weiterbildungsordnungen. Bezüge zu Interaktionssituationen und damit zu Sozialkompetenzen variieren dabei von Beruf zu Beruf (eine Analyse von Bezügen zu Sozialkompetenzen in Berufsreglementen für Berufe der schweizerischen Berufsausbildung findet sich in Kapitel 12 dieses Buches). Ein Beispiel für ein in der Literatur zu findendes Berufsprofil ist das des Verkäufers. Die Aufgabe eines Verkäufers besteht darin, die Bedürfnisse und Probleme der Kunden zu erkennen und Möglichkeiten und Optionen zu ihrer Befriedigung und Lösung zu erarbeiten. Dabei sollte beim Kunden tendenziell das Gefühl entstehen, individuell bedient zu werden und sich mit seinen Wünschen an die richtige Person gewandt zu haben. Allerdings sind die Aktivitäten des Verkäufers nicht auf die eigentliche Verkaufssituation beschränkt, sondern im Sinne einer kontinuierlichen Kundenbetreuung besteht die Aufgabe des Verkäufers darin, auch nach Abschluss des Kaufvertrages die Kommunikation mit dem Kunden aufrecht zu erhalten, mögliche Schwierigkeiten mit dem gekauften Produkt bzw. der erworbenen Dienstleistung in Erfahrung zu bringen, die sich hieraus ergebenden Anforderungen aufzunehmen und diese ebenfalls einer Lösung zuzuführen. Der Verkäufer wird damit zu einem «Kundenberater», möglicherweise mit Ansatzpunkten für weitere Geschäftsbeziehungen. Innerhalb des

Unternehmens agiert der Verkäufer stärker aus Kundensicht, ihm kommt eine Vermittlerfunktion zwischen Unternehmen und Kunden zu. «Der Verkäufer ist damit weniger Anwalt des Unternehmens als Makler seiner Marktbeziehungen.» (BRATER & LANDIG, 1995, S. 12). Dies kann unter Umständen bedeuten, bestimmte Positionen und Interessen des eigenen Unternehmens nicht zu vertreten, wenn sie der Beziehung zum Kunden nicht dienlich sind oder aus sachlichen Überlegungen ein Geschäft nicht abzuschließen, weil der Kunde damit nicht zufrieden gestellt werden könnte und im Falle des Geschäftsabschlusses die Beziehung zum Kunden gefährdet wäre.

11.4 Bezug: (Kritische) Ereignisse im Rahmen der Gesprächsführung

In diesem Bezug fokussiert die Literatur auf die für eine gelingende Gesprächsführung als kritisch erachteten Ereignisse. Ein Beispiel ist die Frage der Einstellung und Haltung gegenüber dem Gesprächspartner. Ausgehend von Vertretern der Humanistischen Psychologie wird beispielsweise für Beratungs- und Therapiesituationen eine Einstellung postuliert, die als authentisch, wertschätzend und empathisch bezeichnet wird. Dieses Postulat wurde auf viele andere Gesprächs- und Kommunikationssituationen übertragen, so etwa auf den gesamten Erziehungsbereich oder auf Führungssituationen. Bezogen auf den Lehrer bedeutet Echtheit, dass die Person des Lehrers als solche in der Kommunikationssituation zu erkennen sein sollte. Wertschätzung bedeutet, dass der Lehrer dem Lernenden emotionale Wärme, Achtung und Rücksichtnahme entgegenbringen und sich um eine reversible, symmetrische, gleichberechtigte, partnerschaftliche Kommunikationsbeziehung bemühen sollte. Empathie umfasst ein Handeln, das darauf gerichtet ist, die innere Erlebniswelt der Schüler zu erfassen und diese nachzuvollziehen, ohne zu bewerten oder zu interpretieren (vgl. ROGERS, 2000, S. 275; BAUER-KLEBL, EULER & HAHN, 2001, S. 36; TAUSCH & TAUSCH, 1990, S. 29 ff.).

Als weiteres Beispiel für ein Ereignis im Rahmen der Gesprächsführung ließe sich die Klärung der Beziehung unter Gesprächspartnern anführen. Nach MILLER beinhaltet die Beziehungsklärung die bewusste und systematische Wahrnehmung, Beobachtung und Reflexion von Verhaltensweisen von Personen innerhalb zwischenmenschlicher Beziehungen und die Klärung von Haltungen und Einstellungen (vgl. MILLER, 1997, S. 65). Beziehungsklärung umfasst somit das bewusste Wahrnehmen der eigenen Person, aber auch der Verhaltensweisen der Gesprächs- und Interaktionspartner, das Nachdenken über die Entstehung, die Ursachen, die Zusammenhänge und Vernetzungen der jeweiligen Verhaltensweisen sowie das Ansprechen dieser Beobachtungen in gemeinsamen Gesprächen, um vor dem Hintergrund der Wertvorstellungen und Normen, der Vereinbarungen und Regeln Verhaltensweisen gegebenenfalls zu korrigieren, alternative Handlungen zu antizipieren und diese auszuprobieren. Im Fokus der Betrachtung stehen dabei alle am Gespräch Beteiligten und ihre Beziehungen zueinander und weniger die einzelne Person (vgl. MILLER, 1997, S. 66 f., S. 85 ff.).

Auch die Vielzahl der sich in der Literatur findenden Gesprächstechniken wie Aufmerksamkeit signalisieren, Feedback geben, Aktives Zuhören, Ich-Botschaft senden, Fragen bzw. spezifische Fragetechniken einsetzen, lassen sich als Ereignisse im Rahmen der Gesprächsführung interpretieren. Sie werden als bedeutsam für eine gelingende Interaktion ausgewiesen. Hierbei handelt es sich um Techniken, die im Rahmen des Gesprächsablaufs zum Einsatz kommen, teils über die gesamte Situation hinweg (z. B. Aufmerksamkeit signalisieren), teils nur in spezifischen Phasen des Gesprächs (z. B. Feedback geben, vgl. etwa GEHM, 1997, S. 70 ff.; ROSNER, 2002, S. 96 ff.; GOMEZ, 2004, S. 64 ff.).

Auffällig ist, dass die geschilderten Ereignisse im Rahmen der Gesprächsführung häufig situationsunspezifisch formuliert werden. Hier wäre im Einzelnen zu klären, inwieweit sich diese Ereignisse auf engere Kontexte beziehen bzw. an eine spezifische Werthaltung gebunden sind.

12 Studie: Sozialkompetenzen in Curricula der Berufsausbildung

Nach den eher grundsätzlich ausgerichteten Betrachtungen soll nunmehr die Frage aufgenommen werden, inwieweit Sozialkompetenzen bereits tatsächlich in Ordnungsgrundlagen integriert sind. Dazu kann auf eine Studie zurückgegriffen werden, die diese Fragen für den Bereich der Berufsausbildung in der Schweiz untersucht hat. Diesem Kapitel liegt daher ein ausführlicher Forschungsbericht über die gesamte Untersuchung zugrunde (vgl. EULER ET AL., 2004).

Die Förderung und Prüfung von Sozialkompetenzen, so die Ausgangsvermutung, sind in den Ordnungsgrundlagen und in der didaktischen Praxis der beruflichen Grundausbildung zwar erkennbar, aber noch nicht systematisch verankert und entsprechend auch nicht nachhaltig implementiert. In dieser Untersuchung sollte diese These in Hinblick auf die Ordnungsgrundlagen der beruflichen Grundausbildung in der Schweiz überprüft werden. Auch wenn die regulative Kraft der curricularen Grundlagen in der beruflichen Grundausbildung nicht überschätzt werden sollte, so bilden sie doch einen zentralen Bezugspunkt für die Gestaltung der Ausbildungspraxis. Sie repräsentieren die Intentionen der Curriculumentwickler und geben den Handelnden in den Lernorten eine wichtige

Orientierung darüber, was als obligatorisch, fakultativ oder unbedeutsam zu gelten hat. Vor diesem Hintergrund strebte die vorliegende Untersuchung nach einer Antwort auf die *Frage, inwieweit und in welcher Form in den Ordnungsgrundlagen für die berufliche Grundausbildung Sozialkompetenzen verankert sind.*

Als Ordnungsgrundlagen wurde auf die aktuell gültigen Berufsreglemente, Lehrpläne und Modell-Lehrgänge zurückgegriffen, über die in der Schweiz die Ziele und Inhalte der Berufsausbildung geregelt sind.

Ausgehend von der Vermutung, dass bei der Heterogenität der Dokumente in Hinblick auf das Konstrukt «Sozialkompetenzen» unterschiedliche Formen, Semantiken, Bezugnahmen und Begründungsqualitäten vorliegen, erschien eine «klassische» Dokumentenanalyse auf der Grundlage eines fixierten Kategoriensystems nicht sinnvoll. Demgegenüber wurde die Untersuchung wie folgt aufgebaut:

–   In einer Vorstudie wurde für einen Teilausschnitt der Ordnungsgrundlagen überprüft, ob die oben genannten Vermutungen zutreffen (Kapitel 12.1). Im Ergebnis konnten die Annahmen bestätigt und zudem wichtige Hinweise für die Anlage der Hauptstudie gewonnen werden.

–   In einem nächsten Schritt wurde die Auswahl der Untersuchungsbasis vorgenommen und begründet (Kapitel 12.2). Im Ergebnis erfolgte eine Auswahl von 22 Lehrberufen, deren Ordnungsgrundlagen für die nachfolgende Untersuchung zugrunde gelegt wurden.

–   Die Curriculumanalyse erforderte die Grundlegung eines Bedeutungsverständnisses von Sozialkompetenzen. Dieses Verständnis wurde theoretisch entwickelt und in Analysekriterien übertragen (Kapitel 12.3.1).

–   Auf der Grundlage der theoretisch fundierten Kategorien von sozialer Kommunikation bzw. Sozialkompetenzen wurden die ausgewählten Ordnungsgrundlagen in mehreren Schritten analysiert (Kapitel 12.3.2 und 12.3.3). Im Ergebnis entstand für jeden der 22 analysierten Lehrberufe eine kriterienbezogene Auswertung in Hinblick auf die zugrunde liegende Forschungsfrage.

–   Die Einzelbefunde wurden in einer vergleichenden Betrachtung zusammengeführt und in Hinblick auf die Analysekriterien interpretiert (Kapitel 12.4). Im Ergebnis entstand eine Matrix, die auf mehreren Abstraktionsebenen relevante Situationstypen bezeichnet, innerhalb derer spezifische Handlungsanforderungen identifiziert werden können, deren Bewältigung die Anwendung konkreter Sozialkompetenzen erfordert.

–   Eine abschließende Betrachtung rundet die Untersuchung ab (Kapitel 12.5).

In forschungsmethodischer Hinsicht ist hervorzuheben, dass die in der Curriculumforschung häufig verwendete Dokumentenanalyse in ihrer klassischen Form nicht eingesetzt werden konnte. Wie die Vorstudie näher belegt, handelt es sich bei «Sozialkompetenz» um ein Konstrukt, das in der Curriculumpraxis semantisch äußerst unterschiedlich und häufig implizit verwendet wird. Vor diesem Hintergrund erscheint ein Vorgehen, das sich primär auf die Suche nach und das Auszählen von vorab fixierten Begriffskategorien fokussiert, nicht tragfähig. Insofern war es erforderlich, die Dokumentenanalyse diesem Sachverhalt anzupassen und die Auswertung der Curricula stärker kontextbezogen vorzunehmen. Im Rahmen dieses Vorgehens wurde jeweils darauf geachtet, die einschlägigen Standards einer qualitativen Dokumentenanalyse anzuwenden (z. B. Prinzip der maximalen Variation der Perspektiven, kommunikative Validierung). In den einzelnen Abschnitten wird zur Gewährleistung einer hochgradigen Transparenz ausgeführt, welche methodischen Schritte die Untersuchung jeweils angeleitet haben.

12.1 Vorstudie

Um einen ersten Überblick über das Spektrum des Verständnisses von Sozialkompetenzen und deren Bedeutungsgehalt in Form von Lernzielen in den Rechtsgrundlagen zu erhalten, wurden zunächst sechs verschiedene Ausbildungsberufe intensiver untersucht. Die Auswahl dieser sechs Berufe erfolgte auf der Grundlage der Annahme, möglichst verschiedene Branchen abzudecken und Ausbildungsprofile zu erfassen, in denen ein berufsbedingter sozialer Kontakt mit anderen Menschen in verschiedener Intensität zu vermuten ist. So wurden folgende Lehrberufe gewählt: Gastronomiefachangestellte/r, Informatiker/in, Landwirt/in, Metzger/in, Kaufmännische/r Angestellte/r im Krankenhaus, Dentalassistent/in.

Dabei wurden vier Berufsbilder jeweils unabhängig von zwei Personen und zwei Berufsbilder jeweils unabhängig von vier Personen analysiert. Die Analyse wurde dabei auf Basis des individuellen semantischen Vorverständnisses bezüglich des Konstrukts «Sozialkompetenz» vorgenommen. Das Vorgehen besitzt seinen besonderen Reiz darin, dass die Auswertenden in die Situation derjenigen versetzt wurden, die in der Praxis die Curricula interpretieren und umsetzen müssen.

Die Ergebnisse der Untersuchungen zeigten zwei zentrale Aspekte auf. Zum einen wurde deutlich, dass «Sozialkompetenzen» in den einzelnen Ausbildungsberufen unterschiedlich ausgelegt werden und ihr Stellenwert zwischen den Berufen variiert. Zum anderen führten die Analysen gleicher Curricula durch unterschiedliche Auswerter häufig zu unterschiedlichen Auslegungen – ein Ergebnis, das in Hinblick auf die Umsetzung von Curricula in die Berufsbildungspraxis von genereller Bedeutung sein kann. Im Vergleich der Berufsbilder zeigten sich Differenzen in Hinblick auf die Ausweisung von Sozialkompetenzen, sowohl in quantitativer als auch qualitativer Hinsicht. So wurden beispielsweise für den Landwirt nur wenige Sozialkompetenzen identifiziert, beim Informatiker hingegen vergleichsweise viele. Qualitätsunterschiede fanden sich beispielsweise hinsichtlich der verbalen Spezifizierung (allgemein vs. konkret).

Dies führte zu einem weiteren Aspekt: Schwierigkeiten in der Interpretation entstanden insbesondere in Hinblick auf solche Aussagen in den Curricula, in denen Sozialkompetenzen indirekt benannt oder implizit in den Rechtsverordnungen zu finden sind, ein Beispiel:

Wenn in den Ordnungsgrundlagen zum Ausbildungsberuf Gastronomiefachassistent/in beispielsweise der Aspekt «Bankett durchführen» angeführt wird, so bleibt der direkte Bezug zur Sozialkompetenz zunächst unbestimmt. Es könnte sich beispielsweise um die technische Abwicklung dieser Aufgabe auf der Basis von Vorgaben handeln. Möglich wäre allerdings auch, dass umfangreiche Absprachen mit Auftraggebern und Mitarbeitern sowie eine intensive Gästebetreuung einbezogen und daher sozial-kommunikative Handlungsanforderungen zu bewältigen sind.

Für den Forschungsprozess ergab sich daraus die Notwendigkeit, eine intersubjektiv nachvollziehbare Interpretationsbasis zu schaffen und die theoretischen Grundlagen auszuweisen, welche die Curriculumanalyse in der Hauptstudie anleiten.

12.2 Auswahl der Berufe

Als erster Schritt der Hauptstudie war zunächst die Gesamtmenge der relevanten Curricula zu bestimmen, um auf dieser Basis eine begründete Auswahl für die curriculumtheoretische Analyse vorzunehmen. Im Hinblick auf diese Gesamtmenge erschien es evident, die vom Bundesamt für Berufsbildung und Technologie (BBT) verwendete Klassifikation der Lehrberufe zu verwenden.

Sowohl in schweizerischer als auch in internationaler Perspektive liegen weitere Berufsklassifikationen vor, die hier nur erwähnt werden sollen. So verwendet das schweizerische Bundesamt für Statistik (BFS) u. a. die Berufsklassifikation ISCO 88 COM (International Standard Classification of Occupation). In Deutschland liegen Klassifikationen des Statistischen Bundesamts, des Bundesinstituts für Berufsbildung (Zuordnung der Ausbildungsberufe zu den 88 Berufsgruppen der «Klassifizierung der Berufe» des Statistischen Bundesamts;

vgl. *www.bibb/indexber.htm*) und der Bundesagentur für Arbeit vor. Supranational ist auf die Klassifikationen der International Labour Organization, der UNESCO der EU (Eurostat) und der OECD zu verweisen.

Die in der Schweiz auf Basis dieser Klassifikation des BBT entwickelte Statistik zu den Berufen ist weit verbreitet und korrespondiert über entsprechende Schlüsselzahlen teilweise mit den Gliederungen des Bundesamts für Statistik (BFS). Dort werden alle Auszubildenden in BBG-reglementierten Berufsausbildungen quantitativ erfasst und einzelnen Berufsarten zugewiesen.

Die Auswahl der Berufsarten und der zugehörigen Berufe erfolgte im Sinne eines «theoretical sampling» (GLASER & STRAUSS, 1998). Dabei war zu gewährleisten, dass die Unterschiedlichkeit der Ausbildungsberufe abgebildet und der theoretische Bezug zu den Sozialkompetenzen sichergestellt wird. Dies wurde durch das nachfolgend dargestellte Kaskadenmodell gewährleistet:

Auswahlkriterien (nach Rangfolge):	Grundgesamtheit der Untersuchungsobjekte:
1. Bedeutungsgrad von sozialer Kommunikation (A) Vielzahl der vermuteten sozialen Beziehungstypen (B) 2. Zugehörigkeit zu einer Berufsart (Branche) unter Berücksichtigung der Eiflüsse von Megatrends (C) Anteil von Frauen und Männern im Lehrberuf (D) Quantitative Bedeutung des Lehrberufs (E) 3. Alter der aktuellen Rechtsgrundlagen des Berufes (F)	Liste aller BBT-Lehrberufe

Individuelle Auswahl von ca. 30 Lehrberufen von 4 Mitgliedern der Forschungsgruppe

Zusammenführung der Einzelergebnisse und Analyse der Schnittmenge (Rangfolge der am häufigsten ausgewählten Berufe)
Grundgesamtheit der Untersuchungsobjekte

Plausibilitätsprüfung, ob die ca. 20 meistgewählten Berufe zu 100% den Kriterien entsprechen

Überprüfung der Ergebnisse durch zwei Berufspraktiker auf Relevanz und Realitätsnähe

Abbildung 10: Auswahl der Lehrberufe («Kaskadenmodell»)

Die sechs Auswahlkriterien wurden nach Relevanzgraden gestuft und in ein Kaskadenmodell überführt. Nachfolgend werden die einzelnen Kriterien näher erläutert. Die jeweilige Kaskadenstufe ist der obigen Abbildung zu entnehmen.

Bedeutungsgrad der sozialen Kommunikation (A): Werden Sozialkompetenzen als «Wissen, Einstellungen und Fertigkeiten zum wertbewussten Kommunizieren mit anderen Menschen über konkrete Inhalte in bestimmten Typen von Situationen» (vgl. Kapitel 2, S. 14) definiert, so ist bei der Auswahl von Berufen darauf zu achten, dass die Gestaltung beruflicher Arbeitssituationen in hohem Maße durch die verbale und non-verbale Kommunikation mit anderen Menschen gekennzeichnet ist. Letztlich waren in einer ersten Stufe solche Berufe besonders zu berücksichtigen, bei denen die Interaktion mit anderen Menschen einen hohen Stellenwert in der Berufsausübung besitzt.

Vielzahl der vermuteten sozialen Beziehungstypen (B): Wenn die Kommunikation mit anderen Menschen einen zentralen Bezugspunkt für die Bestimmung von Sozialkompetenzen darstellt, so kann weitergehend nach den zugrunde liegenden Beziehungstypen bzw. Rollen gefragt werden. Soziale Beziehungen sind dabei z. B. mit Kunden oder Kollegen zu gestalten. Bei der Auswahl der Berufe ist daher nicht nur der rein quantitative Aspekt, sondern auch die Verschiedenartigkeit der Beziehungstypen von Bedeutung. Folglich sollten besonders diejenigen Berufe Beachtung finden, die unterschiedliche Beziehungstypen repräsentieren bzw. ein breites Spektrum von Beziehungstypen abdecken.

Zugehörigkeit zu einer Berufsart (Branche) (C): Um innerhalb der Untersuchung die notwendige Breite des Spektrums von Ausbildungsberufen abzudecken, sollten Berufe aus möglichst allen Berufsarten ausgewählt werden. Dies wurde im Sinne eines iterativen Prozesses derart gestaltet, dass die in der ersten Stufe ausgewählten Ausbildungsberufe daraufhin überprüft wurden, inwieweit bereits eine angemessene Breite von Berufsarten repräsentiert ist, oder ob die Aufnahme weiterer Berufe aus unterrepräsentierten Berufsarten zu einer Revidierung der Auswahl führen sollte. Um für die Untersuchung eine längerfristige Aktualität sicherstellen zu können, wurden außerdem solche Ausbildungsberufe ausgewählt, die vor dem Hintergrund der erkennbaren Megatrends auch zukünftig Bestand haben werden. Die Zukunftsbedeutung der untersuchten Lehrberufe wurde vor dem Hintergrund der in der einschlägigen Fachliteratur diskutierten Megatrends eingeschätzt (vgl. zusammenfassend EULER, 2000).

Anteil von Frauen und Männern im Lehrberuf (D): Bei der Auswahl wurde in etwa eine gleiche Verteilung von Männern und Frauen in den Ausbildungsberufen durch Ausschluss oder identische Beachtung von typischen Männer-/Frauenberufen angestrebt. Diese konnte über entsprechende Aussagen in der Lehrlingsstatistik sichergestellt werden. Die Gleichgewichtung von Männern und Frauen als Auswahlkriterium auf der Ebene eines einzelnen Berufsfeldes erwies sich als nicht durchführbar, da fast alle Berufe mehr oder weniger geschlechtsspezifisch dominiert sind. Folglich wurde versucht, in der Summe aller ausgewählten

Ausbildungsberufe ein Gleichgewicht zwischen männer- und frauendominierten Ausbildungsberufen zu erreichen.

Quantitative Bedeutung des Berufs (E): Die ausgewählten Berufe sollten sich durch eine Relevanz auf dem Lehrstellenmarkt auszeichnen und kein Orchideen- dasein fristen. Dieses Ziel konnte mittels Beachtung der Anzahl der bestehenden Lehrverträge je Ausbildungsberuf erreicht werden.

Alter der aktuellen Rechtsgrundlagen des Berufs (F): Reglemente und Lehr- pläne sind zu einem gewissen Grad immer zeitbezogen, d. h. sie repräsentieren die jeweils vertretenen Strömungen ihrer Zeit. Vor diesem Hintergrund erschien es sinnvoll und begründet, eine Mischung von alten und neuen Berufsbildern vorzunehmen. Eine besondere Bedeutung wurde dabei jenen Berufsbildern zugeschrieben, die nach der Verankerung des didaktischen Postulats der För- derung von beruflichen Handlungskompetenzen (etwa ab 1990) verfasst sind. Als Orientierung diente die Übersicht über die gültigen Rechtsgrundlagen (mit Entstehungsjahr) je Beruf.

Dem für ein hermeneutisch-exploratives Vorgehen charakteristischen Sachverhalt, nach dem das Vorverständnis über den Untersuchungsgegenstand zunächst unspezifisch und weitgehend implizit ist, wurde dadurch entgegenge- wirkt, dass die Auswahl als Abstimmungsprozess unter vier Personen organi- siert wurde. Diese wählten zunächst getrennt voneinander je 30 Berufe entlang des Kaskadenmodells aus. Die individuellen Ergebnisse wurden dann zusam- mengeführt, indem insgesamt die zwanzig meistgewählten Berufe bestimmt wurden. Diese Liste wurde nochmals daraufhin überprüft, ob sie den Kriterien des Modells standhält. Um eine Validierung des Auswahlergebnisses aus der Perspektive der Berufspraxis durchzuführen, wurde das Ergebnis zusammen mit einer Beschreibung des Auswahlprozesses und der Auswahlkriterien zwei Berufsbildungspraktikern, welche als Direktoren an schweizerischen Berufs- und Weiterbildungszentren tätig sind, zur kritischen Überprüfung zugeleitet. Sie wur- den gebeten, die Auswahlentscheidungen in Hinblick auf die Anforderungen von Sozialkompetenzen sowie die Praxisbedeutung zu beurteilen. Damit ergab sich für die angestrebte Analyse der Ordnungsmittel die folgende endgültige Auswahl von insgesamt 22 Lehrberufen (Abbildung 11):

Klassifikation	Lehrberufe	Kriterien	Nennungen	Anzahl Lehrverträge 2001			
				männl.	weibl.	Summe	% weibl.
Gartenbau	Florist/in	A, C	3	32	1204	1236	97.4 %
Gastgewerbe, Hauswirtschaft	Hauspfleger/in	A, B, F	3	18	385	403	95.5 %
Gastgewerbe, Hauswirtschaft	Hotelfachassistent/in	A, B	4	16	657	673	97.6 %
Gastgewerbe, Hauswirtschaft	Service-/Gastrofachangestellte/r	A, B	4	428	876	1304	67.2 %
Grafische Industrie	Fotofachangestellte/r	A, C, E, F	3	53	237	290	81.7 %
Heilbehandlung	Ernährungsberater/in	A, C (Nischenangebot)	3	9	141	150	94.0 %
Heilbehandlung	Augenoptiker/in	A, C, F	4	276	547	823	66.5 %
Heilbehandlung	Krankenpfleger/in (Niveau 1 u. 2)	A, B, E	4	1156	9496	10652	89.1 %
Heilbehandlung	Medizinische/r Praxisassistent/in	A, E	4	3	2063	2066	99.9 %
Körperpflege	Coiffeur/in	A, B	4	225	4081	4306	94.8 %
Körperpflege	Kosmetiker/in	A	4	2	340	342	99.4 %
Metall- und Maschinenindustrie	Automechaniker/in	B, C, E	3	4747	106	4853	2.2 %
Metall- und Maschinenindustrie	Elektromonteur/in	B, E, F	3	8032	85	8117	1.0 %
Metall- und Maschinenindustrie	Polymechaniker/in	C, E, F (Grundausbildung)	2	7314	158	7472	2.1 %
Organisation, Verwaltung, Büro	Kaufmännische/r Angestellte/r	C, E	4	10995	20673	31668	65.3 %
Übrige	Informatiker/in	C, E	3	4769	547	5316	10.3 %
Holzverarbeitung	Schreiner/in	C, E	2	4859	328	5187	6.3 %
Verkauf	Detailhandelsangestellte/r	A, E	4	2206	3502	5708	61.4 %
Verkauf	Verkäufer/in	A, E, D	4	2156	5690	7846	72.5 %
Baugewerbe*	Maurer/in	C, E	2	2520	16	2536	0.6 %
Landwirtschaft*	Landwirt/in	C	1	2384	173	2557	6.8 %
Übrige*	Logistikassistent/in	A, C, F	1	611	136	747	18.2 %
Summe	**22 Lehrberufe**			**52200**	**51305**	**103505**	**49.6 %**
entsprechende Werte *aller* Lehrberufe				**109980**	**81274**	**191254**	**42.5 %**

* Aufnahmen nach Expertenvalidierung

Abbildung 11: Auswahl zu evaluierender Lehrberufe nach Validierung durch Berufspraktiker (Daten entnommen aus Bundesamt für Statistik, 2002)

An dieser Auswahl fällt auf, dass zunächst wesentlich weniger typische Männerberufe als Frauenberufe gewählt wurden, jedoch die Männerberufe ein besonders hohes Volumen von Lehrverträgen auszeichnet. Dieses Ergebnis ist vor dem Hintergrund einer möglichst ausgewogenen Verteilung von Männern und Frauen über die gesamten Lehrberufe in der Schweiz zu würdigen.

Darüber hinaus sind Heilberufe, Berufe der Körperpflege sowie Berufe aus dem Gastgewerbe und der Hauswirtschaft besonders stark vertreten. Dies wurde bewusst mit Bezug auf die Kriterien der ersten Auswahlstufe vorgenommen. Auch wenn bei den Berufen der Metall- und Maschinenindustrie soziale Beziehungen weder qualitativ noch quantitativ in hohem Maße zu vermuten sind, wurden dennoch vier Berufe aus diesem Bereich gewählt, da diese Berufe einen gewichtigen Anteil an der Gesamtzahl der Ausbildungsberufe haben und zudem die Branche gesamtwirtschaftlich als bedeutsam zu erachten ist.

12.3 Analyse und Auswertung

Parallel zu der Auswahl der Ausbildungsberufe erfolgte die Entwicklung eines Instrumentariums für die Analyse von Sozialkompetenzen. Die in der Vorstudie gewonnenen Erfahrungen bildeten dabei eine wesentliche Grundlage. Das in der Curriculumforschung gängige Instrument der Curriculumanalyse mittels Suche nach und Auszählen von vorab festgelegten Begriffskategorien (vgl. exemplarisch MAYRING, 2003, S. 42 f. und S. 74–76) konnte nicht zur Anwendung gebracht werden. Gründe für das Verwerfen dieses Verfahrens waren die unterschiedlichen Abstraktionsgrade sowie die aus den Kontexten erschließbare divergente Semantik in Hinblick auf die verwendeten Kompetenzbezeichnungen in den zugrunde liegenden Dokumenten. Bereits die Vorstudie hatte gezeigt, dass die verwendeten Begriffe zur Kennzeichnung sozialer Kompetenzen je nach Berufszweig in den entsprechenden Reglementen und Modell-Lehrgängen höchst unterschiedlich semantisch unterlegt sind. Dieses verbreitete Phänomen, welches u. a. auf die unterschiedliche Ausbildung und institutionelle Verankerung der verantwortlichen Curriculumentwickler sowie den Einfluss von didaktischen Modetrends mit zeitbezogenen Begriffen und Bedeutungsverständnissen zurückgeführt werden kann, ließ eine Untersuchung mit Hilfe eines begrifflich eindeutigen Kategoriengerüsts nicht zu.

Vor diesem Hintergrund wurde die Analyse in folgenden Schritten vorgenommen:

– Innerhalb der Gruppe der vier beteiligten Auswerter wurde zunächst ein einheitliches semantisches Verständnis von «Sozialkompetenz» hergestellt. Dazu wurde ein Text zugrunde gelegt, der eine Präzisierung dieses Konstrukts im Kontext der Berufsbildung vornimmt (vgl. Kapitel 12.3.1).

– Auf der Basis dieses Bedeutungsverständnisses wurde ein Analyseinstrument entwickelt (vgl. Kapitel 12.3.2).

– Mit Hilfe des Instrumentes wurden die ausgewählten Curricula analysiert, wobei sich die Analyse in drei Stufen vollzog (vgl. Kapitel 12.3.3).

12.3.1 Bedeutungsverständnis von Sozialkompetenzen als Grundlage der Curriculumanalyse

Der den vier Auswertenden zugrunde liegende Text beinhaltet das Begriffsverständnis von Sozialkompetenzen wie es am Institut für Wirtschaftspädagogik der Universität St. Gallen entwickelt wurde. Dies wird im zweiten Teil dieses Buches umfassend dargestellt. Für das tiefere Verständnis der folgenden Ausführungen seien dem Leser an dieser Stelle insbesondere die Kapitel 2, 3.3, 3.4, 4.3, 4.4, 4.5 sowie 6 empfohlen.

12.3.2 Entwicklung und Anwendung eines Analyseinstrumentariums

Auf der Grundlage des skizzierten Bedeutungsverständnisses werden die Aspekte «Soziale Kommunikation», «Person/Rolle» sowie die Handlungsdimensionen als grundlegend für die Curriculumanalyse hervorgehoben. Weitergehende Merkmale einer sozialen Kommunikationssituation wurden in der Entwicklung des Instrumentariums für die Curriculumanalyse ausgespart, um durch eine zu differenzierte und in der Folge zu komplexe Konzeptualisierung des Konstrukts nicht all jene Bezüge in den Curricula zu «verpassen», die von einem anderen Verständnis von Sozialkompetenzen ausgingen.

Um den oben skizzierten Problemen der unterschiedlichen Abstraktionsniveaus sowie den divergenten Semantiken zu begegnen, wurde für die Analyse eine Unterteilung in zwei Ergebnisklassen vorgenommen. In die erste Klasse gingen die curricularen Passagen ein, die direkt bzw. ohne erläuterungsbedürftige Interpretationen den Kriterien entsprechen. Die zweite Gruppe nahm demgegenüber jene Aussagen auf, die sich auf eine erläuterungsbedürftige Interpretation stützen. Auf dieser Grundlage entstand als Raster für den Analyseprozess ein Tableau.

In diesem Tableau wurden unter der Überschrift «Text/Hinweis Sozialkompetenz» die entsprechenden Textstellen aus den Reglementen und Modell-Lehrgängen übernommen und durch entsprechenden Eintrag mit der Fundstelle versehen. Unter «Bemerkungen/Zusammenhang, explizite Nennung» wurden Hinweise vermerkt, die die Art des tangierten Situationstyps (z. B. Konfliktsituationen) oder aber den Beziehungstyp (z. B. Kommunikation mit Kunden oder Absprache mit Kollegen) betrafen. Durch Interpretationen gewonnene Bezüge zur Sozialkompetenz wurden separat festgehalten und erläutert. Aufgenommene Textpassagen ohne Bemerkungen wurden als selbsterklärend verstanden.

Die in der Schweiz maßgeblichen Ordnungsmittel (Rechtsgrundlagen) für die berufliche Erstausbildung nach den Maßgaben des BBT sind nach Bundesgesetz das Reglement und der Lehrplan für den beruflichen Unterricht. Da das Reglement auf der inhaltlich-curricularen Ebene bewusst allgemein gehalten ist, wird es durch einen branchenspezifischen Modell-Lehrgang ergänzt, der die betriebliche Ausbildung konkretisiert. Für die Untersuchung wurden je ausgewähltem Lehrberuf sowohl das Reglement und der Lehrplan als auch der entsprechende Modell-Lehrgang herangezogen.

Nicht untersucht wurden hingegen weitergehende Spezifizierungen der Ordnungsmittel, die sich insbesondere in schulischen Ausformungen finden (z. B. Modell-Lehrplan Automobilmechaniker). Diese Vorgehensweise ist zu rechtfertigen, da es sich bei diesen Dokumenten lediglich um Konkretisierungen von übergeordneten Regelungen handelt, die vor dem Hintergrund begrenzter Forschungsressourcen nur einen geringen Informationszuwachs in Hinblick auf die Forschungsfragen versprachen. Anhand einer Analyse des Modell-Lehrplans Automobilmechaniker wurde diese Vermutung überprüft und bestätigt.

In Anlehnung an verbreitete Forschungsstandards wurde das Prinzip der maximalen Variation der Perspektiven bei der Analyse der Curricula in ein Auswertungsdesign überführt. Insgesamt wurden vier Forscher in die Analyse einbezogen. Jeder Lehrberuf wurde dabei unabhängig von zwei Forschern analysiert, wobei darauf geachtet wurde, dass die Tandems zwischen den Berufen variierten. Darüber hinaus wurde am Beispiel des Berufs «Kaufmann/Kauffrau – Spezialisierung Bank» untersucht, inwieweit durch eine Erweiterung der Analyse auf vier Auswertende eine erhöhte Qualität der Aussagen zu erwarten wäre.

Die Darstellung der Einzelbefunde wird im Rahmen dieses Kapitels nicht vollständig wiedergegeben. Der interessierte Leser findet ausführliche Informationen in EULER ET AL. (2004). Im Ergebnis zeigen die Befunde, dass in den Ordnungsgrundlagen eine Vielzahl von Fundstellen zu Sozialkompetenzen identifizierbar sind. In einem nächsten Schritt war nun die Auswertung der generierten Daten vorzunehmen.

12.3.3 Auswertung der Fundstellen

Nachdem die ausgewählten Ordnungsgrundlagen auf relevante Fundstellen zu sozialer Kommunikation bzw. Sozialkompetenzen ausgewertet wurden, waren diese auf der Grundlage der theoretischen Fundierungen zu analysieren. Dabei wurde in drei Stufen vorgegangen. Für jede Stufe wurde ein eigenes Analyseraster erstellt. Die Analyseraster werden im Folgenden nur angedeutet, der interessierte Leser findet einen ausführlichen Bericht mit allen Details bei EULER ET AL. (2004).

Auf der *ersten Stufe* erfolgte die Verdichtung der Fundstellen zu Situationstypen. Weitergehend wurden die Materialien auf der Grundlage von didaktischen Kriterien analysiert und beschrieben. Die Auswertung der Fundstellen erfolgte in dieser ersten Stufe wiederum in Form einer Parallelauswertung, d. h. jeder Ausbildungsberuf wurde in wechselnden Tandems unabhängig von zwei Forschern bearbeitet. Zur Abschätzung des Grenznutzens einer aufwändigeren Auswertung wurden die drei Berufe «Service-Gastronomieangestellte», «Informatiker» und «Kaufmann/Kauffrau – Schwerpunkt Banken» getrennt untersucht und anschließend in einem gemeinsamen Auswertungsbogen fixiert. Damit wurden für jeden Beruf entsprechende konsensfähige Einschätzungen vorgenommen. Die Darstellungen dieser ersten Stufe vermittelten einen vertieften Einblick in die Art und Substanz der analysierten Texte.

Auf der *zweiten Stufe* erfolgte eine Systematisierung der Fundstellen in den Kategorien des Modells der sozialen Kommunikation. In diesem Rahmen wurde erkennbar, in welchem Umfang die Aussagen in den Curricula mit den eingeführten theoretischen Grundlagen harmonieren. Auch die Auswertungen auf der zweiten Stufe erfolgten im Rahmen einer Tandemorganisation. Die unabhängig voneinander erzielten Ergebnisse wurden abgeglichen und zu einem gemeinsam verantworteten Ergebnis zusammengeführt. Der Vergleich aller 22 untersuchten Ausbildungsberufe zeigte, dass zwischen den Berufen große Unterschiede in der Art und im Umfang der einbezogenen Sozialkompetenzen bestehen.

Auf der *dritten Stufe* erfolgte schließlich eine Gesamtbewertung der Ordnungsgrundlagen unter der erkenntnisleitenden Fragestellung, inwieweit sie systematische Bezüge zur sozialen Kommunikation bzw. zu Sozialkompetenzen besitzen. Auf dieser dritten Stufe wurden die Ergebnisse der vorangegangenen Stufe aufgenommen und in die Gesamtbewertung überführt. Dabei wurden einerseits die unter den Kriterien des Forschungsinteresses markanten Aspekte hervorgehoben, andererseits wurden Hinweise auf mögliche Ergänzungen, denkbare Modifikationen und kritische Einwände gegeben. Die Aussagen folgten dem Kriterium, auf der Grundlage der zuvor dargestellten Materialien begründet werden zu können, also durch Textstellen gedeckt zu sein. Neben dieser Gesamtbewertung wurden die für den Ausbildungsberuf in den Ordnungsgrundlagen identifizierten Situationstypen zusammengefasst. Die Auswertung dieser dritten Stufe wurde jeweils in Hinblick auf einen Ausbildungsberuf von einem Auswerter vorgenommen und dann von der Gesamtgruppe validiert. Im Ergebnis entstand für jeden der 22 untersuchten Lehrberufe eine Profilinformation, die Aufschluss über den Durchdringungsgrad gibt, mit dem Überlegungen zur Integration von Sozialkompetenzen in das Curriculum eingeflossen sind.

12.4 Vergleichende Betrachtung der Einzelergebnisse

Nach der kriterienorientierten dreistufigen Aufbereitung der analysierten Ordnungsgrundlagen wurden die Einzelbefunde zusammengeführt und gegenübergestellt. Dazu wurden die Auswertungsergebnisse in Hinblick auf die analysierten Situationstypen in eine Matrix überführt.

Die Matrix enthält in der ersten Spalte die 22 untersuchten Lehrberufe, geordnet nach den vier Berufsgruppen «soziale Berufe» (Heil- und Pflegeberufe), «Dienstleistungsberufe», «produzierendes Gewerbe und Handwerk» sowie «sonstige Berufe». Insgesamt konnten 18 eigenständige Situationstypen gefunden und in unterschiedlicher Häufigkeit den einzelnen Ausbildungsberufen zugeordnet werden. Die 18 Situationstypen wurden durch Clusterung derjenigen Situationstypen gewonnen, welche im Rahmen der zweiten und dritten Stufe der Auswertung für die Einzelberufe extrahiert wurden. Die Verbindung zwischen der berufsbezogenen Auswertung und der Matrix wurde hergestellt, indem die Matrix beispielhaft um Ausprägungen der jeweiligen Situationstypen ergänzt wurde.

Die verschiedenen berufsspezifischen Situationstypen wurden in Hinblick auf ihre überberuflichen Gemeinsamkeiten analysiert. Als Vergleichskriterium dienten die Kategorien des Modells der sozialen Kommunikation bzw. der Situationstypen. Die Situationstypen mit den größten Gemeinsamkeiten wurden in neuen Klassen zusammengefasst. Die Klassenbildung erfolgte in einem diskursiven Verfahren in der Forschergruppe solange, bis eine weitere Bündelung als unzweckmäßig beurteilt werden konnte. Dabei wurde auch darauf geachtet, die resultierenden Klassen voneinander trennscharf zu definieren.

Die Spezifizierung der 18 Situationstypen mit beispielhaften Ausprägungen findet sich in Abbildung 13.

Auf Grundlage der Matrix konnten in Verbindung mit den Analyseinstrumenten (vgl. Kapitel 12.3.3) erste Ergebnisse generiert werden. Bei der Auswertung erfuhren – in Korrespondenz zu den Instrumenten – die den Texten zugrunde liegenden Werte sowie die Verankerung von methodisch-didaktischen Hinweisen eine besondere Beachtung. In diesem Sinne gliedert sich die Auswertung in eine Gesamtbetrachtung, eine Analyse der Wertausrichtungen und eine Untersuchung der methodischen Umsetzungshinweise.

Dieter Euler · Annette Bauer-Klebl · José Gomez · Martin Keller · Sebastian Walzik

Situationstypen	Kooperations-situationen				Konfliktsituationen				Führungs-situationen		Gesprächssituationen mit Lieferanten und Kunden				Gesprächssituationen mit Patienten/ Klienten/ Angehörigen				Summe
	1	2	3	4	5	6	7	8	9	10	11	12	13	14	15	16	17	18	
Soziale Berufe (Heil- u. Pflegeberufe)																			
Hauspfleger/in	X	X	X												X	X	X	X	7
Krankenpfleger/in (Niveau 1 u. 2)	X	X	X	X											X	X	X	X	8
Medizinische/r Praxisassistent/in	X		X												X				3
Coiffeur/Coiffeuse											X	X	X						3
Kosmetiker/in	X										X	X	X						4
Dienstleistungsberufe (inkl. Verkauf)																			
Hotelfachassistent/in	X		X						X				X						4
Service-/Gastrofachangestellte/r	X	X	X		X	X	X				X	X	X	X					10
Fotofachangestellte/r	X											X	X						3
Ernährungberater/in				X											X	X	X		4
Augenoptiker/in						X						X	X						3
Kaufmann/Kauffrau Bank	X	X				X						X	X	X					6
Detailhandelsangestellte/r	X					X	X	X			X	X	X	X					8
Verkäufer/in	X					X	X				X	X	X	X					7
Logistikassistent/in	X		X											X					3
Produzierendes Gewerbe u. Handwerk																			
Automechaniker/in												X							1
Elektromonteur/in	X	X	X						X										4
Polymechaniker/in	X					X													2
Schreiner/in	X	X	X													X			4
Maurer/in	X	X	X						X										4
Sonstige																			
Florist/in	X		X				X						X	X					5
Informatiker/in	X		X		X	X			X										5
Landwirt/in	X	X							X										3
Summe	17	8	11	3	3	2	6	2	4	1	4	7	10	11	4	3	3	2	

Abbildung 12: Vergleichsmatrix aller ausgewählten Berufe

12.4.1 Gesamtbetrachtung

Die absoluten Häufigkeiten der unterschiedenen Situationstypen dokumentieren über die Gesamtheit der Ausbildungsberufe eine beachtliche curriculare Verankerung von Sozialkompetenzen. Besonders häufig vertreten sind die Situationstypen «mit Kollegen zusammenarbeiten», «mit externen Mitarbeitern zusammenarbeiten», «mit Vorgesetzten zusammenarbeiten» sowie die Situationstypen «Kunden beraten», «Kunden bedienen» und «Kunden betreuen».

Es fällt auf, dass die Situationstypen, welche die Zusammenarbeit betonen (insbesondere die Situationstypen 1 bis 3), in allen Berufsgruppen in großer Zahl zu finden sind. Etwas überraschend erscheint die Tatsache, dass beim Coiffeur, beim Augenoptiker sowie beim Automechaniker die Zusammenarbeit mit internen und externen Mitarbeitern sowie mit Vorgesetzten keine substanzielle Erwähnung in den Ordnungsmitteln findet.

Erwähnenswert ist, dass in den Ordnungsgrundlagen der sozialen Berufe (Heil- und Pflegeberufe) das Thema «Konflikte» ausgeblendet bleibt. Die Gestaltung und Bewältigung von Konflikten wird aber auch in den anderen Berufsgruppen eher spärlich benannt. Diesbezüglich finden sich Ausführungen vornehmlich in den Dienstleistungsberufen, insbesondere bezogen auf Reklamationssituationen. Die Gründe für diese geringe Aufmerksamkeit in den Curricula sind schwer zu beurteilen. Eine mögliche Erklärung wäre, dass die Bewältigung von Konflikten unter andere Situationstypen (z. B. «mit Kollegen zusammenarbeiten», «Kunden betreuen», «Kunden bedienen», «Kunden beraten») subsumiert wird. Insgesamt bleibt jedoch unklar, welche theoretischen Anbindungen den Curricula in Hinblick auf das Verhältnis von Kooperation und Konflikt zugrunde liegen.

Sozial-kommunikative Anforderungen in Führungssituationen spielen in den untersuchten Lehrberufen nur punktuell eine Rolle. Im Vordergrund stehen hier die Anleitung und die Instruktion von Mitarbeitern. Die Anleitung und Führung von Mitarbeitern scheint ein wesentliches Abgrenzungskriterium zwischen den Lehrberufen «Detailhandelsangestellter» und «Verkäufer» zu sein.

Während die Kooperationsgestaltung sehr breit über die Lehrberufe streut, kann mit Bezug auf jene Situationstypen, welche auf den Kunden (bzw. analog dazu auf Patienten und Klienten) fokussieren, eine Ballung bei den Heil-, Pflege- sowie Dienstleistungsberufen konstatiert werden. Bei diesen Lehrberufen wird der Gestaltung des Kundenkontaktes eine zentrale Bedeutung zugemessen. Ganz anders beim Elektromonteur, beim Polymechaniker, beim Informatiker und beim Landwirt, wo der Umgang mit Lieferanten und Kunden in den analysierten Curricula keine Erwähnung findet. Vor dem Hintergrund der zunehmenden Entwicklung zu Käufermärkten erscheint dieses Ergebnis eher überraschend.

Im Vergleich der vier Berufsgruppen fällt eine geringere curriculare Fundierung von Sozialkompetenzen (Situationstypen) beim produzierenden Gewerbe auf.

Beim Service- und Gastrofachangestellten, beim Hauspfleger, beim Krankenpfleger sowie in den Verkaufsberufen (Detailhandelsangestellter, Verkäufer) scheint ein eher weites Verständnis von Sozialkompetenz vorzuherrschen. Dies zeigt sich daran, dass sich eine breite Palette der extrahierten Situationstypen in den Ordnungsgrundlagen findet. Andere Curricula wiederum (z. B. Coiffeur, Kosmetikerin, Augenoptiker oder Landwirt) arbeiten mit einem eher engen Verständnis von Sozialkompetenz. Beispielsweise werden beim Coiffeur Sozialkompetenzen fast ausschließlich im Sinne von Kundenorientierung verstanden und in erster Linie über die Gestaltung von Kundenkontakten präzisiert. Beim Landwirt wiederum fokussieren die Ordnungsmittel stark auf die Kooperationsgestaltung

Kooperationssituationen

(1) «mit Kollegen zusammenarbeiten»

- mit Fachleuten zusammenarbeiten
- an Kollegen delegieren
- Kooperation im Projektteam
- Unter erschwerten Bedingungen mit Kollegen zusammenarbeiten
- Informieren, alarmieren und delegieren

(2) «mit externen Mitarbeitern zusammenarbeiten»

- Lieferanten
- anderen Handwerkern
- Pflegepartnern
- Berufskollegen

(3) «mit Vorgesetzten zusammenarbeiten»

- informieren
- alarmieren
- Vorgaben und Weisungen akzeptieren und einhalten
- einführen von Anwendern
- Erstellen von Hilfsmitteln
- Kritik reflektieren und daraus lernen

(4) «mit externen Fachexperten im Ernährungs- und Gesundheitsbereich zusammenarbeiten»

- beraten, informieren (aufklären) und schulen
- anleiten
- koordinieren, abstimmen
- konsultieren
- in Forschungs- und Entwicklungsprojekten zusammenarbeiten

Konfliktsituationen

(5) «Konflikte mit Kollegen bewältigen»

- mit Fachleuten

(6) «Konflikte mit Vorgesetzten bewältigen»

- Konfliktgespräch führen

(7) «Reklamationssituationen mit Kunden gestalten»

- Reklamationen weiterleiten
- erledigen/bearbeiten

(8) «mit Dieben korrekt umgehen»

Führungssituationen

(9) «Mitarbeiter anleiten und führen»

- koordinieren, absprechen
- Umgang gestalten
- einfache Instruktionen geben
- Arbeitsklima/Teamgeist fördern

(10) «Lehrlinge betreuen»

- einführen
- instruieren

Gesprächssituationen mit Lieferanten und Kunden

(11) «Gespräche mit Lieferanten führen»

- Waren (per Telefon) bestellen

(12) «Kunden betreuen»

- verstehen
- empfangen
- platzieren
- informieren

(13) «Kunden bedienen»

- am Telefon
- in Service und Verkaufsgesprächen
- am Buffet, am Tisch, beim Zimmerservice, bei Banketten

(14) «Kunden beraten»

- face-to-face sowie am Telefon
- einfache versus anspruchsvolle Verkaufsgespräche
- Studioaufnahmen durchführen
- Bedürfnisse und Wünsche ermitteln
- Lösungsvorschläge aufzeigen

Gesprächssituationen mit Patienten/Klienten/Angehörigen

(15) «Patienten/Klienten betreuen»

- therapieren und pflegen
- verstehen, informieren und empfangen
- Patienten/Pflegebedürftige (auch Rehabilitation): z.B. Kinder, Alte, Sterbende
- Soziale Umfeld von Klienten in die Pflege und Haushaltsführung einbeziehen

(16) «Patienten/Klienten beraten»

- Pflegebedürftige

(17) «Patienten/Klienten informieren und schulen»

- Verhaltens- und Einstellungsänderungen fördern
- Wahrnehmung und Gedächtnis aktivieren (ältere Menschen)
- Selbständigkeit fördern und aktivieren

(18) «Das soziale Umfeld von Klienten und Patienten in die Pflege und Haushaltsführung einbeziehen»

- Mitwirken bei Prävention, Diagnose, Therapie

Abbildung 13: Situationstypen (vgl. Abbildung 12) mit beispielhaften Ausprägungen

mit Mitarbeitern. Dabei kann eine geringe Varianz an Situationstypen in den Ordnungsgrundlagen auch mit einer hohen Bedeutung von Sozialkompetenzen einhergehen.

Die Zahl der insgesamt pro Beruf feststellbaren Situationstypen schwankt. So findet sich beispielsweise beim Gastronomieangestellten eine relativ hohe Anzahl von Situationstypen, die sich zudem aus sehr unterschiedlichen Kombinationen von Rollen und Aufgaben zusammensetzen, während sich beim Landwirt oder Maurer nur relativ wenige Situationstypen mit einem eher engen Rollenzuschnitt in den Ordnungsgrundlagen verankern.

12.4.2 Wertausrichtungen
Wie bereits ausgeführt, implizieren soziale Kompetenzen per se keine Werte oder Ziele – es kann somit nicht von einer eindeutigen Verbindung zwischen Sozialkompetenzen und bestimmten Wertausrichtungen ausgegangen werden. Die Ausrichtung einer sozialen Kommunikation verlangt eine normative Setzung, welche in den Ordnungsmitteln explizit zu machen wäre. Unabhängig von den jeweils als relevant erachteten Werten wird davon ausgegangen, dass eine soziale Kommunikation nicht einer eng definierten Wertausrichtung folgen kann («So hast Du Dich zu verhalten»), sondern sich in einem Feld akzeptabler Wertorientierungen bewegen muss. Den Ordnungsmitteln käme demnach die Aufgabe zu, die angestrebte Wertausrichtung innerhalb der sozialen Kommunikation zu verdeutlichen, die Entscheidung und Verantwortung über das eigene Handeln verbliebe jedoch bei den Handelnden.

Die Analyse der Ordnungsgrundlagen ergab bezüglich der Wertausrichtungen ein sehr unterschiedliches Bild. Die Unterschiedlichkeit zeigt sich dabei auf mehreren Ebenen:

– Häufigkeit der erwähnten Wertbezüge
– Abstraktionsgrad der Formulierungen
– Ausgestaltung der Transparenz (explizit vs. implizit)
– Differenziertheit der Ausführungen

Während sich in einigen Ordnungsgrundlagen keinerlei Hinweise zur normativen Ausrichtung der Kommunikation fanden (z. B. Automechaniker, Hotelfachassistent), wurden in anderen Lehrberufen zahlreiche Bezüge transparent. Hervorzuheben sind hier die Berufe Kaufmann/Kauffrau, Ernährungsberater/in und Hauspfleger/in. Dabei ist zu beachten, dass die Häufigkeiten keinen Aufschluss über die Qualität der Aussagen geben.

Obschon in einigen Ordnungsgrundlagen Ausführungen zur wertbewussten Kommunikation existieren, so sind diese teilweise noch zu abstrakt formuliert, als dass sie die Ausrichtung der sozialen Kommunikation hinreichend zu präzisieren vermögen. Wenn der «Kontakt mit Kunden als Visitenkarte des Geschäftes» bezeichnet wird und «Kundenwünsche *korrekt* entgegengenommen werden» sollen, so sind diese Aussagen schwerlich greifbar. Solche Ausgestaltungen sind in diversen Ordnungsgrundlagen zu finden, z. B.

beim Coiffeur	– «korrekt mit Kunden umgehen, durch geeignete Behandlung die Persönlichkeit des Kunden in vorteilhafter Weise unterstreichen» – «zweckmäßig informieren und beraten»
beim Detailhandelsangestellten	– «beim Beraten sind die Umgangsregeln anzuwenden» – «beraten entsprechend dem Lehrbetrieb»

Die Ordnungsgrundlagen zur/m Kauffrau/Kaufmann konkretisieren das «auf Personen und Situation abgestimmte Auftreten» folgendermaßen: «mit unterschiedlichen Ansichten und Interessenlagen umgehen; auf Konfliktsituationen *besonnen reagieren* und *nicht ausweichen*; unterschiedliche Standpunkte *sachbezogen diskutieren*; nach *tragbaren* Lösungen für alle Beteiligten suchen». Die Wertekonstrukte sind bei der Ausbildung zur/m Kauffrau/Kaufmann häufig ausdifferenziert, wenn auch nicht immer stringent. Dies mag teilweise daran liegen, dass angestrebte Wertvorstellungen nicht explizit zum Ausdruck gebracht werden, sondern eher implizit in den Aussagen «mitschwingen» bzw. aus dem Kontext ableitbar sind. Solche impliziten Bezüge waren bei den untersuchten Texten häufig vorzufinden.

Wie bereits erwähnt, können spezifische Sozialkompetenzen unterschiedlichen Zwecken dienen. Damit eröffnen sich Spannungsfelder, welche mit Hilfe von Werte- und Entwicklungsquadraten (SCHULZ VON THUN, 2000b, S. 38 ff.) aufgezeigt werden können. Solche Spannungsfelder werden in den untersuchten Ordnungsgrundlagen teilweise aufgenommen und thematisiert. Der Modell-Lehrgang zur Detailhandelsangestellten macht beispielsweise deutlich, dass sich das *korrekte* Verkaufsverhalten einerseits am Kundennutzen und andererseits am Betriebserfolg zu orientieren hat. Somit wird für die Verkaufshandlung die Wertausrichtung benannt. Weiter sollen die Reklamationen nicht nur kunden- und verständigungsorientiert, sondern auch sach- und zielorientiert erledigt werden. Ähnlich gestalten sich die Aussagen beim Floristen, wenn es neben dem freundlichen Umgang mit Kunden und dem Entgegenkommen beim Bedienen auch darum gehen muss, Zusatz- und Anschlussverkäufe anzubahnen und durchzuführen, um letztlich einen Kaufentscheid herbeizuführen. Damit wird die Wertausrichtung des sozial-kommunikativen Handelns im Verkauf dahingehend transparent gemacht, dass neben einer Verständigungsorientierung auch eine ökonomische Erfolgsorientierung anzustreben ist. Ähnlich erfolgt die Ausgestaltung der Wertausrichtung bei der Ernährungsberaterin. Hier werden in vergleichsweise konkreter Form diese Spannungsfelder verdeutlicht. Das zielgerichtete und kompetente Handeln in wechselnden Situationen wird mittels verschiedener Handlungspole aufgenommen (z. B. «flexibel sein – beharrlich sein», «Entscheidungen treffen – Entscheidungen akzeptieren» oder «Individualität – Teamfähigkeit anstreben»). In anderen Lehrberufen findet man hingegen diese Spannungsfelder nicht. So wird beispielsweise beim Fotofachangestellten eine ausschließliche Orientierung am Kunden angestrebt: «offenes, freundliches Verhalten; in Absprache mit Kunden; freundlicher Umgang mit Kunden».

12.4.3 Methodische Umsetzungshinweise

Ein Aspekt der Auswertung richtete sich auf die Fragestellung, inwieweit die Ordnungsgrundlagen Hinweise auf die lehrmethodische Förderung und Umsetzung der ausgewiesenen Inhalte und Kompetenzen geben. Hier fällt auf, dass die Ordnungsgrundlagen in den 22 untersuchten Ausbildungsberufen in etwa der Hälfte der Fälle Hinweise zur methodischen Umsetzung beinhalten, wobei diese primär in den Modell-Lehrgängen verankert sind. Als beispielhafte Fundstellen lassen sich anführen: «Nachbesprechung von Kundengesprächen mit dem Vorgesetzten, welche durch Fallstudien angereichert werden» (Augenoptiker/in); «Einsatz von Rollenspielen» (Coiffeur, Detailhandelsangestellte/r, Medizinische/r Praxisassistent/in); «Beobachtung von realen Verkaufsgesprächen» (Detailhandelsangestellte/r); «Instruktion des korrekten Verhaltens gegenüber einem Kunden durch den Lehrlingsausbildner» (Elektromonteur/in); «Reflexionsaufgaben schriftlich oder mittels Simulationen durchführen» (Informatiker/in, Logistikassistent/in); «Reflexion über ‹reale› Kundenkontakte» (Informatiker/in); «Einsatz von Gruppenarbeiten zur Förderung der Teamfähigkeit» (Schreiner/in).

In der Ausbildung zur/m Kauffrau/Kaufmann wird an einer Stelle im Reglement angeregt, reale Situationen als Methode zum Aufbau von Teamfähigkeit zu nutzen. Der Baustein 5 des Modell-Lehrgangs gibt entsprechende Hinweise über die methodische Ausgestaltung der Arbeits- und Lernsituationen. Die erwähnten methodischen Ausführungen beziehen sich einerseits direkt auf die Förderung sozial-kommunikativer Handlungskompetenzen der Auszubildenden, andererseits sind es aber auch Handlungsanleitungen darüber, wie die Prozesseinheiten bzw. Arbeits- und Lernsituationen auf der Ebene der Betriebe umgesetzt werden sollen.

12.5 Schlussbetrachtungen

Die Auswertungen haben gezeigt, dass Sozialkompetenzen in den untersuchten Ordnungsgrundlagen eine Verankerung besitzen. Dies ist insbesondere dann der Fall, wenn über die expliziten Formulierungen hinaus auch implizite Bezüge interpretativ erschlossen werden. Dabei unterscheiden sich die Ordnungsmittel sowohl in Hinblick auf die Häufigkeit und Vielfalt der aufgenommenen Kommunikationssituationen als auch hinsichtlich ihrer theoretischen und konzeptionellen Fundierung.

Sozialkompetenzen werden dabei in unterschiedlichen Handlungsdimensionen angesprochen: Wissen über soziale Kommunikation, Einstellungen und Werte sowie soziale Fertigkeiten. Die Formulierungen sind sprachlich in unterschiedlichen Abstraktions- und Detaillierungsgraden gefasst, wobei naturgemäß die Aussagen in den Modell-Lehrgängen konkreter sind als diejenigen in den Reglementen und Lehrplänen.

Die zumeist große Offenheit in der Ausweisung von angestrebten Sozialkompetenzen korrespondiert mit einer entsprechenden Interpretationsoffenheit. Dies gibt den potenziellen Anwendern, beispielsweise den Lehrpersonen in der Berufsbildungspraxis, die Freiheit zur Auslegung und situationsangemessenen Anpassung auf die für sie maßgeblichen Praxiskontexte. Zugleich bietet die Offenheit aber auch die Freiheit zur Ignoranz, d. h. aufgrund der fehlenden Verbindlichkeit können sie relativ folgenlos ausgeklammert bleiben. Hinter diesem Zusammenhang verbirgt sich in grundsätzlicher Betrachtung die Frage nach der gewünschten Offenheit bzw. Geschlossenheit von Curricula. Damit verbinden sich unterschiedliche Vorstellungen darüber, inwieweit Lehrpersonen in Hinblick auf die Curricula in einer ausführenden oder gestaltenden Rolle verstanden werden.

Im Hinblick auf die hier untersuchten curricularen Aussagen zu Sozialkompetenzen deutet jedoch vieles darauf hin, dass die feststellbare Interpretationsoffenheit vieler Curricula nicht auf eine bewusste Übertragung von Aufgaben der Curriculumpräzisierung auf die Berufsbildungspraxis zurückzuführen ist, sondern mit der fehlenden theoretischen Fundierung zusammenhängt. So kann ein durchgehendes Defizit darin gesehen werden, dass die Aussagen in den untersuchten Ordnungsgrundlagen ohne erkennbare theoretische Fundierung eingeführt werden. Dies kann prinzipiell zwei Gründe haben: Entweder werden bestehende theoretische Konzepte im Rahmen der Curriculumentwicklung ignoriert oder geeignete theoretische Modelle fehlen bzw. sind noch unbekannt.

Die Literaturlage dokumentiert, dass didaktisch akzentuierte Modelle zur Bestimmung und Begründung von Sozialkompetenzen bislang fehlten. So existieren zwar zahlreiche Partialtheorien, insbesondere aus der Psychologie und den Kommunikationswissenschaften, doch sind diese zumeist nicht auf die Situationskontexte der Didaktik angepasst. Die in dieser Untersuchung eingeführten Modelle der sozialen Kommunikation bzw. der Situationstypen versuchen dieses Defizit zu überwinden und damit die didaktische Theoriebildung in diesem Bereich auf eine neue Grundlage zu stellen.

Vor diesem Hintergrund ist der Grund für die unzureichende theoretische Verankerung von Sozialkompetenzen auch nicht in der Praxis der Curriculumentwicklung zu sehen, sondern vielmehr auf noch unbekannte Theorien zurückzuführen. In diesem Sinne ging es zum Ende der vorgelegten Untersuchung auch weniger darum, den fehlenden Theoriegehalt der Curricula zu brandmarken, sondern Hinweise darauf zu geben, wie die teilweise unsystematischen und punktuellen Aussagen in eine kohärente Form gegossen werden können.

Insofern zeigen die Lücken in den bestehenden Curricula durch die Verbindung mit einer theoretischen Fundierung zugleich Ansatzpunkte für die Weiterentwicklung der Praxis der Curriculumentwicklung. So könnten beispielsweise die in der Untersuchung identifizierten Situationstypen als ein heuristischer Filter aufgenommen werden, um die Relevanz im jeweiligen Kontext eines Berufsfeldes zu diskutieren. Die Modelle der sozialen Kommunikation bzw. der Situationstypen lieferten in einem zweiten Schritt dann die Kategorien, anhand derer die als relevant erachteten Situationstypen ausdifferenziert und präzisiert werden könnten. Darüber hinaus bieten diese Modelle zentrale Anschlusspunkte für die Frage der Förderung und Prüfung von Sozialkompetenzen. Damit ist aber ein neues Forschungsfeld aufgespannt, das an dieser Stelle nur konturiert werden konnte.

Gestaltung

Ansatzpunkte zur Förderung von Sozialkompetenzen

Dieter Euler
Sebastian Walzik

4

Der folgende Teil richtet den Blick auf die Gestaltung von Lehr-Lernprozessen zur Förderung sozialer Kompetenzen. Die Ausführungen folgen einem Dreischritt: zunächst werden aus der Lerntheorie theoretische Grundlagen des Lernens von Sozialkompetenzen extrahiert (Kapitel 13). In Kapitel 14 werden methodisch-didaktische Gestaltungsmöglichkeiten zum Aufbau von Sozialkompetenzen dargestellt. Diese Ausführungen werden abschließend in Kapitel 15 exemplarisch illustriert.

13 Theoretische Grundlagen des Lernens von Sozialkompetenzen

Versucht man aus den in der Bildungspraxis vorfindlichen Seminar- und Bildungskonzepten zu rekonstruieren, welchen Vorstellungen über den Prozess des Lernens von Sozialkompetenzen die Lehrangebote folgen, bleiben viele Fragen offen. Gelegentlich wird zwar auf die Bedeutung des Lernens an Vorbildern bzw. Modellen hingewiesen, mitunter scheinen auch verhaltenstheoretische Bezüge auf, wenn die formende Kraft von Belohnung und Bestrafung bemüht wird. Illustrativ für diesen Zugriff ist die folgende Aussage bei CARTLEDGE & MILBURN: «Learning social skills take place primarily through observation, imitation, and feedback from the environment; children learn social skills in much the same way they learn academic concepts» (1995, S. 75). Insgesamt erfährt man jedoch wenig darüber, wie das Lernen von Sozialkompetenzen ablaufen könnte.

Nachfolgend sollen zentrale Lerntheorien in Hinblick auf die Frage aufgenommen werden, welche Anknüpfungspunkte sie für das Lernen von Sozialkompetenzen bieten.

13.1 Behavoristische Lerntheorien (Lernen am Erfolg)

Für behavioristische Lerntheorien ist ein von außen gesetztes Ziel grundlegend, an das der Lernende mit seinem Verhalten durch verschiedene Formen der Verstärkung herangeführt werden soll. Für die Förderung von Sozialkompetenzen begründet dies das Postulat, durch den Einsatz von geeigneten Verstärkungsreizen ein gezeigtes Kommunikationsverhalten in die gewünschte Richtung zu lenken. Beispielsweise wird die Befolgung erwünschter sozialer Regeln belohnt, deren Verletzung negativ sanktioniert. Bezogen auf einzelne Sozialkompetenzen kann mit Hilfe des Lernens durch Verstärkung versucht werden, bestimmte Kommunikationsroutinen aufzubauen, um typische Situationen wie Kontaktaufnahme mit einem neuen Kunden oder Präsentation von Produktinformationen, zu bewältigen. Ferner können konkrete Kommunikationsereignisse, die wiederholt zu Schwierigkeiten führen, zum Gegenstand einer Verhaltensmodifikation gemacht werden. Insofern gibt diese Theorie keine Aufklärung über das Lernen, sondern sie bietet in erster Linie eine Orientierung für Lehraktivitäten. Das zugrunde liegende Menschenbild dieses Verständnisses von Lernen basiert bezogen auf das Lernen von Sozialkompetenzen auf der Vorstellung, den Lernenden an ein (fremd)bestimmtes Verhaltensideal anzupassen. Diese Prämisse begründet zentrale Einwände und Fragen: Führt die Ausrichtung des Lehrens und Lernens an einem bestimmten Verhaltensideal (wie «man begrüßt den Kunden richtigerweise wie folgt ...») nicht zu einem ritualisierten und marionettenhaften Verständnis von sozialer Kommunikation? Inwieweit können die Kommunikationspartner ihre Persönlichkeit in der sozialen Kommunikation zum Ausdruck bringen?

13.2 Sozial-kognitive Lerntheorien (Lernen am Modell)

Das Lernen am Modell wird häufig als die Lernform hervorgehoben, *«whereby most social behaviors are learned»* (CARTLEDGE & MILBURN, 1995, S. 76). Eine ähnliche Auffassung vertritt AEBLI: «Gerade im Bereich des sozialen Lernens [...] kann man annehmen, dass der Großteil der Lernprozesse durch Beobachtung und Nachahmung ausgelöst wird.» (1987a, S. 120).

Lernen am Modell geht von der Annahme aus, dass der Mensch eine Vielzahl von Verhaltensmöglichkeiten aus der Beobachtung und Imitation sozialer Modelle erwirbt. In seiner Theorie strukturiert BANDURA die einzelnen Schritte, die den Erfolg des Modell-Lernens maßgeblich beeinflussen.

Inwieweit können diese Lernschritte als Grundlage zur Förderung von Sozialkompetenzen dienen? Zunächst erscheint das Lernen jener Sozialkompetenzen auf die Theorie von BANDURA anwendbar, die auf Beobachtungen basieren, wie einzelne Sozialkompetenzen im agentiven Schwerpunkt (z. B. Äußerungen auf der Beziehungsebene artikulieren). Es werden Beziehungen als Grundlage für Modelle genutzt, um eigene Kompetenzen zu entwickeln. Die Theorie bietet dazu konkrete Aussagen, die zur gezielten Ausrichtung von Lehraktivitäten aufgenommen werden können. Hinsichtlich der Lernprozesse zur Förderung von Sozialkompetenzen im reflexiven Schwerpunkt erscheint die Theorie prinzipiell nicht anwendbar, es sei denn, «auch innerliche Prozesse wie das Nachdenken und die Beurteilung von Situationen (werden) durch lautes Vordenken beobachtbar» (AEBLI, 1987a, S. 121) und auf diese Weise zugänglich gemacht.

13.3 Kognitive Lerntheorien (Lernen durch den Auf- und Ausbau von kognitiven Strukturen)

Kognitive Lerntheorien beschäftigen sich mit der Frage, wie der Mensch die Erfahrungen mit seiner Umwelt in Wissen bzw. kognitive Strukturen verarbeitet. Es stehen zahlreiche Theorien zur Verfügung, mit deren Hilfe unterschiedliche Wissensformen, kognitive Verarbeitungsprozesse und gedächtnisphysiologische Prozesse dieser Vorgänge erklärt werden.

Bezogen auf das Lernen von Sozialkompetenzen wird vor diesem Hintergrund deutlich, dass die kognitiven Lerntheorien einige Anknüpfungspunkte in Hinblick auf den reflexiven Schwerpunkt besitzen. So könnten diese Lerntheorien Aufschluss darüber geben, wie das zur gedanklichen Bearbeitung von Kommunikationsstörungen notwendige Wissen über die sachlichen, interaktionalen und personalen Bedingungen entsteht. Zudem ist zu erörtern, inwieweit Wissen über Kommunikation, das zumindest teilweise aus der unmittelbaren Erfahrung erlebter Kommunikationssituationen als Teil der kognitiven Strukturen generiert wird, das sozial-kommunikative Handeln steuern kann. So wird beispielsweise im Kontext der Entwicklung emotionaler Kompetenzen darauf hingewiesen, dass eine sprachlich differenzierte Bezeichnung von emotionalen Befindlichkeiten auch die Wahrnehmung und Steuerung von Emotionen beeinflusst (vgl. GOLEMAN, 1997, insbesondere S. 328 ff.). Gleichwohl ist an dieser Stelle der Zusammenhang von Wissen und Handeln angesprochen, der im Rahmen der kognitiven Lerntheorie zwar grundgelegt, aber erst im Kontext von handlungsorientierten oder konstruktivistischen Didaktikansätzen eingehender diskutiert wird.

13.4 Handlungstheoretische und konstruktivistische Didaktikansätze (Lernen durch Handeln und Problemlösen)

Handlungstheoretische sowie konstruktivistische Ansätze befassen sich in besonderer Form mit dem Zusammenhang von Wissen und Handeln, von motorischer Aktion und mentaler Reflexion, von praktischem Tun und geistiger Durchdringung. Dabei schließt Handeln sowohl den Aufbau von Wissen als auch dessen Anwendung in Form von gedanklichen oder motorischen Aktivitäten ein.

In diesem Kontext kann das Lernen von Sozialkompetenzen als eine spezifische Form des Handlungslernens aufgefasst werden. Im Einzelnen werden Handlungsprozesse entworfen, in denen es jeweils zu einer mit unterschiedlichen Begriffen bezeichneten Verzahnung von Phasen der Aktion und Reflexion, von aufgenommener Erfahrung und deren reflexiver Verarbeitung kommt. Ein Beispiel ist die Prozessstrukturierung bei PETERMANN & PETERMANN (1993, S. 17):

- Wahrnehmung der sozialen Situation
- Interpretation der sozialen Situation
- Suche nach Handlungsmöglichkeiten
- Entscheidung für eine Handlung
- Ausführung der Handlung.

KORTE hat diese Struktur aufgenommen und in situationsspezifische *Lehr*konzepte einer «sozialen Unterweisung» transformiert (KORTE, 1997, S. 35 ff). Darüber hinaus lassen sich Bezüge zu Problemlösungstheorien aufnehmen. Obwohl sich diese Theorien zumeist auf kognitive Problemstellungen beziehen, gibt es auch solche, in denen sozial-kommunikative Herausforderungen im Vordergrund stehen («*social problem solving*», vgl. Cartledge & Milburn, 1995, S. 166 f. sowie Knapczyk & Rodes, 1996, S. 235ff):

- die Bedeutung einer notwendigen Sozialkompetenz erkennen
- Konfrontation mit einer Problemsituation (zum Beispiel «Welche Konsequenzen resultieren aus dem Fehlen bestimmter Sozialkompetenzen?»)
- mögliche Varianten des sozial-kommunikativen Handelns entwickeln, um das Problem zu lösen
- einzelne Handlungsmöglichkeiten erproben
- Rückmeldungen auf das eigene Probehandeln einholen
- alternative Handlungsmöglichkeiten verfeinern
- erlebte Handlungsvarianten reflektieren und abstrahieren.

In den letzten Jahren haben die handlungsorientierten Theorien eine gewisse Akzentuierung durch konstruktivistische Ansätze erfahren. Für den Konstruktivismus ist das Erkennen von Wirklichkeit subjektabhängig. Dies impliziert eine offene Haltung gegenüber alternativen Perspektiven und damit die Notwendigkeit, eigene Konstruktionen von Wirklichkeit in eine soziale Verständigung einzubringen und die Vereinbarung geteilter Konstruktionen anzustreben. DUFFY & JONASSEN sprechen von «negotiating the environments» (1992, S. 5). «Knowledge is a dialect process the essence of which is that individuals have opportunities to test their constructed ideas on others, persuade others of the virtue of their thinking, and be persuaded. By continually negotiating the meaning of observations, data, hypotheses, and so forth, groups of individuals construct systems that are largely consistent with one another.» (COGNITION AND TECHNOLOGY GROUP AT VANDERBILT UNIVERSITY, 1992b, S. 116). Sozial-kommunikatives Handeln dient mithin der verständigungsorientierten Erreichung solcher Vereinbarungen. Es ist eine wesentliche Voraussetzung für die Erweiterung kognitiver Strukturen und die Herbeiführung sozialer Verständigung.

Im Einzelnen weisen die konstruktivistischen Ansätze zahlreiche Prinzipien aus, die eine «starke Lernumgebung» kennzeichnen sollen, wobei es sich zunächst primär um Kriterien für das Lehren und nur mittelbar um Vorstellungen über das Lernen handelt. So begründet beispielsweise die Subjektabhängigkeit in der Erschließung der Umwelt das Prinzip, Lernen in einen sozialen, kooperativen Kontext einzubetten. Der Aufbau von passenden und wirksamen Modellen der Welt erfordere ein Lernen von und mit anderen. Wenngleich im Rahmen von konstruktivistischen Lerntheorien zumeist die Förderung von kognitiven Zielen im Vordergrund steht, so lässt sich dieser Zusammenhang gleichermaßen auf das Lernen von Sozialkompetenzen beziehen.

13.5 Zusammenführung der Befunde: Systematisierung von Lernphasen zur Entwicklung von Sozialkompetenzen

Im Folgenden führen wir die lerntheoretischen Ansatzpunkte zusammen und stellen sie in einen theoretischen Zusammenhang. Im Einzelnen werden zehn Lernschritte hervorgehoben, von deren Aktivierung vermutet wird, dass sie jeweils einzelne der unterschiedlichen Sozialkompetenzen unterstützen können. Es wäre empirisch zu klären, ob diese Schritte geeignet sind, unterschiedliche bzw. alle Teilkompetenzen in gleichem Maße zu fördern. Obwohl die Lernschritte notwendigerweise in einer linearen Folge vorgestellt werden und dabei eine plausible Aufbaulogik erkennbar ist, wird hinsichtlich der Schrittfolge eine zirkuläre Beziehung angenommen. Zudem ist davon auszugehen, dass je nach Situationstyp und Handlungsdimensionen einzelne Schritte eine unterschiedliche Bedeutsamkeit besitzen. Grundlegend für das Lernen von Sozialkompetenzen und damit für den Durchlauf der Lernschritte ist die *Leitlinie*, dass sich praktisches Erleben und Erproben mit theoretischen Reflexionen verzahnen.

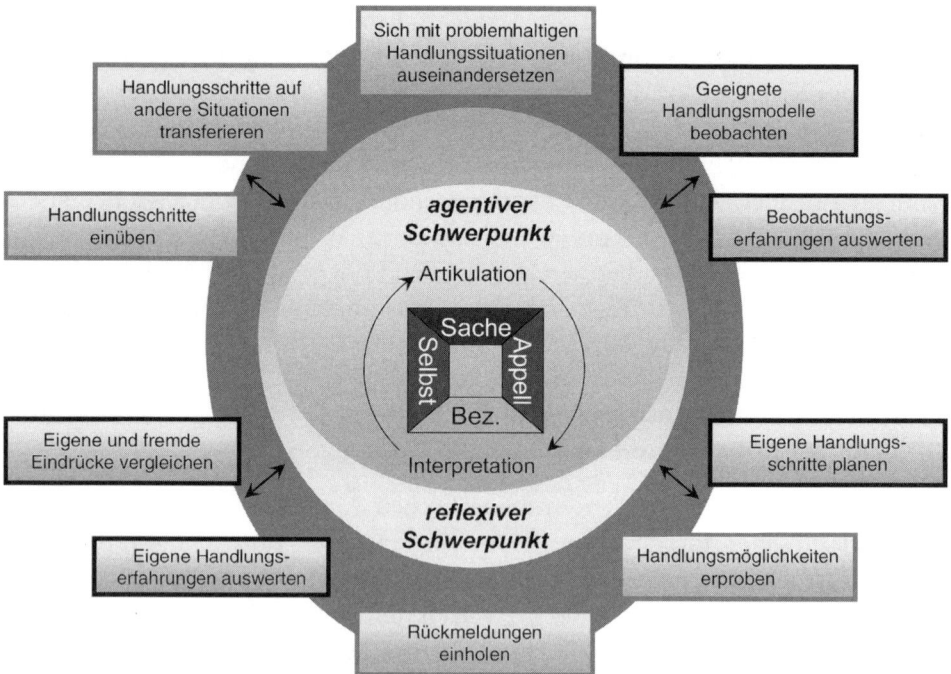

Abbildung 14: Lernschritte in der Entwicklung von Sozialkompetenzen

Nachfolgend illustrieren wir die zehn einzelnen Schritte am Beispiel des Situationstyps «Verkaufsberatung»:

–   *Sich mit problemhaltigen Handlungssituationen auseinandersetzen*
    Wesentlicher Ausgangs- und Bezugspunkt für das Lernen von Sozialkompetenzen ist die Konfrontation mit einer kommunikativ herausfordernden Problemsituation. Dem Lernenden wird so bewusst, welche Anforderungen sich an ihn in solchen Situationen stellen. Die Erkenntnis der Schwierigkeit sowie die Bereitschaft zur Auseinandersetzung mit ihr stellen einen wesentlichen Faktor der Motivation des Lernenden dar. Beispiel: Der Lernende erkennt, dass er nicht die richtigen Worte und Einstellungen findet, wenn Kunden ihn in einer arroganten Weise ansprechen. Da ihn dies ärgert, ist er bereit, sich um angemessene Verhaltensweisen zu bemühen.

–   *Geeignete Handlungsmodelle beobachten*
    Der Lernende richtet seine Aufmerksamkeit auf Modelle, die Beispiele für ein mögliches Verhalten in relevanten Handlungssituationen bieten. Sofern die Modelle nicht unmittelbar verfügbar sind, bemüht er sich darum, solche

Modelle aufzufinden. Die Beobachtung der Modelle konzentriert sich primär auf jene Handlungsanforderungen, die dem Lernenden problematisch erscheinen. Dabei geht es nicht notwendigerweise um ein «richtiges» oder ideales Handeln des Modells, sondern auch «schlechte» Modelle können als Lernerfahrung wertvoll sein (im Sinne eines Lernens aus Fehlern). Beispiel: Der Lernende achtet auf Dialoge, die sich aus dem (arroganten) Auftreten eines Kunden gegenüber den Kollegen im Verkauf entwickeln. Er achtet insbesondere auf das Verhalten des Verkäufers.

- *Beobachtungserfahrungen auswerten*
Der Lernende sichert die Beobachtungserfahrungen, indem er sich das Verhalten der Modelle bewusst macht. Zudem geht er der Frage nach, inwieweit das Verhalten für ihn geeignet sein könnte, die als problematisch erkannten Handlungsanforderungen zu bewältigen. Im Ergebnis wird ein situationsbezogenes Wissen über Kommunikation aufgebaut und in Hinblick auf seinen Nutzen für das eigene Handeln reflektiert.
Beispiel: Der Lernende beschreibt für sich die wesentlichen Verhaltensweisen des beobachteten Verkaufspersonals, die seiner Ansicht nach in Hinblick auf das Auftreten gegenüber den Kunden bedeutsam sind. Zudem überlegt er, inwieweit er einzelne dieser Handlungen übernehmen möchte.

- *Eigene Handlungsschritte planen*
Der Lernende entwickelt einen Entwurf für das eigene kommunikative Handeln in bestimmten Situationen, wobei die Planung sowohl das angestrebte Ziel (das Wunschhandeln) als auch Teilhandlungen im Sinne von Zwischenzielen umfassen kann. Im Vordergrund steht die Suche nach subjektiv angemessenen Möglichkeiten für das kommunikative Handeln sowie sich für konkrete Handlungsschritte zu entscheiden.
Beispiel: Der Lernende denkt sich in die Rolle des Verkäufers hinein und entwickelt eine Vorstellung, wie er gegenüber dem Kunden in bestimmten Situationen auftreten möchte. Dabei wird er sich über seine Ziele klar und benennt wesentliche Schritte, die er zur Erreichung des Ziels einsetzen will.

- *Verhaltensmöglichkeiten erproben*
Die geplanten Schritte werden praktisch erprobt, sei es in der realen oder in der simulierten Praxis im Schonraum des Unterrichts.
Beispiel: Der Lernende begibt sich in eine (reale oder simulierte) Verkaufssituation und bemüht sich, gegenüber dem Kunden seine Handlungsplanung zu verfolgen.

– *Rückmeldungen einholen*

Der Lernende bemüht sich um Rückmeldungen auf sein Verhalten, um neue Perspektiven für die Reflexion des eigenen Handelns aufzubauen. Die Rückmeldung kann der Vergewisserung eigener Eindrücke dienen, aber auch Veränderungswünsche für das eigene Handeln auslösen. Anders als im klassischen Verständnis des Verstärkungslernens geht es nicht um die Anpassung an ein extern vorgegebenes Idealverhalten, sondern um die Auslösung von eigenverantwortlichen Reflexionsprozessen.

Beispiel: Der Lernende spricht Personen an, die ihn in einer Verkaufssituation erlebt haben, oder er schildert den Verlauf einer entsprechenden Situation, und er bittet um eine Rückmeldung der Eindrücke auf die jeweilige Situation.

– *Eigene Handlungserfahrungen auswerten*

Der Lernende reflektiert sein eigenes sozial-kommunikatives Handeln. Einerseits macht er sich die praktizierten Verhaltensweisen bewusst und sichert so seine Erfahrungen. Andererseits bewertet er seine Handlungen, welche bewahrenswert oder veränderungswürdig sind. Auch in diesem Kontext wird Wissen über Kommunikation erworben und in Hinblick auf seinen Nutzen für das eigene Handeln reflektiert.

Beispiel: Der Lernende macht sich sein Verhalten in Verkaufssituationen bewusst und prüft, inwieweit einzelne Ereignisse Auslöser für mögliche Veränderungen seines Handelns darstellen.

– *Eigene und fremde Eindrücke vergleichen*

Der Lernende vergleicht erhaltene Rückmeldungen mit den eigenen Eindrücken. Durch den Vergleich von Fremd- und Selbstbild kann er neue Perspektiven für die Überprüfung des eigenen Verhaltens gewinnen.

Beispiel: Der Lernende vergleicht seine Eindrücke aus erlebten Praxiseinsätzen mit den Beobachtungen anderer Verkäufer. Er sucht nach Unterschieden und überlegt, inwieweit diese auf bewahrenswerte persönlichkeitsspezifische Eigenarten zurückzuführen sind oder welche Hinweise sie für die Erprobung neuer Verhaltensweisen bieten können.

– *Handlungsschritte einüben*

Der Lernende festigt und routinisiert spezifische Handlungsschritte durch wiederholtes Üben.

Beispiel: Der Lernende setzt für ihn akzeptable Verhaltensweisen bei Verkaufsgesprächen wiederholt ein und entwickelt in Hinblick auf diese Handlungsschritte zunehmend eine Routine.

– *Handlungsschritte auf andere Situationen transferieren*
Der Lernende überträgt situationsgebundene Sozialkompetenzen auf ähnliche Situationen oder auf andere Situationstypen.
Beispiel: Der Lernende überträgt seine Erfahrungen im Umgang mit arrogant auftretenden Kunden auf andere Personen in anderen Situationskontexten, zum Beispiel auf den Kontakt mit Lieferanten.

14 Lehrmethodische Gestaltung des Lernens von Sozialkompetenzen

Die vorgängigen lerntheoretischen Fundierungen werden nunmehr aufgenommen und in Hinblick auf die Frage konkretisiert, welche Prinzipien und Techniken die lehrmethodische Gestaltung von Lernumgebungen zur Förderung von Sozialkompetenzen anleiten können. Nach einem kurzen Blick in die einschlägige Literatur werden die im Vorkapitel skizzierten Entwürfe verdichtet und in begründete Prinzipien für die Entwicklung von Lehrmethoden überführt.

Die Literatur bietet lehrmethodische Konzepte auf unterschiedlichen Ebenen an. Pointiert zusammengefasst können die folgenden Ansätze unterschieden werden (vgl. LEIDENFROST, GÖTZ & HELLMEISTER, 2000, S. 28 sowie S. 160ff.):

– Ansätze zur Entwicklung einzelner Kompetenzen für berufliche Problemsituationen. Dabei finden sich zum einen Elemente aus dem allgemeinen Spektrum der Lehrmethoden, wie Vortrag, Plenumsdiskussion oder Rollenspiel, zum anderen werden gruppendynamische Trainingsformen wie Encounter-Gruppen, Sensitivity-Training oder *Outdoor*-Training sowie Körper- und Bewegungsverfahren (Atemarbeit, Tai Chi, Yoga) vorgeschlagen.
– Ansätze auf der Grundlage kommunikationstheoretischer oder auch psychotherapeutischer Paradigmata. LEIDENFROST, GÖTZ & HELLMEISTER 2000 unterscheiden im Einzelnen: verhaltenstherapeutische Verfahren (Rollenspiele, Verhaltenstraining); tiefenpsychologische Verfahren (z. B. Psychoanalyse); humanistische Ansätze (Transaktionsanalyse, Logotherapie, Gesprächstherapie); systemische und familientherapeutische Ansätze; Entspannungsverfahren (z. B. autogenes Training); suggestive Verfahren (z. B. NLP, Hypnose, Imaginationsarbeit); transpersonal-psychologische Verfahren (z. B. Meditation, Biographiearbeit).
– Dazu kommen Ansätze, die in die Nähe von Esoterik und Spiritualismus gestellt werden wie Feuerlauf, schamanistische Rituale oder Tarot.

In bestimmten Aspekten vergleichbar mit diesen Ansätzen sind «Baustein-Lehrkonzepte», in denen abgegrenzte Übungen zur Förderung einzelner Sozialkompetenzen angeboten werden. Sie verfolgen die Absicht, die Unterrichtspraxis um eine bewusst gestaltete Dimension des Lernens von sozialen Kompetenzen zu erweitern und zu bereichern. Im Einzelnen erfolgt zumeist eine Konzentration auf abgegrenzte Kompetenzen, die in Lehrkonzepte im Sinne von Übungs- bzw. Trainingsbausteinen transformiert werden (vgl. KLIPPERT, 1996 sowie MILLER, 1995). Die Konzepte bleiben in ihrer situativen und inhaltlichen Ausgestaltung zumeist offen. Sie geben einen Rahmen vor, der von den Lehrenden auszufüllen ist. Gelegentlich erwecken sie den Anschein von «Psychospielen», da ihre Relevanz für berufsrelevante Anwendungssituationen nicht unmittelbar einsichtig ist.

Es besteht weithin ein Konsens darüber, dass meist mehrere Lehrmethoden möglich sind, um Lernziele zu erreichen. In der Regel sind für die zielbezogene Gestaltung von Lernumgebungen vielfältige Optionen möglich. Zudem resultiert daraus, dass weder eindeutig zu beurteilen ist, welche der in der Literatur vorgeschlagenen Ansätze besser geeignet sind, um spezifische Sozialkompetenzen zu fördern, noch ist es möglich, per se bestimmte Lehrmethoden anderen vorzuziehen. Auf der Grundlage der skizzierten lerntheoretischen Überlegungen ist es jedoch möglich, *Prinzipien* für die Gestaltung von Lernumgebungen auszuweisen. Zudem können Techniken zusammengestellt werden, die insgesamt einen Baukasten mit Optionen begründen, die entsprechend der gegebenen Lernziele, Lernvoraussetzungen und Rahmeneinflüsse in lehrmethodische Konzepte integriert werden können.

14.1 Prinzipien für die Gestaltung von Lernumgebungen

Im Folgenden stellen wir zunächst einige zentrale Prinzipien kurz dar, die für die lehrmethodische Gestaltung von Lernumgebungen zur Förderung von Sozialkompetenzen von Bedeutung sind:

– *Dramaturgisches Prinzip:* Von der unbewussten Inkompetenz zur unbewussten Kompetenz
  Das Handeln in einer sozialen Kommunikation stützt sich häufig auf soziale Kompetenzen, deren Unzulänglichkeit für die Handelnden nicht deutlich oder einsichtig ist. Daraus lässt sich als dramaturgisches Prinzip für die Gestaltung von Lernumgebungen formulieren, dass ausgehend von einem Zustand der unbewussten *Inkompetenz* (d. h. bestehende Unzulänglichkeiten in der Situationsbewältigung sind nicht bewusst) zunächst die Schwächen bewusst gemacht und auf diese Weise eine Situation der bewussten

Inkompetenz geschaffen werden sollte. Als nächste Entwicklungsstufe wird eine Situation der bewussten Kompetenz aufgebaut, in der betont auf ein angemessenes Handeln geachtet wird. Im Zielzustand der unbewussten Kompetenz werden die Kommunikationsanforderungen unbewusst richtig bewältigt, d. h. die zur Situationsbewältigung notwendigen sozial-kommunikativen Teilkompetenzen sind soweit verinnerlicht, dass sie routiniert zum Einsatz kommen.

Unbewusste Kompetenz

Bewusste Kompetenz

Bewusste Inkompetenz

Unbewusste Inkompetenz

Abbildung 15: Von der unbewussten Inkompetenz zur unbewussten Kompetenz als dramaturgisches Prinzip

– *Prozessprinzip*
Eng verbunden mit dem dramaturgischen Prinzip ist das Prozessprinzip. Demnach ist Lernen von Sozialkompetenzen kein Ereignis (zum Beispiel ein x-tägiges Seminar), *sondern* ein Prozess, in dem schrittweise unterschiedliche Teilkompetenzen entwickelt werden. Denn alles, was überdauern soll, benötigt Zeit zum Aufbau.

– *Prinzip des problembezogenen Lernens durch Erfahrung*
Dieses Prinzip nimmt die lerntheoretisch begründete Verzahnung von Reflexion und Aktion auf. Ausgangs- und Bezugspunkt des Lernens sind demnach konkrete Erfahrungen, deren Reflexion zur Entwicklung von Handlungskompetenzen führt. Erfahrungen können erlebend nachvollzogen oder gestaltend erprobt werden. Reflektieren bezieht sich dann zum einen auf das Nachdenken über erlebte Situationen, zum anderen auf das Vordenken von eigenen Erprobungen. Das Prinzip folgt der Einsicht, dass Sozialkompetenzen den Menschen nicht eingegeben werden wie eine Medizin oder ein kräftiger Lebertran. Sie werden vorgelebt oder durch die Reflexion lehrreicher, nicht notwendigerweise nur guter, Beispiele grundgelegt. Nicht Belehrung, sondern Erfahrungen sammeln und reflektieren markieren den Wegweiser. Lernorganisatorisch sind diese Überlegungen im Rahmen von «on-the-job», «off-the-job» und «near-the-job»-Maßnahmen zu realisieren, die auch miteinander verbunden werden können.

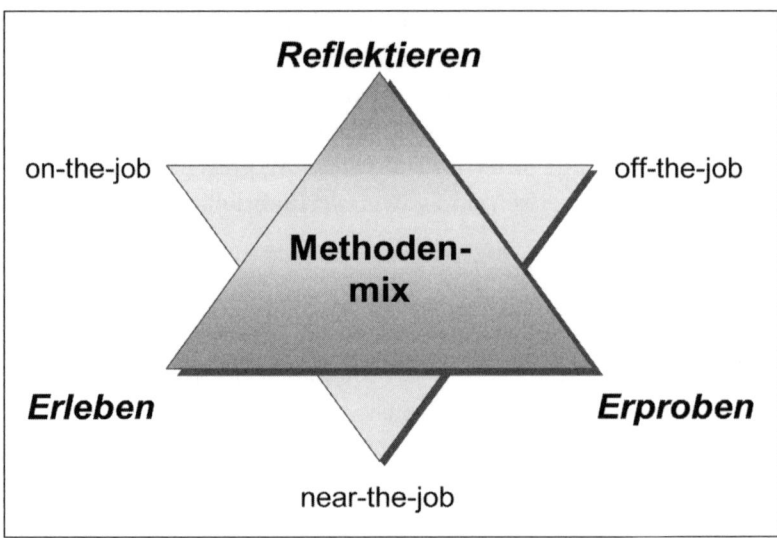

Abbildung 16: Prinzip des problemorientierten Lernens durch Erfahrung

Ausgehend vom Prinzip eines problemorientierten Lernens durch Erfahrung ist darüber hinaus zu fragen, welche methodischen Gestaltungselemente in den drei Schwerpunkten Erlebnis, Reflexion und Erfahrung umsetzbar sind. Diese können dann zielorientiert in Lernumgebungen umgesetzt werden. Je nach Lernvoraussetzungen sind die Erfahrungsbezüge in kleineren oder größeren Schritten aufzubauen. So kann sich etwa die Reflexion von erlebten Kommunikationssituationen auf einzelne Verhaltensweisen fokussieren, oder es werden längere Gesprächsprozesse aufgenommen und ausgewertet.

Im Folgenden werden beispielhaft Möglichkeiten vorgestellt, die drei Schwerpunkte zu gestalten. Für den Schwerpunkt des *Erlebens* geht es darum, reale oder simulierte Kommunikationssituationen zu schaffen, die ein Potenzial zur Erreichung der definierten Lernziele und der Entwicklung darauf bezogener Sozialkompetenzen besitzen. Dazu gehören im Einzelnen:

- Praxissituationen aufnehmen (erzählend, filmisch, multimedial oder ähnliches)
- didaktische Situationen inszenieren; hier wird die Tatsache genutzt, dass Unterrichts- oder Seminarsituationen selbst eine Form der sozialen Kommunikation darstellen. Diese können gezielt auf spezifische sozial-kommunikative Anforderungen hin arrangiert werden, um das so ermöglichte Erleben zum Ausgangspunkt von Reflexion und Kompetenzerwerb zu machen.
- Praxissituationen aufsuchen (Betriebserkundung, Praktikum oder Exkursion).

– Praxissituationen inszenieren, zum Beispiel über Methoden der Erlebnispädagogik wie Outdoor-Training (vgl. die differenzierte Darstellung von KÖLSCH, 2001).

Für den Schwerpunkt des *Reflektierens* existieren vielfältige Konzepte sowohl auf der mikrodidaktischen Ebene von einzelnen Lehreinheiten als auch auf der makrodidaktischen Ebene spezifischer Rahmenkonzepte. Auf der mikrodidaktischen Ebene können folgende Beispiele angeführt werden:

– Situationsanalysen (reale, videoaufgezeichnete – von gelungenen und gestörten Kommunikationssituationen).
– Kognitive Kommunikationsübungen (z. B. Äußerungen aus Kommunikationssituationen interpretieren lassen; Fallschilderung ...: Wie würden Sie antworten?).
– Reflexion erlebter Kommunikationsprozesse (z. B. Evaluation einer Gruppenarbeit); Vergleich Selbst-/Fremdevaluation.

Auf der makrodidaktischen Ebene bieten Organisationsformen wie Erfahrungsgruppen, Qualitäts- und Hospitationszirkel, die Einbindung des Lernenden in Lernpartnerschaften, Coaching-, Mentoring- oder Patensysteme sowie die Arbeit mit geleiteten Beobachtungsaufträgen in Lern- oder Praxissituationen besondere Potenziale.

Während im Schwerpunkt des Erlebens die Auseinandersetzung mit abgelaufenen Geschehnissen im Vordergrund steht, konzentriert sich das *Erproben* auf das eigene Agieren in Kommunikationssituationen. Im Rahmen von didaktischen Kontexten befindet sich hier das Feld der Kommunikations- und Interaktionsübungen, beispielsweise im Rahmen von videogestützten Rollenspielen. Weitergehend ist aber auch das bewusste Erproben von (neuen) sozialkommunikativen Verhaltensweisen in Realsituationen der Praxis einzubeziehen. Exemplarisch sind hier Formen des gelenkten Praxiseinsatzes, der Jobrotation im Betrieb oder das Sozialpraktikum (vgl. das Projekt «Seitenwechsel», in der Schweiz bei HAUSER, 2001) zu nennen.

14.2 Kommunikationstechniken

Neben den didaktischen Prinzipien mit den Hinweisen auf lehrmethodische Umsetzungsmöglichkeiten gibt es in der Literatur einen Fundus an Übungen, mit deren Hilfe bestimmte Kommunikationstechniken eingeübt werden. Bezogen auf die Sozialkompetenzen handelt es sich um die Handlungsdimension der Fertigkeiten. Die Techniken erfassen zumeist solche Fertigkeiten, die in unterschiedlichen Situationstypen bedeutsam sind, häufig dienen sie auch zur Bewältigung von kritischen Ereignissen. Die Techniken werden zumeist dargestellt ohne in einem bestimmten Kontext eingebettet zu sein, so dass sie auf einzelne Situationstypen bzw. dort auf konkrete Fallsituationen ausgelegt werden müssen. Techniken geben Hinweise auf das «wie», sie sagen aber nichts über das «wann». Daher ist es nicht nur wichtig, die Technik zu beherrschen, sondern auch den Zeitpunkt ihres Einsatzes abzuschätzen. In diesem Rahmen kann lediglich eine grobe Übersicht mit verbreiteten Techniken vorgestellt werden:

- Aktives Zuhören (Paraphrasieren und Verbalisieren) (ROSNER, 1999, S. 97 ff., 123 ff.; GEHM, 1994, S. 134 ff)
- Körpersprache interpretieren und einsetzen (GEHM, 1994, S. 47 ff.)
- Ich-Botschaften formulieren (ROSNER, 1999, S. 119 ff.; GEHM, 1994, S. 118 ff.)
- Feedback geben und empfangen (ROSNER, 1999, S. 104 ff.; GEHM, 1994, S. 123 ff.)
- Doppeln (Selbstklärungs- und dialogisches Doppeln) (SCHULZ VON THUN, 1989, S. 150 ff.)
- verständlich und lebendig präsentieren (SCHULZ VON THUN, 1988, S. 140 ff.)
- Visualisierungstechniken einsetzen (BREDEMEIER, 1996)
- Lenkungstechniken einsetzen (z. B. emotionalisieren, versachlichen, Pausen, non-verbale Lenkungen, Verstärkungsimpulse) (GEHM, 1994, S. 107 f., 113 ff., 134 f.)
- Einwandtechniken einsetzen (ALTMANN, 1994, S. 199 ff.)
- Fragetechniken einsetzen (BREDEMEIER, 1996, 156 ff.; ROSNER, 1999, S. 112 ff.; GEHM, 1994, S. 109 ff.)
- Wertequadrat als Technik nutzen, um die angestrebte Wertausrichtung des sozial-kommunikativen Handelns zu bestimmen

Um den Stellenwert von Techniken für die Gestaltung von Lernumgebungen zu illustrieren, sollen drei von ihnen detaillierter skizziert werden:

14.2.1 Aktiv zuhören

Anlass:
Mein Gesprächspartner hat ein Problem, ich bemühe mich, ihn zu unterstützen.

Zielbezüge:
- Aufmerksamkeit signalisieren
- Wertschätzung und Zuwendung ausdrücken
- emotionale Befindlichkeit und Standpunkte verstehen
- sich über eigene Interpretationen vergewissern
- tiefere Ebenen des Gesprächs erreichen (keine Abwehr von Vorwürfen; Zeit zum Nachdenken gewähren, entspannte Atmosphäre statt Schlagabtausch)

Angemessene Verhaltensaspekte:
- Zuhören bedeutet nicht zustimmen – Verstehen bedeutet nicht einverstanden sein ...
- angenehme Rahmenbedingungen schaffen (z. B. Zeit, Ruhe)
- interpretierte Äußerungen des Gesprächspartners sinngemäß wiederholen und zusammenfassen; in eigenen Worten sagen, was ich verstanden habe (paraphrasieren)
- Gefühle des anderen widerspiegeln; emotionalen Gehalt aufnehmen (verbalisieren)
- keine Wertungen vornehmen
- Pausen aushalten; Interesse signalisieren; aktiv schweigen (d. h. Aufmerksamkeit durch Körpersprache ausdrücken, z. B. durch offene Körperhaltung, zustimmendes Kopfnicken, freundliches Lächeln, Blickkontakt)
- offene Fragen stellen; den anderen zum Sprechen aufmuntern

Beispiel (Rosner, 1999, S. 127):
Er (mit enttäuschtem Unterton):
«Du willst also heute nicht mit ins Kino gehen?»
Sie als aktiv Zuhörende:
«Das hört sich an, als wenn Du enttäuscht bist, dass ich nicht mitkommen will.»
Eine abwehrende Reaktion wäre stattdessen:
«Was willst Du eigentlich. Wir waren doch erst gestern zusammen weg.»
Gefahren:
- Verbalisieren und Paraphrasieren erfolgt zu mechanisch (Papageieneffekt)
- eigene Bedürfnisse werden nicht wahrgenommen
- Wenn die Äußerungen nicht ehrlich ausgedrückt werden, entsteht gegebenenfalls Misstrauen

14.2.2 Ich-Botschaften formulieren

Anlass:
Ich habe ein Problem, ich bemühe mich um Verständnis beim anderen.

Zielbezüge:
- eigene Gefühle und Werte äußern
- Offenheit und Vertrauen fördern
- Vorsicht und Zweifel im eigenen Denken signalisieren
- Vorwürfe vermeiden
- Förderung eines konstruktiven Gesprächsklimas

Angemessene Verhaltensaspekte:
- Beschreiben des Sachverhalts («Ich sollte bis gestern die Unterlagen von Ihnen bekommen!»).
  - Aufzeigen der Konsequenzen («Ich musste meine ganze Zeitplanung umstellen!»).
  - Wie ich dazu stehe («Ich habe mich darüber maßlos geärgert!»).
- nicht verwenden: als Taktik (verdeckte Vorwürfe);
- in unpassenden Situationen (z. B. im Rahmen des Austausches von Sachinformationen)

Beispiele:
- Statt: «Ihre Leistung ist miserabel.» → «Ich halte Ihre Leistung für unzureichend.».
- Statt: «Sag endlich, was Du meinst.» → «Ich würde gerne erfahren, was Du persönlich dazu denkst ...»
- Statt: «Du bist unfair.» → «Ich fühle mich nicht fair behandelt.»

14.2.3 Feedback geben und empfangen

Anlass:
Ich habe den anderen in einem bestimmten Verhalten wahrgenommen und ich teile ihm meine Beobachtungen mit.

Zielbezüge:
- ndere Perspektiven auf ein Verhalten entwickeln
- Ansatzpunkte für Verhaltensänderungen generieren
- blinde Flecken im Verhalten aufdecken («unbewusste Inkompetenzen»)

Angemessene Verhaltensaspekte:
- Regeln für das Geben von Feedback:
- kurzfristig – konkret – konstruktiv
- Bereitschaft klären, ob Feedback erwünscht ist
- Ich-Botschaften senden
- Wahrnehmung – Wirkung – Wunsch unterscheiden

Regeln für das Empfangen von Feedback:
- ruhig zuhören
- sich nicht verteidigen
- bei Unsicherheit nachfragen

Die verschiedenen Facetten können nunmehr zusammengeführt und in ihrem Zusammenwirken aufgezeigt werden. Für die lehrmethodische Gestaltung stehen im Kern die folgenden Elemente zur Verfügung.

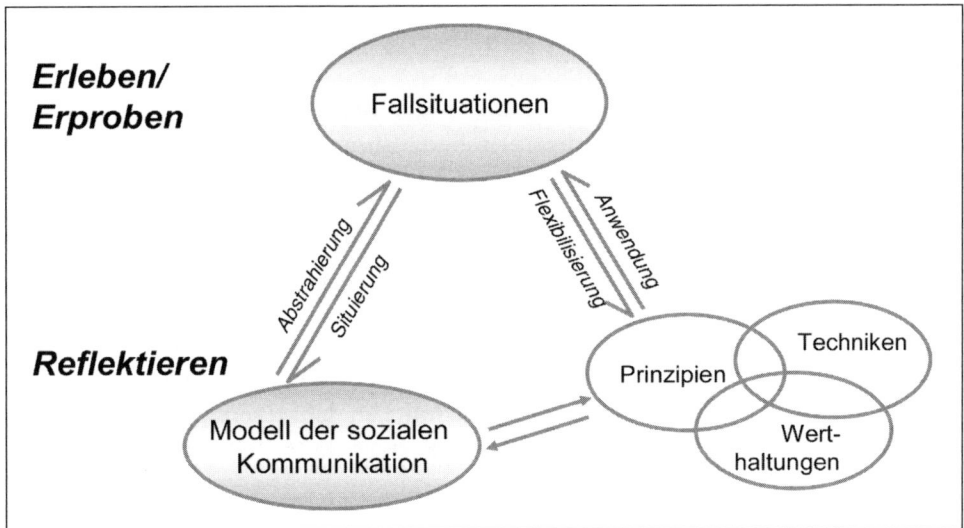

*Abbildung 17: Facetten der lehrmethodischen Gestaltung von Lernumgebungen
zur Förderung von Sozialkompetenzen*

Auf einer eher abstrakten Ebene steht das *Modell der sozialen Kommunikation*
zur Verfügung, mit dessen Hilfe Kommunikationssituationen reflektiert werden
können. Zudem bietet es den Ausgangs- und Bezugspunkt um Sozialkompetenzen zu konkretisieren. Das Modell ist situationsübergreifend angelegt und
muss daher für die lehrmethodische Gestaltung auf Situationstypen bzw. in
diesem Rahmen weitergehend auf konkrete Fallsituationen ausgelegt werden.
Umgekehrt können einzelne Fallsituationen auf das Modell zurückgespiegelt
werden, woraus sich die transfertheoretisch interessante Option des Wechsels
von Konkretion und Abstraktion ergibt. Die Verbindung hin zur Gestaltung konkreter Lernumgebungen bilden die *Prinzipien, Techniken* und *Werthaltungen*.
Die Prinzipien bieten Orientierungen darüber, wie das Lehren und Lernen im
Rahmen der didaktischen Arbeit mit Fallsituationen gestaltet werden kann.
Die Techniken nehmen Bezug auf bestimmte Fertigkeiten, die zur Bewältigung
unterschiedlicher Kommunikationssituationen hilfreich sein können. Die Werthaltungen bestimmen die Einstellungen, mit denen der Kommunizierende in der
Situation agiert.

14.3 Makrodidaktische Integration der Förderung von Sozialkompetenzen in den Rahmen der Bildungsinstitution

Fragen der lehrmethodischen Gestaltung sind häufig eng verbunden mit solchen nach der Einbettung in den organisatorischen Rahmen einer Bildungsinstitution. Dabei können zwei typische Konstellationen unterschieden werden:

– Im Rahmen des schulischen Lernens, das durch feste Zeitrhythmen und Fächer gekennzeichnet ist, stellt sich die Frage, wie die Förderung von Sozialkompetenzen organisatorisch verankert werden kann. Soll es ein eigenes Fach «Sozialkompetenz» geben? Oder sind über das Schuljahr hinweg Projekttage zu planen, an denen die Thematik aufgenommen wird? Oder sollte man das Thema als Querschnittsanliegen definieren und allen Fächern zugleich als eine Aufgabe übertragen? Besteht dann die Gefahr, dass jeder, und in der Folge möglicherweise niemand, für die Umsetzung verantwortlich ist?

– Im Rahmen betrieblicher Bildungsangebote wird häufig festgestellt, dass die zumeist in einem Seminarrahmen organisierten Maßnahmen eine geringe Transferqualität besitzen. So finden sich zahlreiche Hinweise auf ausgebliebene oder zeitlich begrenzte Transferwirkungen, beispielsweise im Kontext von Führungskräftetrainings (VON ROSENSTIEL, 1995, S. 45 f.) oder Verkaufstrainings (GÜLPEN, 1996, S. 237 ff.). Daher wird verstärkt darüber diskutiert, wie durch geeignete Formen der Lernorganisation die Transferwirkung erhöht werden kann.

Die zahlreichen Möglichkeiten in der mikrodidaktischen Gestaltung von Lernumgebungen finden eine Analogie auf der makrodidaktischen Ebene. So existieren zahlreiche Optionen der Verbindung von «*on-*, *near-* und *off-the-job*»-Maßnahmen. Die Entwicklung praktikabler Umsetzungen wird dabei von den konkreten Rahmeneinflüssen in der Bildungsinstitution bestimmt.

Im Folgenden stellen wir für die beiden Konstellationen in Schule und Betrieb ein Konzept vor. Handlungsleitend ist dabei jeweils das oben skizzierte Prozessprinzip, nach dem das Lernen von Sozialkompetenzen nicht als ein singuläres Ereignis, sondern als ein kontinuierlicher Entwicklungsprozess angenommen wird.

Im Hinblick auf die skizzierte *betriebliche Situation* werden Konzepte vorgeschlagen, in denen Lernphasen in Seminaren *(off-the-job)* in vor- und nachgelagerte *on-* und *near-the-job*-Phasen eingebettet werden. Auf diese Weise entstehen zeitlich gestreckte Bildungsmaßnahmen, in denen zwischen einzelnen Modulen Zeit für den Transfer bleibt. Im Hinblick auf die Schaffung transferförderlicher

Rahmenbedingungen außerhalb der Seminarphasen wird insbesondere auf die soziale Umwelt des Lernenden eingegangen (vgl. exemplarisch NEUBERGER, 1994, S. 184 ff.; GÜLPEN, 1996, S. 11 ff. und S. 32). Um Abwehrhaltungen von Arbeitskollegen oder Vorgesetzten aus Angst vor Veränderungen oder Kritik entgegenzuwirken, können die potenziell Betroffenen oder «Machtpromotoren» bereits in die Entwicklung und/oder Durchführung einer Bildungsmaßnahme einbezogen werden. Zudem können die Vorgesetzten angehalten werden, nach einem Seminar ein «Transfergespräch» zu führen, in dem mögliche Konsequenzen diskutiert und beispielsweise eine Zielvereinbarung getroffen wird. Zudem können zum Ende eines Seminars bereits terminierte Follow-up-Treffen die Bedeutsamkeit des Transfers dokumentieren und den aufgebauten Lernerfahrungen einen Blick nach vorne verleihen. In diesen Treffen können die am Ende einer Bildungsmaßnahme fixierten Transfererwartungen wieder aufgenommen und mit den gewonnenen Erfahrungen kontrastiert werden. Ferner werden so genannte «Lernpartnerschaften» und «Erfahrungsgruppen» angeregt, die sich im Prozess der Umsetzung austauschen und deren Mitglieder sich gegenseitig stützen.

Der Transfer ist beispielsweise in folgende Schritte gegliedert:

–   Vorbereitungsgespräch zwischen dem Teilnehmer der Maßnahme und seinem Vorgesetzten, in dem auf die Bedeutung der Maßnahme und die praktischen Umsetzungsmöglichkeiten im Anschluss eingegangen wird. Gegebenenfalls Abschluss einer Zielvereinbarung.

–   Hinführung auf das Seminar durch Vorbereitungsaufgaben («Was fällt Ihnen in Ihrer Praxis besonders schwer?» «Bereiten Sie einen Kurzvortrag zum Thema … vor»).

–   Anwendungsorientierte Gestaltung des Seminares (unter anderem Theorien auf die Praxis anwenden; mögliche Probleme beim Transfer werden angesprochen).

–   Überführung der Seminarerfahrungen in die praktische Anwendung durch Erkundungs- und Beobachtungsaufträge, Hospitationszirkel, Einschätzungsbogen zur Selbstevaluation oder einen Brief an sich selbst.

–   Erfahrungsaustausch, *Follow-up*-Seminar.

Im Hinblick auf die dargestellte *schulische Situation* können separierte und integrierte Lernphasen miteinander verbunden werden:

–   Zum einen sind separate Zeitfenster zu reservieren, in denen exklusiv grundlegende Sozialkompetenzen in den Handlungsdimensionen Wissen, Einstellungen und Fertigkeiten aufgebaut werden und in Abständen Möglichkeiten zur Reflexion von Erfahrungen und zur Erprobung neuer Handlungsmöglichkeiten bestehen. Praktisch könnte dies beispielsweise im Rahmen von (mehreren) Projekttagen erfolgen oder aber als festes Deputat einem Fach zugeordnet sein.

– Zum anderen kann die Förderung von Sozialkompetenzen in die Lernprozesse der verschiedenen Fächer integriert werden, indem zu bestimmten Zeiten neben der Arbeit an den Sachthemen auch sozial-kommunikative Problemstellungen reflektiert werden. So wäre es beispielsweise möglich, nach einer Gruppenarbeit die spezifischen Aspekte der Kommunikation auszuwerten. Lehrvorträge bzw. Lehrgespräche werden so gestaltet, dass sie für die Lernenden nicht nur sachliche, sondern auch sozial-kommunikative Anforderungen stellen. Schließlich können auch kognitive Problemstellungen mit sozial-kommunikativen Herausforderungen verknüpft werden, beispielsweise indem innerhalb einer Fallstudie unterschiedliche Rollen eingenommen und in Debatten oder Pro-Contra-Gesprächen argumentativ vertreten werden. Insgesamt finden sich viele Ansatzpunkte auch innerhalb eines konventionellen Fachunterrichts, soziale Kommunikationsprozesse so zu gestalten, dass sie für die Lernenden ein Potenzial zur Entwicklung von Sozialkompetenzen darstellen.

Im Überblick ergibt sich folgende Darstellung:

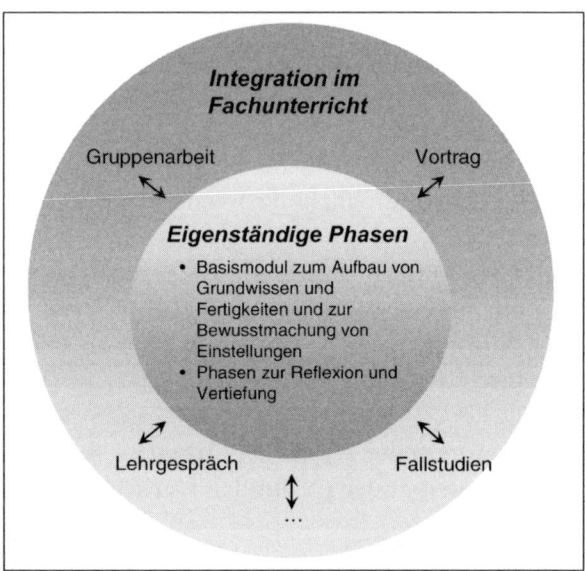

Abbildung 18: Verbindung von fächerintegrierten und eigenständigen Phasen zur Entwicklung von Sozialkompetenzen in der Schule

15 Exemplarische Illustration: Konzept zur Förderung von Teamkompetenzen

Im folgenden Kapitel wird anhand eines Beispieles dargestellt, wie die vorgängigen Ausführungen in der Praxis umgesetzt werden können. Beschrieben wird die Konzeption einer Lehrveranstaltung an der Universität St. Gallen, der die beschriebenen Konzepte zugrunde liegen. Im Rahmen dieses Kapitels können jedoch nur grobe Einblicke gegeben werden. Eine ausführliche Beschreibung der Veranstaltung findet sich bei WALZIK (2006).

15.1 Sozialkompetenzen an der Universität St. Gallen

Auch an den Universitäten gewinnen soziale Kompetenzen derzeit stark an Bedeutung. Die Begründungslinien gleichen verständlicherweise denen in der Wirtschaft: die Auflösung starrer Führungshierarchien verlangt eine immer größere Selbständigkeit der Mitarbeiter. Ein bloßes Ausführen vorgegebener Anweisungen und Hinarbeiten auf «von oben» festgesetzte Ziele wird vermehrt von Strukturen abgelöst, die Selbständigkeit der Mitarbeiter erfordert. Die größere Verantwortung des einzelnen Mitarbeiters gegenüber seinem eigenen Arbeitsprozess macht es zunehmend notwendig, sich mit Kollegen, Vorgesetzten und Geschäftspartnern abzustimmen. Daher werden heute Fähigkeiten für den zwischenmenschlichen Umgang immer wichtiger. Verstärkt wird diese Tendenz zudem durch die gewachsene Bedeutung von Kundenorientierung im Dienstleistungssektor. Schlagworte wie «Teamkompetenz» oder «Konfliktfähigkeit» gewinnen an Bedeutung und vereinigen sich schließlich in Begriffen wie «soft skills», «emotionale Intelligenz» oder «Sozialkompetenzen».

Die Universität St. Gallen (HSG) begegnet diesen veränderten Anforderungen durch eine Restrukturierung der Studienordnung. Seit dem Wintersemester 2001/2002 orientiert sich die Studienarchitektur «vertikal» am anglo-amerikanischen System und bietet nach einer zweisemestrigen Assessment-Stufe aufeinander aufbauend einen Bachelor-Abschluss und einen Master-Abschluss 1. Daneben werden in einem separaten zeitlichen Gefäß (dem so genannten «Kontextstudium») parallel zu den «konventionellen» Fächern überfachliche Kompetenzen gefordert und gefördert. Damit sind im Sinne eines «studium integrale» Kompetenzen gemeint, die horizontal zu den universitären Fachrichtungen liegen, u. a. auch Sozialkompetenzen.

Im zweiten und dritten Studienjahr – in der Bachelor-Stufe – müssen im Studiengang Wirtschaftspädagogik mindestens drei Veranstaltungen im Bereich sozialer Kompetenzen belegt werden, in der sich anschließenden Master-Stufe zwei weitere. Die didaktische Konzeption und die Durchführung dieser Kurse liegen in der Hand des Instituts für Wirtschaftspädagogik (IWP). In den nachfolgenden Kapiteln wird beschrieben, wie für diese Veranstaltungen die curriculare Fundierung und die Förderung sozialer Kompetenzen erfolgen.

15.2 Curriculare Grundlegung

Um soziale Kompetenzen gezielt fördern zu können, muss zunächst die curriculumtheoretische Frage beantwortet werden, was unter Sozialkompetenzen im Einzelnen verstanden werden soll. Das der in diesem Kapitel skizzierten Veranstaltung zugrunde liegende Verständnis wird im zweiten Teil dieses Buches ausführlich dargelegt. Nachfolgend wird insbesondere auf die Kapitel 2, 3.3, 3.4, 4.3, 4.4, 4.5 sowie 6 rekurriert.

Für die Veranstaltung wurde der Situationstyp «Kooperation in Gruppen und Teams» präzisiert (vgl. ausführlich WALZIK, 2006, S. 61-134). Das Situationstypenmodell (vgl. Abbildung 2, S. 28) wurde entsprechend differenziert (siehe Abbildung 26).

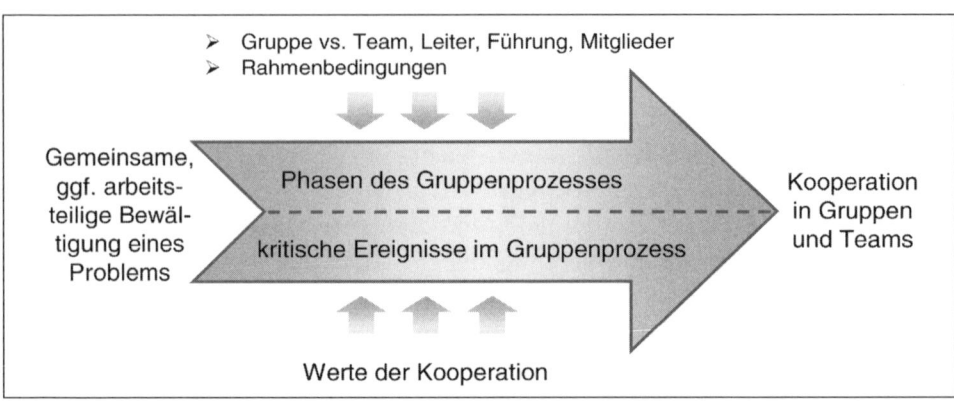

Abbildung 19: Situationstyp «Kooperation in Gruppen und Teams» (vgl. WALZIK, 2006, S. 61 ff.)

Die Problemstellung dieses Situationstyps lautete: «In einem Team kooperieren mehrere Individuen, um ein gemeinsames Problem arbeitsteilig zu bewältigen. Sie müssen dabei ggf. unterschiedliche Einzelinteressen klären und auf ein gemeinsames Ziel hin abstimmen.» Konstitutive Merkmale wären beispielsweise die Komplementarität der Fähigkeiten der Mitglieder, die gemeinsame Verantwortlichkeit oder die Gleichwertigkeit der Gruppenmitglieder. Variable Merkmale wären die Gruppengröße, die Harmonie der Ziele etc. Als Rollen finden sich schließlich in der Struktur eines Teams der Leiter (als primus inter pares) und die Mitglieder mit ihren unterschiedlichen Funktionen (zur Gruppenstruktur vgl. exemplarisch STAHL, 2002, S. 49 ff.).

Situationstypen sind weiterhin durch einen bestimmten zeitlichen Ablauf gekennzeichnet, der wiederum bestimmte kritische Ereignisse involvieren kann. Im Beispiel des Situationstyps «Kooperation in Gruppen und Teams» wären dies die Phasen des Teamentwicklungsprozesses (z. B. «Forming», «Storming», etc.) und – als eines von vielen möglichen kritischen Ereignissen – verdeckte Zielkonflikte der Teammitglieder (zum Gruppenprozess vgl. exemplarisch STAHL, 2002, S. 219 ff.).

Analog zu Situationen können auch für Situationstypen Wertausrichtungen mit Hilfe des Werte- und Entwicklungsquadrates (vgl. SCHULZ VON THUN, 2000b, S. 38 ff.) beschrieben werden. Ein wesentliches Wertequadrat für «Kooperation in Teams» wurde beispielsweise über die Schwestertugenden « (egoistische) Durchsetzung der eigenen Ziele» und « (altruistische) Anpassung an Gruppenziele» mit ihren entwertenden Übertreibungen «unterwürfige Anpassung» und «autoritär-egoistische Interessendurchsetzung» gebildet.

Entlang dieses Modells können nun soziale Handlungsanforderungen an unterschiedliche Situationstypen beschrieben werden, woraus sich schließlich wiederum Lernziele zur konkreten Förderung der entsprechenden sozialen Kompetenzen begründen lassen.

15.3 Präzisierung von Lernzielen

Die neue Studienordnung der HSG (vgl. Kapitel 15.1) sieht für den Bereich der sozialen Kompetenzen für die Bachelor-Stufe (BSt) sowie die Master-Stufe (MSt) folgende Veranstaltungsinhalte vor:

–   Präsentations- und Moderationssituationen gestalten (BSt)
–   Konfliktsituationen gestalten (BSt)
–   Teamsituationen gestalten (BSt)
–   Führungssituationen gestalten (MSt)
–   Beratungssituationen gestalten (MSt)
–   Innovationen begleiten (MSt)

In Übereinstimmung mit dieser Inhaltsstruktur wurde für jede Veranstaltung entlang des Situationstypenmodells (vgl. Abbildung 19) ein Situationstyp intensiv beschrieben. Die einzelnen Beschreibungen der Situationstypen wurden 2004 als Reihe veröffentlicht (vgl. CAPAUL & SEITZ, 2004; GOMEZ, 2004; KELLER, 2004; NÜESCH, 2004; PILZ & DÖRIG, 2004; WALZIK, 2004). Die einzelnen Situationstypenbeschreibungen umfassen je 60 bis 90 Seiten und erfüllen zwei Funktionen.

Zum einen dienen sie den Studenten als veranstaltungsbegleitendes Skriptum, welches die kognitiven Inhalte der Veranstaltung erschöpfend darstellt. Darüber hinaus sind sie Grundlage zur Begründung der Lernziele der Veranstaltung. Auf Basis einer genauen Beschreibung des Situationstyps werden relevante Anforderungen an den Situationstyp formuliert. Diese lassen sich wiederum in Form von Lernzielen (mit Verhaltens-, Inhalts- und Situationskomponente) festhalten. Die Lernziele können sich auf drei Handlungsdimensionen beziehen, die in den jeweiligen Ausführungen zum Situationstyp bereits angelegt werden:

–   Wissen über Kommunikation. Dies unterstützt die Sensibilität für Kommunikationsstörungen und deren Reflexion.
–   Fertigkeiten des aktiven kommunikativen Umgangs, d. h. Artikulations- und Interpretationsfähigkeiten sowie die Fähigkeit zur Meta-Kommunikation.
–   Werte und Einstellungen, die einer Kommunikation zugrunde liegen.

Eine solche Differenzierung liefert nun klare Ziele für die Förderung sozialer Kompetenzen. Bei dieser Form der Begründung von Lernzielen handelt es sich jedoch nicht um einen Prozess, der einer mathematischen Ableitung gleicht, sondern zwischen Situationsbeschreibung und Lernziel besteht ein interpretativer Zusammenhang, bei dem die Lernvoraussetzungen der Studenten und die Rahmenbedingungen der Veranstaltung beachtet werden. Bezogen auf einen Situationstyp werden die Lernziele auf allen drei Handlungsdimensionen formuliert. In der Veranstaltung selbst wird der Fokus – vor dem Hintergrund des im Skriptum dargestellten «Wissens» über den jeweiligen Situationstyp – auf die Förderung von Fähigkeiten und die Sensibilisierung für Werte gelegt. Die Gestaltung des Lernprozesses in Hinblick auf dergestalt fundierte Lernziele wird im folgenden Kapitel dargestellt.

15.4 Förderung sozialer Kompetenzen

Zunächst sollen einige Grundsätze zur Gestaltung des Lernprozesses dargelegt werden, bevor ihre Umsetzung anhand von ausgewählten Beispielen skizziert wird.

15.4.1 Prinzipien zur Gestaltung des Lernprozesses

«Lernen kann – wie Denken und Erkennen – als selbstgesteuerter Prozess zur Konstruktion von Wirklichkeit bezeichnet werden, wobei diese Aktivität rekursiv auf der Grundlage vorhandener Strukturen und Netzwerke erfolgt» (SIEBERT, 1999, S. 20). Lehren ist schließlich die Unterstützung des Lernprozesses. Als Grundprinzip zur Förderung sozialer Kompetenzen sollen daher – vor dem

Hintergrund eines konstruktivistischen Lernverständnisses (vgl. Bransford et al., 2002, S. 68 ff.; Gage & Berliner, 1998, S. 496 ff.; Siebert, 1999, S. 20 ff.) – Situationen geschaffen werden, die

- möglichst realitätsnah, problemhaltig und authentisch sind,
- durchaus komplex gestaltet sind,
- den Lernenden aktivieren, seine eigenen Konstrukte zu entwickeln,
- ein dynamisches Wechselspiel von Tun und Denken, von aktivem Handeln und Reflexionen über dieses Handeln, bieten.

Dem Lehrenden kommt damit die Aufgabe zu, Situationen darzubieten, die besonders geeignet sind, den Lernenden Erlebnisse und Erfahrungen in Hinblick auf die angestrebten sozialen Kompetenzen zu ermöglichen. Außerdem muss er den Reflexionsprozess der Lernenden unterstützen, die Lernenden anleiten, in sinnvoller Weise über das eigene soziale Handeln nachzudenken und es mit den angestrebten sozialen Kompetenzen zu vergleichen. Für die Gestaltung solcher authentischen Lernumgebungen wird von folgenden Annahmen ausgegangen:

- Jede private oder berufliche Umgebung setzt Sozialkompetenzen voraus – aus diesem Grunde bietet sie auch Potenziale zu ihrer (Weiter-)Entwicklung.
- Jede Lernumgebung hat neben kognitiv-fachlichen unverzichtbar auch sozial-kommunikative Bezüge. Diese können bewusst aufgenommen und zielgerichtet gestaltet werden.

Diese Überlegungen führen zum Gestaltungsmodell problemorientierten Lernens, das einen kontinuierlichen Wechsel von Erleben, Reflektieren und Erproben nahelegt (vgl. Kapitel 14.1, Abbildung 16):

Erlebnissituationen werden geschaffen, indem die Teilnehmer aufgefordert werden, eigene Erlebnisse zu schildern. Auch können Filmausschnitte gemeinsam betrachtet oder eine Situation kann schriftlich geschildert und gelesen werden. Schließlich lassen sich Rollenspiele und Simulationen entwerfen, in denen die Teilnehmer bestimmte Positionen und Aufgaben übernehmen und miteinander agieren.

Die Phase des *Reflektierens* lässt sich gestalten, indem all diese Situationen in Hinblick auf die jeweils gesetzten Lerninhalte besprochen werden. Diese Fokussierung geschieht beispielsweise durch konkrete Beobachtungsaufträge. Auch werden die Lernenden mittels Beobachtungsbogen angehalten, auf bestimmte (Verhaltens-)Merkmale besonders zu achten. Um einzelne Lernziele besonders zu vertiefen, können Rollenspiele per Video aufgenommen und dann geeignete

Filmsequenzen zur späteren Reflexion ausgewählt werden. Eine weitere Möglichkeit, die Reflexion zu unterstützen, sind schriftliche oder mündliche Kommunikationsübungen. Durch sie können Situationen auf wesentliche Lernziele reduziert werden. Hierzu können dann gezielt Aufgaben formuliert werden. Die Lernenden können diese Aufgaben nutzen, um zunächst für sich Lösungen für mögliches sozialkompetentes Handeln zu finden. Später können diese Lösungen verglichen und diskutiert werden. Ein solches «Vor-Denken» und «Nach-Denken» lässt sich in der Reflexionsphase beliebig kombinieren.

Für das *Erproben* eignen sich am besten wiederum möglichst vollständige Situationen (aus dem Alltag) und Rollenspiele. Sie werden genutzt, um Erkenntnisse aus der Reflexionsphase («Vor-Denken») einzuüben und zu vertiefen. Die Lernenden werden dabei aufgefordert, bestimmtes Verhalten auszuprobieren.

Der Lernprozess wird nun gestaltet, indem sich diese drei Phasen immer wieder abwechseln und aufeinander beziehen. Dies kann grundsätzlich in alltäglichen, realen Situationen (studentischer Alltag, «on-the-job») geschehen, wird im Rahmen des Kurses jedoch vor allem «near-the-job» (mittels an realen Situationen angelehnten Simulationen und Rollenspielen) oder «off-the-job» (mittels auf spezifische Lernziele abzielenden Kommunikationsübungen) angelegt.

Das folgende Unterkapitel gibt einen Einblick in die didaktische Konzeption des Kurses «Kooperation in Gruppen und Teams» und zeigt beispielhaft die Umsetzung der vorgängig dargestellten didaktischen Gestaltungsprinzipien auf.

15.4.2 Beispielhafte Umsetzung

Die Veranstaltung wird im Semester als Block (Workshop) über drei aufeinander folgende Tage durchgeführt. Der Grundgedanke des Konzepts besteht darin, in einer ersten Kooperationsübung wesentliche Aspekte von Kooperationssituationen beobachten zu lassen und diese Beobachtungen quasi als Wissensspeicher für die weitere Arbeit im Kurs festzuhalten. Zu Beginn wird daher eine komplexe Kooperationssituation inszeniert, die mit Hilfe von Beobachtungsaufträgen ausgewertet wird. Grundsätzlich kann an dieser Stelle jede Art von «Kooperationsspiel» verwendet werden. Da sich Gruppen- und Teamsituationen für den Einzelnen jedoch in der Regel in einem Spannungsfeld zwischen Eigeninteressen und Fremdinteressen, bzw. zwischen kooperativen und konkurrenten Handlungsmöglichkeiten, abspielen, wird eine Situation gewählt, die eben dieses Spannungsfeld aufzieht.

Die Gruppe wird in drei Untergruppen und fünf Beobachter aufgeteilt. Die drei Gruppen bekommen je unterschiedliche Ressourcen (drei abgebrochene Bleistifte; einen Spitzer; 40 kleine Papierbogen) und erhalten die Aufgabe, jeweils möglichst viele «Werbeplakate» (Papierbogen, die mit ihrem Gruppennamen beschriftet sind) zu produzieren. Hierzu dürfen sie jederzeit einen Gruppenvertreter zu Verhandlungen mit den anderen Gruppen an einen Konferenztisch entsenden. Die fünf Beobachter beobachten das Verhalten in den Gruppen und am Konferenztisch in Hinblick auf

– Werte, von denen die Kommunikation getragen ist (Auftrag 1),
– persönliche Ziele (im Gegensatz zu sachlichen Zielen) der Kooperationspartner (Auftrag 2),
– typische, wiederkehrende Situationen (Auftrag 3),
– typische Funktionen oder Typen in Kooperationssituationen (Auftrag 4) und
– förderliches und hinderliches Verhalten in Kooperationssituationen (Auftrag 5).

Die Beobachtungsergebnisse werden per Metaplankarten auf fünf Plakaten festgehalten. Im weiteren Verlauf des Kurses werden die Plakate aufgenommen und weiterentwickelt. Auf diese Weise wird eine gemeinsame Erfahrungsbasis geschaffen, die in späteren Übungen mit Bezug auf die unterschiedlichen Lernziele im Sinne eines Reflektierens und Erprobens wieder aufgenommen werden kann: Auftrag 1 bereitet die Reflexion von Teamverhalten anhand von Wertequadraten (SCHULZ VON THUN, 2000b, S. 38 ff.) vor; aus den Beobachtungen von Auftrag 2 wird später das Modell des Gruppenzielpools von STAHL (STAHL, 2002, S. 8 ff.) entwickelt. Auftrag 3 zielt darauf ab, ein Modell zur Analyse und Gestaltung von Gruppenprozessen (vgl. EXEMPLARISCH STAHL, 2002, S. 49 ff.; BARENT, 1997, S. 11; BLOCK, 2000, S. 49; FRANCIS & YOUNG, 1996, S. 21 ff.) zu erarbeiten. Auftrag 4 bereitet entsprechend Konzepte zur Analyse von Gruppenstrukturen – das Riemann-Thomann-Kreuz (Thomann et al., 2000; REDLICH, 1997, S. 32; Stahl, 2002, S. 219 ff.) und das Modell der Sozialen Architektur von Gruppen (REDLICH, 1997) – vor. Auftrag 5 schließlich soll zunächst allgemein für förderliches und hinderliches Verhalten in Gruppen sensibilisieren. Es wird sukzessive mit der Arbeit an den anderen Plakaten weiterentwickelt und geht schließlich in einem Beobachtungs- und Entwicklungsbogen auf. Entlang der Modelle zum Gruppenprozess und zur Gruppenstruktur enthält der Beobachtungs- und Entwicklungsbogen fünf bis sieben beobachtbare Verhaltenskriterien. Diese werden in Abstimmung mit allen Teilnehmern festgehalten und dienen in den Reflexions- und Erprobungsphasen als Grundlage für Feedback auf das eigene Verhalten sowie als individuelle Entwicklungsmaßstäbe.

Den gesamten Kurs an dieser Stelle umfänglich zu beschreiben, würde den Rahmen dieses Beitrags sprengen. Daher soll nachfolgend an Beispielen ein kurzer Einblick gegeben werden, in welcher Weise die einzelnen oben aufgeführten Handlungsdimensionen (vgl. Kapitel 15.3) gefördert werden.

15.4.2.1 Förderung der Handlungsdimension «Wissen»

Grundlage für die kognitiven Lernziele («Wissen») ist das Skript, welches genaue Beschreibungen der relevanten Konzepte enthält und vor Beginn der Blockveranstaltung von den Studenten gelesen wird. Da es aber nicht darauf ankommt, diese Inhalte zu reproduzieren, sondern sie flexibel in verschiedenen Situationen anzuwenden, werden im Kurs erlebte Situationen detailliert mittels der Modelle reflektiert. Das Modell des Gruppenzielpools von STAHL (STAHL, 2002, S. 20 ff.) besagt beispielsweise, dass individuelle persönliche (nicht sachliche!) Ziele und Potenziale das Verhalten jedes einzelnen in einer Gruppe stark beeinflussen und es in Kooperationssituationen entsprechend darauf ankommt, individuelle Ziele mit ihren Prioritäten aufzudecken, Übereinstimmungen und Dissonanzen zu entdecken und möglichst aufeinander abzustimmen. Vor dem Hintergrund des oben skizzierten Kooperationsspiels zu Beginn des Kurses kann dieses Modell zur Analyse der Interaktionen am «Konferenztisch» genutzt werden. Die von den Beobachtern erkannten Ziele werden aufgenommen und entsprechend ihrer Prioritäten oben (hohe Priorität) oder unten (geringe Priorität) in einem Zielpool abgebildet und nach Widersprüchen und Kongruenzen gruppiert. Die Akteure unterstützen diesen Prozess, um ein möglichst genaues Bild der Situation zu erhalten. Schließlich können die einzelnen Ziele auf ihre tatsächlichen Prioritäten und Widersprüche hin abgeklopft und alternative Szenarien diskutiert werden.

Das Modell selbst bleibt während des gesamten Workshops im Gruppenraum präsent und kann zur Analyse weiterer Übungen und konkreter (konfliktärer) Situationen im Kurs (über Umgangsformen, Inhalte, Pausenzeiten etc.) in gleicher Weise genutzt werden.

15.4.2.2 Förderung der Handlungsdimension «Fertigkeiten»

Fertigkeiten werden im Kurs vor allem in Rollenspielen und Simulationen geübt, die mittels des Beobachtungsbogens vor- und nachbereitet werden. Eine Gruppe von fünf Studenten bekommt beispielsweise die Aufgabe, die Startwoche für die Erstsemester nach ihren eigenen Wünschen neu zu gestalten. In einer halben Stunde sollen sie Ideen sammeln, ein grobes Konzept entwerfen und konkrete Aufgaben für eine (fiktive) zweite Sitzung verteilen. Bevor diese Simulation eingesetzt wird, wurden bereits Teile des gemeinsamen Beobachtungsbogens erarbeitet. Nach Kenntnis der Aufgabe haben die fünf Akteure Zeit, ihre persönlichen Potenziale und Ziele für diese Aufgabe zu reflektieren und sich zu überlegen, auf welche eigenen Verhaltensweisen sie vor dem Hintergrund des Beobachtungs- und Entwicklungsbogens besonders achten wollen. Während der Simulation ist jedem Akteur ein Beobachter zugeordnet. Auch er verwendet den Beobachtungs- und Entwicklungsbogen und gibt dem Akteur später eine Rückmeldung auf der Basis seiner Beobachtungen. Aufgrund dieses Feedbacks kann sich der Akteur wiederum neue Ziele für spätere Übungen setzen.

Für den Akteur bietet diese Verschränkung von Reflektieren (Vor-Denken und Nach-Denken) und Erproben die Möglichkeit, einzelne Verhaltensweisen im Kooperationsprozess zu entwickeln. Der Beobachter wiederum hat die Möglichkeit, Verhaltensmodelle aus der Distanz zu betrachten und für sich zu werten. Zudem schult das Beobachten anhand der vorbereiteten Kriterien das Bewusstsein für Gruppenprozesse und -strukturen.

15.4.2.3 Förderung der Handlungsdimension «Werte»

Zur Sensibilisierung für Werte des eigenen Handelns dient das bereits oben erwähnte Werte- und Entwicklungsquadrat von SCHULZ VON THUN (2000b, S. 38 ff., vgl. Abbildung 8). Ein Fragebogen unterstützt die Reflexion der persönlichen Werte in Gruppensituationen. Dieser ist folgendermaßen aufgebaut:

Zu jeder Gruppenphase (vgl. STAHL, 2002, S. 49 ff.) wurde ein Werte- und Entwicklungsquadrat entwickelt. Jeweils vier Fragen dienen dazu, die eigene Position innerhalb des Quadrates sowie die persönliche Bedeutungsbeimessung der einzelnen Phasen bewusster zu machen. Der Fragebogen erhebt dabei jedoch nicht den Anspruch einer exakten Festlegung, sondern soll Ausgangspunkt für die persönliche Auseinandersetzung mit Werten in Kooperationssituationen sein und Anlass zur Diskussion bieten.

Nach einer kurzen Besinnung zur Aktivierung persönlicher Erfahrungen in Gruppen- und Teamsituationen werden Fragebogen und Auswertungsbogen von den Teilnehmern bearbeitet. Die Interpretation erfolgt an ein bis zwei Beispielen aus dem Kurs im Plenum. Dabei kann das Prinzip des Werte- und Entwicklungsquadrats – welches detailliert im Skript beschrieben ist – vertieft werden. In der Regel ergeben sich an dieser Stelle erste Diskussionen über Möglichkeiten und Grenzen der Gruppenphasen sowie der Wertequadrate. In dieser Diskussion kann der Dozent die Teilnehmer auffordern, Beispiele aus konkreten (im Kurs oder außerhalb) erlebten Situationen anzuführen. Abschließend wird jedem Teilnehmer Zeit gegeben, sich mit seinem eigenen Bogen auseinanderzusetzen. Die Bogen werden im weiteren Verlauf des Kurses in den Reflexionsphasen zum Vor- und Nach-Denken über andere Situationen eingesetzt. Zudem werden die Studenten am Ende des Kurses aufgefordert, sich nochmals mit den eigenen

Einstellungen auseinanderzusetzen. Erfahrungsgemäß ändern sich die persönlichen Werthaltungen innerhalb des Kurses nicht, jedoch werden Sensibilitäten für einzelne Werte aufgebaut.

15.5 Der Weg zur Sozialkompetenz?

Sind die Teilnehmer nach den angebotenen Kursen «konfliktfähig», «gute Teamplayer», «geschickte Moderatoren»? – sicher ebenso wenig, wie sie nach dem Besuch einer Vorlesung zum Thema «Wirtschaftsprüfung» gute Revisoren sind. Wie andere komplexere Kompetenzen können auch Sozialkompetenzen nicht «von heute auf morgen» gelernt werden, sondern müssen sich langsam und in der Praxis entwickeln. Auch können sie nur beibehalten werden, wenn sie täglich gebraucht werden. Die Kurse des IWP bieten jedoch – durch ihre Orientierung an realen Situationen und konsequente Verschränkung von Erfahrungen und Reflexionen – gute Ausgangspunkte für die Teilnehmer, soziale Kompetenzen in ihrer alltäglichen Umgebung auszuprobieren und weiterzuentwickeln. Wie in jeder universitären Veranstaltung wird es einige Teilnehmer geben, bei denen nach kurzer Zeit bereits wesentliche kognitive Inhalte stark verblasst sind, und solche, die über den Kurs hinaus «am Ball bleiben».

Beurteilung

Diagnose von Sozialkompetenzen

5

Annette Bauer-Klebl
José Gomez
Dieter Euler
Martin Keller
Sebastian Walzik

Am Ende eines Lernprozesses steht in der Regel ein Rückblick auf die Inhalte, häufig verbunden mit dem Bedarf, den Erfolg des Lernens zu messen. Insbesondere in Schulen müssen Lernleistungen benotet werden. Sind soziale Kompetenzen integraler Bestandteil des Curriculums, besteht die Notwendigkeit, die von den Lernenden beherrschten sozialen Kompetenzen in Form einer Note oder Verbalbeurteilung festhalten zu können.

Diesem Fragekomplex widmet sich der folgende Teil, der sich in zwei Abschnitte untergliedert. Zunächst wird in Kapitel 16 die Frage der Möglichkeit einer Messung sozialer Kompetenzen näher betrachtet. Im zweiten Teil (Kapitel 17) werden zwei Messinstrumente dargestellt, die im Rahmen der Forschungsarbeit des Kompetenzzentrums «Soziale Kompetenzen» am Institut für Wirtschaftspädagogik der Universität St. Gallen entwickelt wurden.

16 Überblick: Messung von Sozialkompetenzen

In diesem Kapitel werden zunächst Funktionen der Messung von Sozialkompetenzen dargestellt (Kapitel 16.1). Darüber hinaus werden Gütekriterien bzw. Anforderungen definiert, denen jedes Diagnoseinstrument zu entsprechen hat, unabhängig davon, welche Merkmale bzw. Kompetenzen es misst. Zu nennen sind hier insbesondere die Objektivität, die Reliabilität, die Validität und die Ökonomie (Kapitel 16.2). Nach Klärung dieser Grundlagen werden auf der Basis einer umfassenden Literaturanalyse Verfahren identifiziert, die zur Messung von Sozialkompetenzen in Frage kommen, und hinsichtlich ihres diagnostischen Potenzials analysiert (Kapitel 16.3). Kapitel 16.4 fasst die Ausführungen zusammen und zieht Schlussfolgerungen für die Diagnostik sozialer Kompetenzen, wie sie im Rahmen dieses Bandes verstanden werden.

16.1 Funktionen der Sozialkompetenzmessung

Sozialkompetenzen können aus unterschiedlichen Gründen erhoben werden. Gemäß METZGER & NÜESCH (2004) werden zwei Ansatzpunkte unterschieden, die sich wie folgt visualisieren lassen:

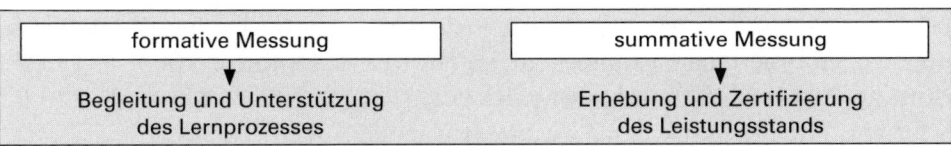

Abbildung 20: Funktionen der Sozialkompetenzmessung
(in Anlehnung an METZGER & NÜESCH, 2004, S. 5).

Einerseits haben Schulen und Bildungseinrichtungen die Aufgabe, Lernprozesse bei den Lernenden anzustoßen, zu begleiten und zu unterstützen. In diesem Zusammenhang zielen Messungen darauf, den Lernprozess auf die Zielerreichung hin zu fokussieren. So lassen sich mit einer Messung die aktuellen Lernvoraussetzungen des Lernenden erfassen – generell, im Vergleich zu seinen Mitschülern, im Vergleich zu seiner Altergruppe usw. – so dass eine Lehrkraft auf dieser Basis angemessene Lernziele formulieren bzw. für den Lernenden einen adäquaten Förderplan entwickeln kann. Zudem ermöglichen Messungen, die sich über einen längeren Zeitraum erstrecken und wiederholt durchgeführt werden, Aussagen darüber, wie sich der Kompetenzaufbau beim Lernenden innerhalb dieser Zeitspanne vollzieht.

Die Messergebnisse lassen sich damit als Rückmeldungen verstehen und ermöglichen Aussagen über angemessene Lernhilfen zur Erreichung des Kompetenzziels. Messungen mit dieser Zielausrichtung werden auch als *formative* Messungen bezeichnet.

Andererseits besteht die Aufgabe von Bildungsinstitutionen darin, Leistungen nachzuweisen bzw. zu zertifizieren und damit Berechtigungen zu erteilen oder zu verweigern. So wäre es z. B. denkbar, dass ein Lernender erneut den an der Schule angebotenen Kurs zur Moderation und Präsentation besuchen muss, weil er die dort angestrebten Kompetenzen noch nicht umfassend erworben hat. Da die Messung in der Regel einen größeren Lernprozess abschließt und nicht mehr auf die Verbesserung des Lernprozesses zielt, werden sie als *summative* Messungen bezeichnet.

Für Schulen sind beide Bereiche der Diagnostik von Bedeutung. Dies hat zur Konsequenz, dass Instrumente entwickelt werden müssen, die wiederholt einsetzbar sind bzw. die aufeinander aufbauen und deshalb auch im Rahmen einer Längsschnittdiagnose Verwendung finden können.

16.2 Gütekriterien der Sozialkompetenzmessung

Alle Diagnoseinstrumente, unabhängig davon, welche Merkmale und Kompetenzen sie messen, müssen bestimmten Anforderungen bzw. Gütekriterien in einem zu definierenden Masse genügen. Dabei lassen sich Haupt- und Nebengütekriterien unterscheiden. Erstere sind erfüllt, wenn eine Diagnose objektiv, reliabel und valide ist. Letzteren wird entsprochen, wenn eine Messung ökonomisch, nützlich, normiert und vergleichbar ist (BORTZ & DÖRING, 2003, S. 193 ff.; BÜHNER, 2004, S. 28 ff.; LIENERT & RAATZ, 1998, S. 7 ff., S. 175 ff., S. 220 ff.; SCHNELL, HILL & ESSER, 2005, S. 149 ff.).

Die Messung von Sozialkompetenzen ist dann valide bzw. gültig, wenn sie die Kompetenzen bzw. Verhaltensweisen misst, die sie tatsächlich messen soll. «Ein Test ist demnach vollkommen valide, wenn seine Ergebnisse einen unmittelbaren und fehlerfreien Rückschluss auf den Ausprägungsgrad des zu erfassenden (...) Verhaltensmerkmals zulassen» (LIENERT & RAATZ, 1998, S. 10). Das Wort «Test» wird in der empirischen Sozialforschung in unterschiedlichen Konnotationen verwendet. So definieren Lienert & Raatz im Sinne der klassischen Testtheorie den Begriff wie folgt: «Ein Test ist ein wissenschaftliches Routineverfahren zur Untersuchung eines oder mehrerer empirisch abgrenzbarer Persönlichkeitsmerkmale, mit dem Ziel einer möglichst quantitativen Aussage über den relativen Grad der individuellen Merkmalsausprägung» (1998, S. 1). In dieser Arbeit wird der Begriff «Test» weiter gefasst. In Anlehnung an Lukesch (1998) wird der Begriff auch auf nichtstandardisierte, informelle Verfahren angewendet.

Im Rahmen der Testtheorie unterscheidet man grundsätzlich drei Validitätsarten (VGL. BORTZ & DÖRING, 2003, S. 199 ff.; BÜHNER, 2004, S. 30 ff.; LIENERT & RAATZ, 1998, S. 10 ff., S. 220 ff.):

–   *Inhaltsvalidität* liegt dann vor, wenn der Inhalt eines Tests bzw. der Testitems das zu messende Merkmal hinreichend genau, d. h. in seinen wichtigsten Aspekten erschöpfend erfasst.
–   Die *Kriteriumsvalidität* besagt, inwieweit ein Zusammenhang zwischen der Messleistung und einem so genannten «Außenkriterium» besteht. Dabei korreliert man beispielsweise das Messergebnis eines Tests zur Diagnose der Berufseignung mit dem gewünschten Außenkriterium, etwa dem späteren beruflichen Erfolg, das vom Test unabhängig erhoben wird. Hohe Korrelationen weisen auf eine hohe Kriteriumsvalidität hin.
–   Durch die *Konstruktvalidität* wird bestimmt, ob die Messung auch die Kompetenz erfasst, die sie erfassen soll. Von «Konstrukt» wird deshalb gesprochen, weil sich Kompetenzen in der Regel nicht direkt messen, sondern nur aus beobachtbarem Verhalten erschließen lassen.

Messungen haben nicht nur valide, sondern auch reliabel zu sein. Damit wird der Grad der Genauigkeit umschrieben, mit dem eine spezifische Kompetenz gemessen wird, unabhängig davon, ob dieses Merkmal auch gemessen werden sollte. Es werden verschiedene Arten der Reliabilitätsermittlung unterschieden (BORTZ & DÖRING, 2003, S. 195 ff.; BÜHNER, 2004, S. 29 f.; LIENERT & RAATZ, 1998, S. 9 f., S. 180 ff.):

– Bei der Erfassung der *Halbierungsreliabilität* wird der Test in möglichst gleiche Hälften unterteilt, die in einem zweiten Schritt miteinander korreliert werden.

– *Retest-Reliabilität:* Hier wird ein Test derselben Stichprobe zu verschiedenen Zeitpunkten vorgelegt und anschließend wird die Korrelation zwischen den Ergebnissen ermittelt.

– *Paralleltestreliabilität:* Es werden zwei Testversionen entwickelt, die beide dasselbe Konstrukt abbilden. Beide Versionen werden der gleichen Stichprobe kurz hintereinander zur Bearbeitung vorgelegt. Anschließend werden die Korrelationen zwischen beiden Tests berechnet. Je ähnlicher die Ergebnisse ausfallen, d. h. je mehr vergleichbare Aufgaben bzw. Items in derselben Weise beantwortet werden, desto höher ist die Reliabilität.

Werden alle Reliabilitätsverfahren auf einen Test angewendet, ergeben sich nummerisch mehr oder weniger unterschiedliche Koeffizienten, zwischen denen jedoch bestimmte Gesetzmäßigkeiten bestehen. Die Unterschiede ergeben sich dadurch, dass jedes Verfahren eine spezifische Messfehlerart bzw. spezifische Messfehleranteile berücksichtigt.

Die Objektivität bezeichnet das Ausmaß, in dem die Messergebnisse vom Untersuchenden unabhängig sind. Es lassen sich drei Arten unterscheiden:

– Die *Durchführungsobjektivität* bezieht sich auf die Frage, inwieweit die Bedingungen während der Durchführung des Tests variieren und dadurch die Testergebnisse beeinflussen. Je standardisierter die Durchführungsbedingungen und die Untersuchungssituation sind, desto höher ist die Durchführungsobjektivität.

– Die *Auswertungsobjektivität* betrifft die Auswertung der Testwerte anhand von Regeln bzw. Kriterien, z. B. die Vergabe von Testpunkten für bestimmte Antworten. Je enger die Antwortmöglichkeiten sind, desto größer ist tendenziell die Auswertungsobjektivität.

– Die *Interpretationsobjektivität* bezieht sich auf die Frage, wie unabhängig die Interpretation der Testergebnisse von der interpretierenden Person ist.

Die Überprüfung der verschiedenen Objektivitätsarten erfolgt, indem entweder die Testergebnisse unterschiedlicher Untersucher oder die Auswertungsergebnisse unterschiedlicher Auswerter oder die Interpretationsergebnisse verschiedener Interpreten miteinander korreliert werden (BORTZ & DÖRING, 2003, S. 194 f.; BÜHNER, 2004, S. 28 f.; LIENERT & RAATZ, 1998, S. 7 f., S. 180 ff.).

Wenngleich die obigen Ausführungen den Eindruck erwecken, dass die Gütekriterien nebeneinander stehen und als additiv zu sehen sind, so besteht doch ein Zusammenhang. So ist ein Test tendenziell umso reliabler, je mehr die Durchführung eines Tests sowie seine Auswertung und Interpretation dem Anspruch der Objektivität genügen. Hohe Objektivität gewährleistet jedoch nicht per se eine hohe Reliabilität. Ist die Reliabilität gering, kann der Test nur wenig valide sein, weil das zu untersuchende Merkmal einer Person nur einen sehr ungenauen Wert liefert. Jedoch kann die Reliabilität eines Tests sehr hoch sein und seine Validität dennoch sehr gering, wenn der Test beispielsweise nicht das Merkmal misst, das er messen soll. Im Allgemeinen ist davon auszugehen, dass die Validität mit der Reliabilität wächst, wenngleich wesentlich langsamer. Allerdings gibt es hiervon Ausnahmen, wie obige Ausführungen zeigen (vgl. hierzu LIENERT & RAATZ, 1998, S. 255).

Nebst den genannten Hauptgütekriterien sind folgende Nebengütekriterien wichtig für die Beurteilung der Güte eines Tests:

- Von *Normierung* spricht man dann, wenn Angaben vorliegen, die als Bezugssystem für die Einschätzung einer Testantwort herangezogen werden können.
- Tests sind dann *vergleichbar*, wenn eine oder mehrere Parallelform(en) mit gleichen Gültigkeitsbereichen vorliegen.
- Ein Test sollte zudem *ökonomisch* sein, d. h. nur kurze Zeit zur Durchführung beanspruchen, einfach einsetzbar und zu handhaben bzw. schnell und bequem auszuwerten sein.
- Auch die *Nützlichkeit* eines Tests ist vor dem Hintergrund seiner Verbreitung wichtig, denn ein Test wird nur dann Abnehmer finden und zum Einsatz kommen, wenn es bezüglich der Merkmale, die er misst bzw. der Fragen, die er zu beantworten sucht, ein praktisches Bedürfnis gibt.

Welchen der dargestellten Gütekriterien in welchen Ausprägungen ein Messinstrument zur Erhebung von Sozialkompetenzen zu genügen hat, lässt sich nicht generell, sondern nur situativ beantworten. Welches Verfahren zur Erhebung des jeweiligen Kriteriums im Einzelfall einzusetzen ist, kann nur auf der Basis eines vorliegenden Tests und seiner Konstruktionsmerkmale beantwortet werden. Ebenso verhält es sich mit den Nebengütekriterien. Das Kriterium der Normierung setzt beispielsweise voraus, dass ein Bezugswert vorliegt, das Kriterium der Vergleichbarkeit, dass Personen wiederholt geprüft werden, das Kriterium der Objektivität, dass beispielsweise ein Einsatz durch Nicht-Spezialisten ebenfalls ermöglicht wird. Somit ist eine Einschätzung, anhand welcher Kriterien ein Test zur Messung von Sozialkompetenzen zu bewerten ist, zum jetzigen Zeitpunkt nur auf sehr allgemeiner Ebene möglich: Er sollte möglichst valide, reliabel und objektiv sein. Zudem sollte er einem Mindestmass an Ökonomie entsprechen, so dass Lehrende in der Lage sind, dieses Messinstrument ohne allzu großen Schulungs- bzw. Zeitbedarf zu verwenden. Zudem ist bei der Konzipierung zu berücksichtigen, dass die im Test abgebildeten Teilkompetenzen für schulische Fragestellungen von Bedeutung sind und von den Schulen nachgefragt werden.

16.3 Verfahren zur Messung von Sozialkompetenzen

Im folgenden Kapitel (16.3.1) werden verschiedene Kriterien zur Klassifizierung von Tests aufgezeigt und es wird ein geeignetes Klassifizierungskriterium für Verfahren zur Messung von Sozialkompetenzen begründet. Im Anschluss werden in den Kapiteln 16.3.2 und 16.3.5 verschiedene Verfahren in ihren Möglichkeiten und Grenzen zur Diagnose von Sozialkompetenzen beleuchtet. Kapitel 16.4 fasst die zentralen Ergebnisse zusammen.

16.3.1 Klassifizierungsmöglichkeiten

Es findet sich eine Vielzahl an unterschiedlichen Verfahren zur Diagnose sozialer Kompetenzen. Um einen allgemeinen Überblick zu vermitteln, werden in diesem Kapitel mögliche methodische Zugänge klassifiziert und systematisiert. Ziel ist es, einen Rahmen zu schaffen, um einzelne Messverfahren einordnen zu können. Eine solche Notwendigkeit kann sich bei der Suche nach einem passenden Instrument zur Messung sozialer Kompetenzen oder dann ergeben, wenn die Konstruktion eines geeigneten Verfahrens in Angriff genommen werden soll. Die Auswahl der Einteilungskriterien ist keineswegs abschließend. Die hier getroffene Auswahl der Klassifizierungsgründe orientiert sich einerseits an ihrer praktischen Relevanz für die Messung sozialer Kompetenzen und andererseits am oben dargestellten Sozialkompetenzverständnis.

(1) Nach den *Handlungsdimensionen* sozialer Kompetenz unterscheidet man zwischen primär *kognitiv*, *behavioral* oder *affektiv-moralisch* ausgerichteten *Diagnoseverfahren*. Kognitive Tests erfassen vor allem das Wissen über soziale Kompetenz im jeweiligen Situationstyp. Behavioral orientierte Verfahren fokussieren das gezeigte Verhalten bzw. das Können (Fertigkeiten) in sozialen Situationen, also psychomotorische Schwerpunkte im weiten Sinne. Bei den affektiv-moralischen Erhebungsverfahren stehen Aspekte des Wertens im Vordergrund, z. B. die Einstellungen im Umgang mit anderen Personen. Zu beachten ist, dass sich die Verfahren in Bezug auf die Nähe der erhobenen Daten zur eigentlich interessierenden Teilkompetenz unterscheiden (vgl. Abbildung 23, S. 162). Nach der Anzahl der erfassten Handlungsdimensionen unterscheidet man *ein- oder mehrdimensionale Tests*. Letztere bestehen in der Regel aus mehreren Subtests.

(2) Ein häufig verwendetes Abgrenzungskriterium ist die *Art des provozierten Verhaltens.* Auf der einen Seite gibt es Tests, die zu einem typischen Verhalten auffordern, also das Typische einer Person zu erfassen versuchen. In diese Kategorie gehören die *Persönlichkeitstests* (z. B. Einstellungs-, Typen-, Eigenschafts- oder Charaktertests). Entscheidend ist, dass bei Persönlichkeitstests objektive Beurteilungsmassstäbe keine Rolle spielen. Anders sieht es bei *Leistungstests,* d. h. solchen Tests aus, welche zu einem *maximalen* Verhalten auffordern (z. B. Tests zur Messung der sozialen Intelligenz, Entwicklungstests, Schultests oder Eignungstests). BORTZ & DÖRING (2003) sprechen dann von Leistungstests, «wenn Aufgaben objektiv ‹richtig› oder ‹falsch› zu beantworten sind, d. h., wenn ein Beurteilungsmassstab vorliegt» (BORTZ & DÖRING, 2003, 189). KANNING (2003) unterteilt die kognitiven Leistungstests mit Bezug auf die Sozialkompetenzmessung in zwei Gruppen: a) in Verfahren, die sich am Vorbild des klassischen Intelligenztests orientieren sowie b) in Verfahren zur Messung des Wissens um soziale Verhaltensnormen.

(3) Die Wahl der *Analyseeinheit* entscheidet darüber, ob es sich um ein *individuumsbezogenes* oder ein *gruppenbezogenes Verfahren* handelt (KANNING, 2003). Individuumsbezogene Verfahren zielen darauf ab, die soziale Kompetenz einzelner Personen zu erfassen. Gruppenbezogene Instrumente thematisieren die sozialen Interaktionen in Kollektiven wie z. B. in Arbeitsgruppen oder Schulklassen. Im Zentrum der Betrachtung gruppenbezogener Verfahren stehen somit «die zeitlich überdauernden Beziehungen und Interaktionsmuster der Gruppenmitglieder» (KANNING, 2003, S. 89). Es geht darum, ein soziales Gefüge aus der Innensicht heraus zu beschreiben. Nebst reinen individuums- oder gruppenbezogenen sind auch Verfahren vorstellbar, die sowohl Aussagen über das soziale Miteinander in einem Kollektiv als auch über einzelne Gruppenmitglieder zulassen.

(4) Tests können nach der *Form der Bewertung* in *Selbstbeurteilungs-* oder *Fremdbeurteilungsverfahren* eingeteilt werden. Bei der Selbstbeurteilung sind der Beurteilende und die Person, deren soziale Kompetenzen erfasst werden sollen, identisch. Eine Person wird mit anderen Worten gebeten, ein Selbstbild zu erstellen. Für Fremdbeurteilungsverfahren ist typisch, dass eine außenstehende Person die Sozialkompetenz des Probanden beurteilt. Häufig werden Fremdbeurteilungen durch Eltern, Lehrkräfte, Vorgesetzte oder Arbeitskollegen vorgenommen. Bestimmte Tests sind so ausgestaltet, dass für ein- und dieselbe Person sowohl eine Fremd- als auch eine Selbstbeurteilung erhoben wird.

(5) In Anlehnung an LUKESCH (1998) können Tests hinsichtlich des *Allgemein-heitsgrades ihrer Anwendung* in *standardisierte (formelle)* sowie *informelle Verfahren* eingeteilt werden. Ein Test gilt dann als standardisiert, wenn er wissenschaftlich entwickelt, in Bezug auf die wichtigsten Gütekriterien geprüft, normiert und unter Standardbedingungen durchführbar ist (vgl. LIENERT & RAATZ, 1998). In allen anderen Fällen spricht man von infor-mellen Tests. Es handelt sich hierbei um Verfahren, welche von Pädagogen oder Psychologen «für den Hausgebrauch» (LIENERT & RAATZ, 1998, S. 14) erstellt und benutzt werden.

(6) Nach ihrem *Normbezug* unterscheidet man *(sozial-)normorientierte* und *kriterienorientierte (lernzielorientierte) Tests*. Erstere setzen nach LIENERT & RAATZ (1998) das individuelle Testergebnis zum Populationsmittelwert in Beziehung und bestimmen einen so genannten Normwert. Somit geht es bei normorientierten Verfahren darum, einen Vergleich zwischen den Proban-den herzustellen, d. h. diese möglichst gut zu differenzieren. Kriterienorien-tierte Tests hingegen sollen zeigen, ob und allenfalls wie gut ein bestimmtes Kriterium (z. B. ein Lernziel) erreicht worden ist. Was die Anwendung stan-dardisierter, (sozial-)normorientierter Instrumente angeht, entbindet deren Gebrauch den Anwender in keiner Weise davon, Wertentscheidungen zu treffen. Wie KANNING (2003, S. 105) treffend ausführt, «ermöglichen die meisten Instrumente eine Quantifizierung und damit einhergehend die Posi-tionierung des Probanden auf einer Merkmalsdimension. Offen bleibt dabei die Frage, welche Position wie zu bewerten ist. Die Beantwortung dieser Frage ist keine Aufgabe des Testkonstrukteurs, sondern des Testanwen-ders, der hierbei – im Gegensatz zum Testkonstrukteur – die Spezifika des Anwendungskontextes berücksichtigen muss. (…) Normierungen, wie sie in vielen Testmanualen anzutreffen sind, helfen oft nur sehr bedingt weiter. Sie definieren zwar rein quantitativ, welche Ausprägung als normal-, unter- oder überdurchschnittlich zu gelten hat. Was üblich ist, muss jedoch keineswegs immer auch wünschenswert sein.»

(7) Nach dem *Grad der Auswertungsobjektivität*, d. h. nach dem Umfang, in dem das Ergebnis durch das subjektive Urteil des Auswerters mitbestimmt ist, können *objektive* und *nichtobjektive Verfahren* unterschieden werden. Diese Abgrenzung deckt sich praktisch mit der in *direkte (psychometrische)* und *indirekte (projektive)* Messverfahren, da direkte Tests in der Regel objektiv, indirekte im Allgemeinen nicht objektiv sind (LIENERT & RAATZ, 1998).

(8) Eine weitere Klassifizierung knüpft bei der *Art der Aufgabenbeantwortung* an. Dort, wo der Proband die Antwort auf eine Frage selber produzie-

ren muss, spricht man von *freier Aufgabenbeantwortung*. Dies trifft zu für Vervollständigungsaufgaben, Kurzantwortaufgaben, freie Bearbeitungsaufgaben und alle nichtobjektiven Verfahren. *Gebundene Aufgabenbeantwortung* bedeutet, dass der Proband aus vorgegebenen Antwortkategorien auswählen muss. Dies ist der Fall bei Richtig-Falsch-Aufgaben, Ja-Nein-Fragen, Mehrfachwahl-Aufgaben, Ratingskalen sowie Zuordnungs- bzw. Umordnungsaufgaben. Nebst der gebundenen und der freien existiert die *atypische Aufgabenbeantwortung*. Nach BÜHNER (2004) handelt es sich dabei um eine Restkategorie, der alle Antwortformate zugeordnet werden, die sich sonst nicht einordnen lassen. Abbildung 21 vermittelt einen Überblick über gebundene und freie Aufgabenformate.

Abbildung 21: Testverfahren nach dem Freiheitsgrad bei der Aufgabenbeantwortung. In Anlehnung an METZGER & NÜESCH (2004) sowie LIENERT & RAATZ (1998).

(9) Einen weiteren Anknüpfungspunkt zur Differenzierung von Testverfahren stellt die *Technik* dar, mit der die interessierenden *Daten erhoben* werden. Gemäß SCHNELL, HILL & ESSER (2005) können Daten mittels *Befragung*, *Beobachtung* oder *Inhaltsanalyse* erhoben werden. Zur Messung sozialer Kompetenzen kommen vorwiegend Befragungs- und Beobachtungsverfahren zum Einsatz.

(10) Nach der *Organisationsform* unterscheidet man zwischen *Einzel-* und *Gruppentests*. Erstere werden einer einzigen Person, Gruppentests einer ganzen Gruppe vorgelegt. Gruppentests sind nicht zu verwechseln mit den

159

weiter oben skizzierten gruppenbezogenen Verfahren. Bei den letztgenannten müssen die Gruppenmitglieder nicht zwingend zur gleichen Zeit und am gleichen Ort befragt werden.

Abbildung 22 fasst die beschriebenen Möglichkeiten zur Klassifizierung von Tests zusammen.

Kriterien	Ausprägungen		
Handlungsdimension	kognitiv	behavioral	affektiv-moralisch
provoziertes Verhalten	Persönlichkeitstest	Leistungstest	
Analyseeinheit	individuumsbezogen	gruppenbezogen	
Bewertungsform	Selbstbeurteilung	Fremdbeurteilung	
Standardisierung	standardisiert (formell)	informell	
Normbezug	(sozial-)normorientiert	kriterienorientiert	
Auswertungsobjektivität	objektiv, direkt, psychometrisch	nichtobjektiv, indirekt, projektiv	
Aufgabenbeantwortung	gebundene Aufgabenbeantwortung	freie Aufgabenbeantwortung	
Datenerhebungstechnik	Beobachtung	Befragung	Inhaltsanalyse
Organisationsform	Einzeltest	Gruppentest	

Abbildung 22: Klassifizierungsmöglichkeiten von Testverfahren

Bevor im weiteren Verlauf Verfahren zur Diagnose von Sozialkompetenzen sowie deren Möglichkeiten und Grenzen aufgezeigt werden, gilt es vorab zu klären, welche Zielsetzung hiermit verbunden ist. Anspruch soll es nicht sein, alle potenziellen Messverfahren darzulegen und dahingehend zu analysieren, inwieweit sie für die Erhebung von Sozialkompetenzen von Bedeutung sein könnten. Die Ausführungen konzentrieren sich vielmehr auf tatsächlich *angewandte* Erhebungsmethoden, wobei vor allem jene Testformen ins Visier genommen werden, welche *besonders häufig* zur Anwendung gelangen und unter den Rahmenbedingungen von Schule im Allgemeinen und des beruflichen Schulwesens im Besonderen einsetzbar sind. Im Zentrum stehen *formelle* und *objektive (direkte, psychometrische)* Instrumente. Informelle Verfahren werden dort aufgenommen, wo standardisierte Methoden weitgehend fehlen und/oder sich informelle Verfahren bewährt haben.

Die Hervorhebung formeller, objektiver Verfahren stellt kein Votum gegen informelle Methoden dar. Im Gegenteil: Informelle Verfahren besitzen zweifelsohne praktische Relevanz und Legitimation, vor allem im nichtklinischen Anwendungsbereich. Beispielsweise kommt ihnen bei der Förderung und Prüfung sozialer Kompetenzen im «Raum Schule» eine wichtige Bedeutung zu. Nach LUKESCH (1998) steht dabei die formative Funktion im Vordergrund: Informelle Verfahren sollen «eine diagnostische Funktion in einem womöglich einmaligen pädagogischen Kontext erfüllen. Sie sollen eine unterrichtsbegleitende Diagnose erlauben (formative Evaluation), die die Grundlage für didaktische Interventionen liefert (…). Der Einsatz solcher Verfahren sollte nicht primär der Selektion von Schülern dienen, sondern zum Zweck einer Veränderung der Situation, also der Anpassung unterrichtlicher Prozeduren an die augenblicklichen Lernvoraussetzungen der Schüler» (LUKESCH, 1998, S. 530). Dieser Auffassung LUKESCHS wird hier im Grundsatz zugestimmt. Die summative Evaluation von Sozialkompetenzen sollte nach Möglichkeit (auch) auf formellen Verfahren beruhen. Anzustreben ist, dass sich formative und summative Evaluationen bzw. formelle und informelle Verfahren ergänzen. Dies setzt voraus, dass sich sowohl der Konstrukteur standardisierter als auch jener informeller Verfahren stets um die bestmögliche Einhaltung der Grundprinzipien und Gütekriterien der Diagnostik bemühen, und dass sich der Testanwender der Möglichkeiten und Grenzen der von ihm eingesetzten Instrumente bewusst ist.

An diesem Punkt stellt sich die Frage, welches Klassifizierungskriterium die Darstellung der Verfahren leiten soll. Vor dem Hintergrund des ausgewiesenen Sozialkompetenzverständnisses, das auf das Handeln fokussiert und dieses auf konkreter Ebene gemäß unterschiedlicher Handlungsdimensionen bestimmt, erscheint eine Strukturierung zweckmäßig, die diesem Vorgehen entspricht. Deshalb werden im Folgenden Verfahren zur Messung von Sozialkompetenzen primär gemäß der Handlungsdimension, die sie jeweils erfassen, dargestellt. Dies hat u. a. zur Konsequenz, dass Verfahren zur Messung von Sozialkompetenzen immer vor dem Hintergrund der zu überprüfenden Dimension zu bestimmen sind.

Kognitive Leistungstests, Verhaltensbeobachtung, Verhaltensbefragung und komplexe Kompetenzindikatoren unterscheiden sich, wie aus Abbildung 23 hervorgeht, hinsichtlich der Nähe der erhobenen Daten zu den eigentlich interessierenden Handlungsdimensionen.

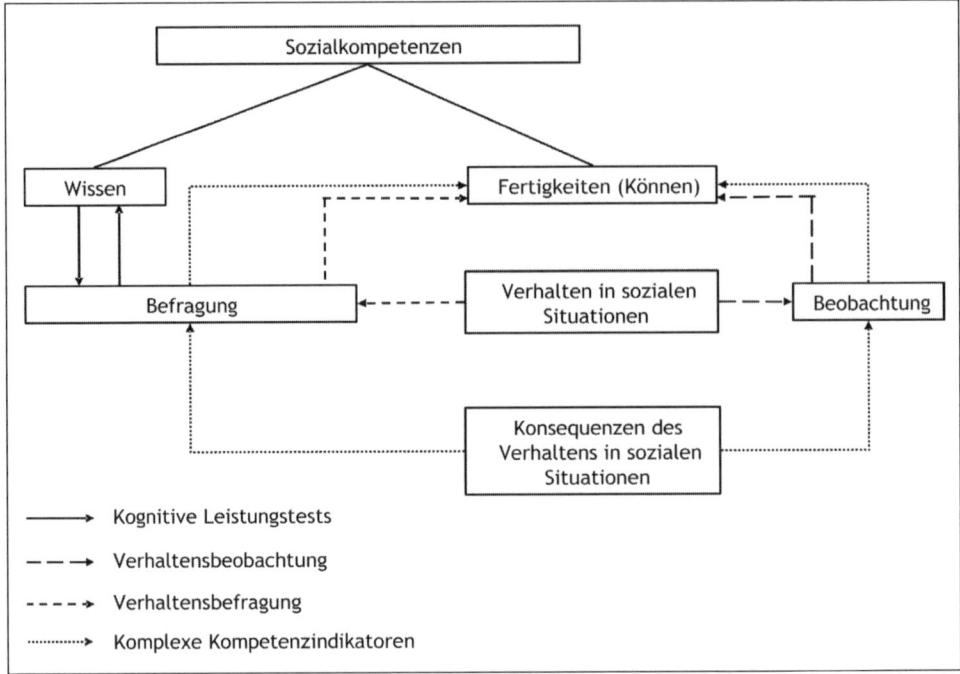

Abbildung 23: Methodische Zugänge zur Messung von Sozialkompetenzen

Die größte Nähe weisen kognitive Leistungstests auf, da sie mittels einer schriftlichen oder einer mündlichen Befragung das Wissen über soziale Kompetenz
direkt messen. Allerdings liefern kognitive Leistungstests keine Aussagen über
die sozialen Fertigkeiten einer Person. Um letztere zu erfassen, muss das Verhalten in sozialen Situationen analysiert werden. Dies kann mittels Verhaltensbeobachtung oder Verhaltensbefragung geschehen. Beobachtungsverfahren ermitteln
das sichtbare Verhalten in einer sozialen Situation und schließen daraus *indirekt*
auf die zugrunde liegenden sozialen Fertigkeiten eines Individuums. Ähnlich
wird bei der Verhaltensbefragung vorgegangen, mit dem Unterschied allerdings,
dass das Sozialverhalten nicht mehr via Beobachtung, sondern vermittelt über
ein Befragungsverfahren erfasst wird. Am weitesten entfernt von der interessierenden Handlungsdimension, d. h. den sozialen Fertigkeiten, sind komplexe
Kompetenzindikatoren. Hier beschäftigt sich der Diagnostiker nur noch mit den
Konsequenzen des Sozialverhaltens, in der Annahme, dass sich in den entsprechenden Indikatoren die sozialen Kompetenzen einer Person niederschlagen. Die
Daten werden entweder mittels Befragung oder mittels Beobachtung erhoben.

Auf eine Auflistung von Verfahren, die Einstellungen und Werte zu messen
vorgeben, wird verzichtet. Diese Entscheidung lässt sich damit begründen, dass

eine Messung von Einstellungen vor dem Hintergrund der üblichen Rahmenbedingungen von Schulen nicht angemessen gewährleistet werden kann. Sie sind nicht direkt erfassbar und auch nicht aus dem Verhalten erschließbar. Dies macht ihre Messung schwierig. Deshalb soll im Folgenden auf die beiden Dimensionen des Wissens und des Könnens (Fertigkeiten) fokussiert werden. Die Struktur der weiteren Ausführungen orientiert sich an KANNING (2003), geht aber darüber hinaus: In Kapitel 16.3.2 stehen zunächst Leistungstests zur Erfassung der *kognitiven* Handlungsdimension im Vordergrund. Gegenstand der beiden folgenden Kapitel bilden Verfahren, welche explizit das *Verhalten* in sozialen Kontexten fokussieren. In Kapitel 16.3.3 geht es um die Verhaltensbeobachtung, in Kapitel 16.3.4 um Verfahren zur Beschreibung des Sozialverhaltens auf dem Wege von Befragungen. Kapitel 16.3.5 ist den «komplexen Kompetenzindikatoren» (KANNING, 2003, S. 106) gewidmet. Es handelt sich hierbei um eine Kategorie von Instrumenten, welche die *Konsequenzen* des Sozial*verhaltens* einer Person messen, um daraus Rückschlüsse über das Ausmaß an sozialer Kompetenz ziehen zu können.

16.3.2 Kognitive Leistungstests

16.3.2.1 Beschreibung

Wissen über soziale Interaktionen lässt sich über kognitive Leistungstests erheben. Diese bilden das Konstrukt der Sozialkompetenz jedoch nicht umfassend ab, da sie Fertigkeiten und Einstellungen nicht erfassen. Die Probanden werden bei kognitiven Leistungstests mit unterschiedlichen Aufgaben konfrontiert, die sie jeweils zu bearbeiten haben. Im Gegensatz zu den Persönlichkeitstests werden bei den Leistungstests Aufgaben gestellt, bei denen angenommen wird, dass sie richtig oder falsch gelöst werden können. Entsprechend des Ausmaßes richtiger Antworten wird abschließend beispielsweise eine Punktzahl ermittelt, die eine Aussage über den Grad des vorliegenden Wissens über Sozialkompetenz ermöglicht.

Die inhaltliche Dimension, die mit Hilfe kognitiver Leistungstests geprüft werden kann, ist sehr breit. Denkbar sind alle Inhalts- bzw. Handlungsbereiche, die im Kontext einer sozialen Interaktion von Bedeutung sind und im Modell sozialer Interaktion aufgezeigt wurden. Möglich sind beispielsweise Aufgaben zur Identifikation von Situationstypen, zur Artikulation und Interpretation von Äußerungen in den verschiedenen Inhaltsbereichen, zur Geltung sozialer Regeln und Normen in sozialen Situationen, zur Identifikation und zum Umgang mit Konfliktstörungen usw.

Die kognitiven Operationen, die im Zentrum der Betrachtung stehen, sind die Wahrnehmung, die Speicherung und das schlussfolgernde Denken (KANNING, 2003, S. 39 f.). Didaktisch ausgedrückt sind Aufgaben denkbar, die Lernziele auf unterschiedlichen Taxonomiestufen (ANDERSON, KRATHWOHL & BLOOM, 2001) prüfen, von der Reproduktion von Wissen über soziale Interaktion (z. B. Nennung von Merkmalen, die den Situationstyp «Konfliktgespräch» charakterisieren) bis zur Evaluation von Problemsituationen mithilfe von Wissen über soziale Interaktion (z. B. Bewertung der Angemessenheit interaktiven Handelns).

(1) Leistungstests zur Messung kognitiver Sozialkompetenzen können grundsätzlich mündlich oder schriftlich durchgeführt werden. Mündliche Messungen lassen sich zwar schwerer vereinheitlichen und unterliegen einer höheren Zahl von psychologischen Störfaktoren als schriftliche Messungen, sie bieten jedoch u. a. den Vorteil, dass während des Prüfungsgesprächs Denkprozesse offen gelegt werden können und ein Nachfragen des Diagnostikers möglich ist (METZGER & NÜESCH, 2004, S. 103). Die in Frage kommenden Bearbeitungsformen sind dabei sehr vielfältig (vgl. hierzu Abbildung 21, S. 159): Bei Richtig-/Falsch-Aufgaben hat der Prüfling zu entscheiden, welche von zwei Antwortmöglichkeiten die angemessene ist.

(2) Bei Mehrfachwahlaufgaben stehen dem Probanden nicht nur zwei, sondern mehrere Antwortmöglichkeiten zur Auswahl.

(3) Bei der Zu- bzw. Umordnungsaufgabe sind zusammenpassende Aussagen oder Begrifflichkeiten einander zuzuordnen bzw. bestimmte Aussagen, die ungeordnet aufgeführt sind, in die richtige Reihenfolge zu bringen.

(4) Vervollständigungsaufgaben geben Antworten vor, die jedoch noch Lücken aufweisen. Diese Lücken sind mit einem Wort, einer Zahl oder einem Satz zu schließen.

(5) Bei Kurzantworten sind keine Antwortbestandteile vorgegeben. Stattdessen muss der Prüfling selbst eine Antwort formulieren, die aus einem oder wenigen Worten, einem Satz oder einer Zahl besteht.

(6) Freie Bearbeitungsaufgaben schränken den Prüfling bei der Beantwortung in der Regel nicht ein. In Abhängigkeit vom Umfang der Vorgaben in inhaltlicher («Gehen Sie auch auf mögliche Konsequenzen ein, die sich aus der konstruktivistischen Theorie für eine Interaktion ergeben.») oder in formaler Hinsicht («Stellen Sie drei Möglichkeiten dar, wie die Person auf die Provokation sinnvollerweise reagieren sollte.») lassen sich eingeschränkte und ausführliche Bearbeitungen unterscheiden. Denkbare Ausprägungen reichen von der Bearbeitung eines Kurzfalles über eine umfassende Fallbearbeitung bis hin zur Verfassung einer Projektarbeit.

Welche der dargestellten Aufgabentypen am geeignetsten zur Messung kognitiver Sozialkompetenzen sind, hängt von mehreren Faktoren ab. Zum einen stellt sich die Frage, auf welchem Anspruchsniveau Wissen über soziale Interaktionen in spezifischen Situationstypen geprüft werden soll. Zudem ist zu überlegen, ob nebst dem Ergebnis auch die Denkprozesse der Prüflinge, die mitunter sehr wichtig sein können, nachvollzogen werden sollen. Freie Bearbeitungsaufgaben lassen dies eher zu als gebundene Aufgabenformate. Diese Aspekte sind bei der Wahl des Aufgabentyps jeweils zu berücksichtigen. In Bezug auf den Entwicklungs- und Auswertungsaufwand, der mit den einzelnen Aufgabenformen verbunden ist, zeigt sich ein gegenläufiges Verhältnis: Während Auswahlaufgaben sehr viel Entwicklungsaufwand erfordern, da sie sehr genau gestellt sein müssen, sind sie relativ leicht auszuwerten, weil sich bei präzise gestellten Aufgaben eindeutig feststellen lässt, welche Antwort als richtig und welche als falsch zu bewerten ist. Bei schriftlich gestellten Aufgaben ist unter Umständen sogar eine computerbasierte Auswertung möglich. Je größer die Freiheitsgrade bei der Formulierung einer Antwort sind, desto mehr kehrt sich dieses Verhältnis um. Freie Bearbeitungsaufgaben beispielsweise sind im Verhältnis zu Auswahlaufgaben relativ ökonomisch zu konstruieren, da auf eine Passung von Fragestellung und vorgegebenen Antworten nicht geachtet werden muss. Allerdings ist der Auswertungsaufwand höher, weil freie Bearbeitungsaufgaben eine Interpretation der Antworten und einen Nachvollzug der Denkprozesse des Probanden erfordern. Auswahlaufgaben sind wegen ihres geringen Auswertungsaufwands in der Prüfungspraxis häufig anzutreffen.

Darüber hinaus gilt es zu klären, mit welchem Aufgabentyp die Einhaltung der Gütekriterien gewährleistet werden kann. Was die Objektivität betrifft, so ergibt sich hinsichtlich der Durchführungsobjektivität in Abhängigkeit vom Aufgabentyp kein Unterschied. In allen Fällen ist zu garantieren, dass für alle Prüflinge gleiche Bedingungen vorliegen. Dies ist allerdings keine Frage des Aufgabentyps an sich, sondern eine Frage der Standardisierung der Prüfungsdurchführung. Die Auswertungsobjektivität ist jedoch sehr unterschiedlich. Sie ist bei Auswahlaufgaben tendenziell hoch, da eindeutig ist, welche Antwort richtig oder falsch ist. Je mehr Freiheitsgrade beim Antworten vorliegen, desto mehr sind Interpretationen der gegebenen Antworten und Abschätzungen der Zuordnung von Punktwerten erforderlich, die von Auswerter zu Auswerter erheblich variieren können, und desto mehr besteht die Gefahr, dass die Auswertungsobjektivität nicht eingehalten wird (Mietzel, 1998, S. 415 f.).

Die Interpretationsobjektivität wiederum ist unabhängig vom Aufgabentyp. Von Bedeutung ist vielmehr, dass den Auswertungen bereits im Vorfeld spezifische Interpretationen der Leistung zugeordnet werden. Da die Reliabilität eines Tests auch von seiner Objektivität abhängt, lässt sich schlussfolgern, dass in Abhängigkeit von den Freiheitsgraden, die eine Aufgabe in Hinblick auf ihre Beantwortung bietet, die Wahrscheinlichkeit sinkt, dass diese Aufgabe reliabel ist, weil davon auszugehen ist, dass beim zweiten Messversuch andere Auswertungsergebnisse ermittelt werden. Darüber hinaus ist kein Zusammenhang zwischen Aufgabentyp und Reliabilität erkennbar. Zentraler Ansatzpunkt zur Bestimmung der Validität ist die Frage, welche Kompetenzen im Einzelnen gemessen werden sollen. Deshalb ist die Validität nicht per se vom Aufgabentyp abhängig, sondern davon, inwieweit bei einer Messung diejenigen Aufgabentypen zur Anwendung gelangen, die vor dem Hintergrund der zu messenden kognitiven Prozesse geeignet erscheinen.

Die Probleme der Bearbeitungsaufgaben in Hinblick auf die Einhaltung der Objektivität und Reliabilität sowie ihr hoher Auswertungsaufwand sind wohl der Grund dafür, warum in standardisierten Tests insbesondere Multiple-Choice-Verfahren bzw. Auswahlaufgaben zur Anwendung gelangen. Allerdings sollte hieraus keine Gesetzmäßigkeit abgeleitet werden. Auswahlaufgaben sind unter Validitätsgesichtspunkten nur dann geeignet, wenn sich in ihnen das Anspruchsniveau des zu messenden Wissens adäquat abbilden lässt.

Standardisierte, statistischen Grundsätzen entsprechende Leistungstests finden sich in der Literatur insbesondere zur Messung sozialer Intelligenz und zur Messung normbezogenen Wissens. Da erstere erhebliche Validitätsprobleme aufweisen, finden sich im deutschsprachigen Raum insbesondere letztere. Aber auch diese sind selten (KANNING, 2003, S. 33 ff.). Ein Beispiel ist das computergestützte Personalauswahlverfahren von KANNING & HOLLING (HOLLING, KANNING & HOFER, 2003; KANNING, 2003, S. 38). Es dient zur Auswahl von Bewerbern für den gehobenen Polizeivollzugsdienst beim Bundesgrenzschutz in Deutschland. Bewerber werden dabei mit einem Verhaltensbereich konfrontiert und gebeten, aus drei möglichen Verhaltensregeln diejenige auszuwählen, die für obige Organisation gültig ist. Die Summe der richtig gelösten Aufgaben bildet einen Indikator dafür, wie viel der Bewerber über die Organisation weiß.

Nebst standardisierten Tests findet sich in der Literatur eine Vielzahl informeller Tests. Beispielhaft zu nennen wären die im Rahmen des Modellversuchs «Modernisierung und Differenzierung der dualen Berufsbildung am Beispiel der Förderung von kundenorientierten Sozialkompetenzen» (DUMPERT ET AL., 2002) entwickelten Prüfungen zu den Situationstypen der Kundenberatung in Banken, der Kundenberatung in Versicherungen, der Kundenberatung im Handel und der internen Kommunikation in Industriebetrieben. Darüber hinaus sei auf all diejenigen schriftlichen und mündlichen Prüfungen verwiesen, die Lehrende täglich im Unterricht einsetzen und durchführen.

16.3.2.2 Möglichkeiten und Grenzen

Wissen allein reicht nicht, um die Facetten bzw. Dimensionen sozialer Interaktion in Situationen prognostizieren bzw. garantieren zu können. So ist es durchaus denkbar, dass ein Lernender die Kriterien kennt, die einen guten Vortrag ausmachen, er aber nicht in der Lage ist, ein diesen Kriterien entsprechendes Verhalten zu zeigen. Vorstellbar ist auch, dass ein Lernender sehr wohl weiß, dass man schwächere Teammitglieder während einer Gruppenarbeit in den Diskussionsprozess integrieren sollte, indem man diese beispielsweise für ihren Beitrag lobt, dennoch gelingt es ihm nicht, dieses Verhalten in der konkreten Situation zu zeigen. Stattdessen reagiert er ungeduldig und gereizt auf die «Begriffsstutzigkeit» des Mitschülers. «Das Wissen erscheint somit nicht als hinreichende Bedingung sozial-kompetenten Verhaltens. Gleichwohl erhöht es die Wahrscheinlichkeit für ein solches» (KANNING, 2003, S. 37), denn sein Vorliegen bietet die Möglichkeit, das eigene Handeln bewusst zu steuern und somit adäquat in einer spezifischen Situation zu handeln.

Welche der dargestellten Aufgabentypen geeigneter sind zur Messung von Wissen über soziale Interaktion, lässt sich nur logisch erschließen bzw. vor dem Hintergrund des zu messenden Konstrukts und der Anforderungen, die die Gütekriterien stellen, nur argumentativ abwägen, denn eine systematische Erforschung der Vor- und Nachteile spezifischer Aufgabentypen gibt es bisher nicht (KANNING, 2003, S. 39).

Werden kognitive Leistungstests zur Messung von Sozialkompetenzen eingesetzt, ist auf der Inhaltsebene darauf zu achten, dass die Aufgaben kontext- bzw. bereichs- und situationsspezifisch formuliert sind. Dies begründet sich bereits aus dem Begriffsverständnis von Sozialkompetenz. Diese Forderung lässt sich jedoch auch empirisch belegen. So zeigte sich, dass Tests, die sehr abstrakt, allgemein und bereichsübergreifend gehalten sind, Gefahr laufen, nur eine allgemeine intellektuelle Leistungsfähigkeit bzw. allgemeine oder verbale Intelligenz zu messen, die jedoch nur auf ganz grundlegendem Niveau für das Handeln eines Menschen in sozialen Situationen von Bedeutung ist. Demnach konnten kognitiv leistungsfähigere Personen die Aufgaben besser lösen als weniger leistungsfähige Personen, eine verlässliche Aussage hinsichtlich des Konstrukts «Soziale Kompetenz» jedoch war nicht möglich (SCHMIDT, 1995). In der Konsequenz bedeutet dies, dass die in kognitiven Leistungstests gestellten Aufgaben sinnvollerweise in konkrete Problemsituationen einzubetten sind, so dass Antworten *situatives* Wissen über soziale Interaktion und nicht nur abstraktes Wissen wiedergeben. Testitems, die diesen Anforderungen entsprechen, finden sich beispielsweise im Personalauswahlverfahren «Soziale Kompetenz» (SOKO) der Bayerischen Polizei (HOLLING ET AL., 2003, S. 132).

KANNING schlägt zudem vor, dass in Tests nicht nur Aufgaben zur sozialen Wahrnehmung, zu relevanten Gedächtnisleistungen oder zu Denkprozessen gestellt werden, wie dies in vielen, sehr abstrakt ansetzenden Tests geschehen ist, sondern dass sich in einem Test Aufgaben finden, in denen bezüglich des zu interessierenden Situationstyps alle drei kognitiven Operationen (Wahrnehmung, Speicherung, schlussfolgerndes Denken) geprüft werden (KANNING, 2003, S. 39). Dies wiederum spricht für komplexere Problemstellungen, die in situative Kontexte eingebettet sind. Zudem sollten die Situationsschilderungen Bezug zur aktuellen bzw. zukünftigen Berufs- oder Lebenssituation des Probanden aufweisen, um die Relevanz für das eigene Handeln zu verdeutlichen. Denkbar wäre es beispielsweise, eine soziale Situation verbal zu schildern oder per Video zu zeigen und hierzu Aufgaben zu stellen, die vom Prüfenden erfordern, dass er die Situation vor dem Hintergrund seines Wissens über soziale Interaktion beispielsweise in Hinblick auf vorherrschende soziale Regeln, Erwartungen usw. einschätzt, Verhaltensweisen, Mimiken und Gesten von in der Situation Agierenden interpretiert, Handlungsweisen der Agierenden hinsichtlich ihrer Geeignetheit beurteilt und mögliche Antworten wörtlich formuliert. Um dieses Vorgehen zu verdeutlichen, sei auf die kognitiven Leistungstests verwiesen, die im Modellversuch «Modernisierung und Differenzierung der dualen Berufsbildung am Beispiel der Förderung von kundenorientierten Sozialkompetenzen» entwickelt wurden (REEMTSMA-THEIS, 2002, S. 163 ff.): Die entwickelten Prüfungen erstreckten sich über 90 Minuten und bezogen sich jeweils auf einen konkreten Situationstyp. In einem ersten Teil der Prüfung wurde Wissen über Sozialkompetenz auf der Reproduktions- und Verstehensebene, z. B. über die Gestaltung der zentralen Phasen eines Beratungsgesprächs, erfragt. In einem zweiten Bereich mussten die Prüflinge ihr Wissen in bestimmten situativen Kontexten anwenden, d. h. sie mussten etwa eine konkrete Entscheidungssituation in einem Gespräch reflektieren, mögliche Entscheidungskriterien benennen und im Bezug auf die Situationsangemessenheit begründen. In einem dritten Teil wurde Wissen über die Artikulation von Äußerungen geprüft: Prüflinge hatten mögliche Antworten im Kontext einer geschilderten Situation in wörtlicher Rede niederzuschreiben. In einem vierten Teil wurde Wissen über die Interpretation von Äußerungen erhoben, indem den Prüflingen verschiedene Videosequenzen mit Kundenäußerungen gezeigt wurden. Hierbei galt es, die non-verbalen Reaktionen der Kunden und ihre Mimik und Gestik zu interpretieren und die eigene Einschätzung zu begründen. Im dritten und vierten Teil der Prüfungen wird noch keine Fertigkeit geprüft, weil diese die Anwendung in konkreten Situationen voraussetzen würde. Darüber ist bei den beschriebenen Prüfungsaufgaben keine Aussage möglich. Es wird lediglich geprüft, ob eine Person weiß, wie sie in der vorgegebenen Situation handeln sollte bzw. wie sie Äußerungen interpretieren könnte. Als Aufgabentypen kamen Kurzantwortaufgaben und freie Bearbeitungsaufgaben zur eingeschränkten Bearbeitung zum Einsatz. Zur weitestgehenden Gewährleistung der Auswertungsobjektivität wurden den Prüfern zur Bewertung der Antworten der Prüflinge präzise Musterlösungen bzw., falls keine eindeutige Antwort möglich war, Lösungshinweise an die Hand gegeben. Der Umgang mit Lösungshinweisen wurde den Prüfern erläutert und anhand konkreter Aufgaben eingeübt. Zudem wurden die Prüfungen jeweils von zwei Prüfern korrigiert und mögliche Abweichungen in der Korrektur besprochen. Eine Erhöhung der Durchführungsobjektivität wurde durch eine Standardisierung der Rahmenbedingungen erreicht, wenngleich grundsätzlich bei jeder Prüfung und bei jedem Test davon auszugehen ist, dass die Gewährleistung vollständig übereinstimmender Bedingungen für alle Teilnehmer nicht möglich ist. Inhaltsvalidität wurde erreicht, indem die Beurteilungskriterien aus den Lernzielen des Seminars begründet und allen Prüfungsteilnehmern transparent gemacht wurden.

Zusammenfassend lässt sich festhalten, dass die Messergebnisse kognitiver Leistungstests sicherlich keine Aussage über das agentive Handeln eines Probanden in einer Situation ermöglichen, dass das Vorliegen und damit die Messung von Wissen über soziale Interaktion aber durchaus sinnvoll ist, wenn in den Tests Wissen «mit Anwendungsbezug» erhoben wird. Allerdings sind Leistungstests nicht als ausschließliches Instrument zur Messung von Sozialkompetenzen geeignet. Ihre Anwendung ist auf die Messung der kognitiven Dimension von Sozialkompetenzen fokussiert und insofern auf die Diagnose des Wissens über Aspekte der sozialen Interaktion begrenzt.

16.3.3 Verhaltensbeobachtung

16.3.3.1 Beschreibung

Bei Verhaltensbeobachtungen wird das Sozialverhalten einer Person unmittelbar in einer sozialen Situation, die Bezug zur interessierenden Kompetenz hat, beobachtet. Geht es beispielsweise darum herauszufinden, inwieweit ein Schüler in der Lage ist, Konfliktgespräche mit Mitschülern und Freunden angemessen zu führen, so könnte man diesen Schüler beim Führen eines Konfliktgesprächs mit einem Freund beobachten. Allerdings ist eine einmalige Beobachtung nicht ausreichend. Um auf die Ausprägung der vorliegenden sozialen Kompetenz schließen zu können, sind gemäß dem Begriffsverständnis von Sozialkompetenzen Beobachtungen in mehreren Konfliktklärungssituationen notwendig. Beobachtungen über mehrere Situationen hinweg können entweder völlig stabile oder sich ändernde Verhaltensmuster zeigen, wobei allein die Tatsache der Stabilität oder der Veränderung kein Qualitätskriterium darstellt. Diese Identifikation von Verhaltensmustern bietet Anhaltspunkte zur Identifikation vorliegender Kompetenzausprägungen und stellt darüber hinaus eine Basis zur Bestimmung möglichen Förderbedarfs dar. Problematisch ist vor diesem Hintergrund, dass Prüfungen in Schulen Punktbetrachtungen sind. So werden beispielsweise in einer Abschlussprüfung Kundenberatungsgespräche durchgeführt mit dem Ziel, Anhaltspunkte über die Sozialkompetenzen in Kundenberatungssituationen zu erhalten. Da sich die Diagnose jedoch nur auf ein einzelnes Kundenberatungsgespräch bezieht, können auf diese Weise keine Kompetenzen ermittelt, sondern es kann lediglich aktuelles Verhalten (Performanz) diagnostiziert werden.

Beobachtungen lassen sich anhand verschiedener Kriterien differenzieren (BORTZ & DÖRING, 2003, S. 263 f., S. 267 ff.; FRIEDRICHS, 1990, S. 272 f.; INGENKAMP, 1997, S. 56 ff.). Nach der Person des Beobachters lässt sich eine Fremd- von einer Selbstbeobachtung unterscheiden. Beide können jeweils in einem natürlichen oder in einem künstlichen Kontext stattfinden. Eine Fremdbeobachtung kann dabei von einem oder mehreren Beobachtern durchgeführt werden. Mit dem Einsatz mehrerer Beobachter soll die Beobachtung in ihrer subjektiven Deutung auf eine breitere Basis gestellt werden, um auf diese Weise die Wahrscheinlichkeit von Beobachtungsfehlern zu reduzieren. Eine Fremdbeobachtung kann zudem offen oder verdeckt erfolgen. Offen ist sie dann, wenn die Probanden wissen, dass sie beobachtet werden. Bei einer verdeckten Beobachtung ist dieses Wissen nicht gegeben. Auch lassen sich Fremdbeobachtungen nach dem Grad der Teilnahme des Beobachters am Interaktionsgeschehen unterscheiden. Eine teilnehmende Beobachtung liegt vor, wenn der Diagnostiker selbst in das zu beobachtende Geschehen eingebunden ist. Als Beispiel sei ein Lehrender genannt, der während des Unterrichts die Lernenden beobachtet. Von einer nicht teilnehmenden Beobachtung spricht man dann, wenn der Diagnostiker sich komplett seinen Beobachtungsaufgaben widmen kann. Zu denken wäre etwa an eine Lehrperson, die den Unterricht eines Kollegen besucht und dabei die Lernenden beobachtet.

Darüber hinaus lassen sich Beobachtungen nach dem Grad ihrer Standardisierung unterscheiden. Freie oder nicht-standardisierte Beobachtungen verzichten in der Regel auf die Präzisierung der Beobachtungskategorie und auf die Vorgabe von Beobachtungsregeln. Stattdessen werden die situativen Bedingungen, die Ereignisabläufe und interessant erscheinenden Einzelereignisse umfassend dokumentiert sowie die Ideen und Interpretationen des Beobachters festgehalten. Freie Beobachtungen werden insbesondere dann eingesetzt, wenn es gilt, ein unerforschtes Gebiet zu erkunden. Ihr Einsatz ist somit dann sinnvoll, wenn

Hypothesen zu gewinnen und zu formulieren sind. Die freie Beobachtung ist jedoch nicht mit einer Alltagsbeobachtung zu verwechseln. Auch die freie Beobachtung folgt gewissen Grundsätzen, indem sie die Situation so umfassend wie möglich erfasst und alle Eindrücke möglichst präzise dokumentiert. Sie stellt damit eine Form der wissenschaftlichen Beobachtung dar. Für die Messung eines Konstrukts ist die freie Beobachtung weniger geeignet. Standardisierte bzw. systematische Beobachtungen, die vor allem in der professionellen Diagnostik und in der Forschung Anwendung finden, sind dagegen von einem hohen Systematisierungsgrad gekennzeichnet. So gilt es die Zielsetzung genau zu präzisieren und hiervon ausgehend das zu beobachtende Verhalten festzulegen. Darüber hinaus werden räumliche und zeitliche Rahmenbedingungen der Datenerhebung, das Protokollierungssystem sowie oftmals auch die Regeln, wie Beobachtungen zu interpretieren sind, festgesetzt. Die folgende Tabelle fasst die möglichen Differenzierungsformen zusammen:

Kriterium	Ausprägungen	
Person des Beobachters	Fremdbeobachtung	Selbstbeobachtung
Beobachtungskontext	künstliches Setting	natürliches Setting
Transparenz der Beobachtung	offen	verdeckt
Integration des Beobachters	teilnehmend	nicht teilnehmend
Anzahl der Beobachter	ein Beobachter	zwei oder mehrere Beobachter
Systematisierungsgrad der Beobachtung	standardisierte/systematische Beobachtung	freie/nicht-standardisierte Beobachtung

Abbildung 24: Differenzierungskriterien wissenschaftlicher Beobachtungen

Im Folgenden leiten die beiden Kriterien «Person des Beobachters» und «Beobachtungskontext» die Ausführungen. Die anderen Kriterien werden implizit mitgeführt.

Bei der Selbstbeobachtung wird der Proband gebeten, sein Verhalten bzw. Teile davon in spezifischen Situationen über einen festgelegten Zeitraum hinweg zu beobachten und zu dokumentieren. Inhalte der Selbstbeobachtung können dabei Verhalten, Gedanken, Gefühle und/oder jegliche Form des Erlebens im Zusammenhang mit sozialen Situationen und Ereignissen sein. Zum Einsatz gelangt die Selbstbeobachtung insbesondere bei der Fokussierung auf Verhaltensweisen, die sich der direkten Beobachtung durch andere Personen entziehen. Dies ist etwa dann gegeben, wenn das Sozialverhalten eines Schülers über mehrere Tage hinweg erhoben werden soll. Eine kontinuierliche Fremdbeobachtung über diesen langen Zeitraum ist wegen des großen Aufwands und der Reaktivität der Methode kaum möglich. Darüber hinaus kann gerade unter pädagogischen Gesichtspunkten die Kontrastierung von Selbst- und Fremdbildern bedeutsam sein, weil dadurch unter Umständen eine Sensibilisierung für bestimmte Fragestellungen und Verhaltensweisen bei Schülern ermöglicht wird und damit Lernprozesse angeregt werden können, unabhängig davon, ob die Selbstbeobachtung in einem Förder- oder Selektionskontext erfolgt.

Bei Selbstbeobachtungen in natürlichen Situationen finden häufig Formen der Tagebuchmethode Verwendung. In einem Tagebuch wird das konkrete Interaktionsverhalten eines Menschen festgehalten. Anhand des «kontrollierten Interaktionstagebuchs zur Erfassung sozialer Interaktionen, Beziehungen und Persönlichkeitseigenschaften (KIT)» von ASENDORPF & WILPERS lässt sich der Einsatz von Tagebüchern beispielhaft veranschaulichen: Jedem Probanden wird eine schriftliche Instruktion, ein Partnerbogen und je Tag ein Protokollbogen mitsamt frankiertem Briefumschlag ausgehändigt. Die Probanden werden nun gebeten, alle Interaktionen eines Tages, die eine Zeitdauer von 10 Minuten überschreiten oder emotional von besonderer Bedeutung sind, spätestens am nächsten Morgen zu protokollieren. Dabei werden Dauer und Ort des Geschehens, die Interaktionspartner sowie die Qualität der Interaktion über Ratingskalen erfasst. Der Partnerbogen dient dazu, häufig auftretende Interaktionspartner zu charakterisieren (ASENDORPF & WILPERS, 1999). Nebst dem Einsatz von Ratingskalen finden sich in Tagebüchern auch freie Darstellungen oder konkrete Fragestellungen, die mehr oder weniger hohe Freiheitsgrade bei der Beantwortung lassen. Die auf diese Weise gewonnenen Daten lassen sich in sehr vielfältiger Weise auswerten. Denkbar sind etwa das Auszählen einzelner Verhaltensweisen, das deskriptive Erfassen zeitlicher Prozesse bis hin zu Trendanalysen usw. (KANNING, 2003, S. 44). Die Daten ermöglichen die Identifikation systematischer Verhaltensäußerungen und bieten damit die Basis, um Schlussfolgerungen in Hinblick auf Interaktionsanforderungen und darauf beziehbare Sozialkompetenzen anzustellen.

Wenngleich Selbstbeobachtungen überwiegend in natürlichen Settings Anwendung finden, ist ihr Einsatz auch in künstlichen Settings denkbar. Hierbei werden Situationen, die hinsichtlich der interessierenden Kompetenzen bedeutsam sind, simuliert. Denkbar wäre es beispielsweise, ein Konfliktklärungsgespräch zwischen zwei Lernenden (nach)zuspielen und diese nach der Übung zu bitten, ihre Wahrnehmungen bezüglich ihres Verhaltens zu schildern. Meistens erfolgt die Selbstbeobachtung in künstlichen Settings wenig strukturiert. Der Einsatz differenzierter Methoden zur Erfassung der Situation ist nach KANNING (2003, S. 43) eher die Ausnahme, wohl um die Spielsituation möglichst natürlich zu halten. In diesem Fall schildern die spielenden Personen frei ihre

Beobachtungen, sie erzählen, was ihnen spontan in den Sinn kommt. Häufig stellen Selbstbeobachtungen in künstlichen Settings allerdings nur «Nebenprodukte» dar. Im Fokus der Betrachtung stehen meist Fremdbeobachtungen, die von Selbstbeobachtungen begleitet werden.

Fremdbeobachtungen sind grundsätzlich in künstlichen und in natürlichen Settings denkbar, wenngleich erstere dominieren. Ursächlich hierfür ist, dass der Aufwand, der mit der Datenerhebung in einer natürlichen Situation verbunden ist, mitunter sehr hoch sein kann. Zudem sind interaktive Prozesse des persönlichen Lebensbereichs nicht immer planbar, so dass das Führen eines Konfliktgesprächs beispielsweise deshalb nicht «live» beobachtet werden kann, weil nicht genau festlegbar ist, wann das nächste Gespräch «ansteht». Künstliche Settings sind insbesondere dann geeignet, wenn die Situation in den für das Alltagsverhalten bedeutsamen Situationsmerkmalen abgebildet und nachgestellt werden kann. So wäre vor dem Hintergrund einer authentischen Simulation eines Kundenberatungsgesprächs im Handel etwa darauf zu achten, dass der Kunde realitätsgetreu auftritt.

Während somit in natürlichen Settings die realen, für die zu messenden Teilkompetenzen bedeutsamen Situationen aufzusuchen sind, werden diese in künstlichen Settings nachgestellt bzw. simuliert. In der Assessment-Center Literatur werden vier Grundformen künstlicher Beobachtungssettings genannt (KANNING, 2003, S. 46 ff.): Das Rollenspiel, die Präsentation, die Gruppendiskussion sowie die Gruppenübung. Diese werden nachfolgend kurz dargestellt.

- Im *Rollenspiel* stellen die Akteure Situationen szenisch dar, die sie real erlebt haben oder die sich real ereignen könnten. Während erstere Variante insbesondere zur Aufarbeitung von Erlebnissen eingesetzt wird, findet die zweite Variante bei der Förderung und Diagnose von Sozialkompetenzen Anwendung. Die Aufgabe besteht dabei darin, die Situation so gut wie möglich zu bewältigen. Der Proband soll zeigen, was und wie etwas in der konkreten Situation gesagt oder getan werden könnte.
- Bei *Präsentationen* hat der Proband die Aufgabe, vor Beobachtern einen Vortrag zu halten, in der Regel unter Einsatz verschiedener Medien. Häufige Varianten sind die Fallübung, die Stegreifrede und die Selbstpräsentation.
- Bei der *Gruppendiskussion* diskutieren 3 bis 10 Personen ein vorgegebenes Thema. Auch hier ist bei der Themenwahl – analog zu den Präsentationsformen – darauf zu achten, dass das Vorwissen der Teilnehmer etwa vergleichbar ist. Mögliche Beobachtungskategorien beziehen sich auf die Charakteristika des Situationstyps: Hört ein Teilnehmer den anderen zu? Lässt er die anderen ausreden? Bezieht er Stellung? Bringt er eigene Ideen

ein? Nimmt er Bezug auf die Äußerungen der anderen? Provoziert er Konflikte? usw.

– Bei der *Gruppenübung* besteht die Aufgabe darin, in einer Gruppe gemeinsam eine Aufgabe zu lösen, etwa ein Schriftstück zu verfassen, Entwürfe zu zeichnen, Konzepte zu entwickeln usw. Da diese Anforderungen die Aufmerksamkeit der Teilnehmer oftmals sehr stark auf die Tätigkeit fokussieren, wirkt dies der Tendenz, ein Verhalten im Sinne der sozial erwünschten Selbstdarstellung zu zeigen, entgegen.

Insbesondere im betrieblichen Kontext, vor allem wenn Mitarbeiter für bestimmte Positionen ausgewählt oder neue Mitarbeiter eingestellt werden sollen, findet das Assessment-Center große Verbreitung. Es integriert die genannten Methoden zu einem diagnostischen Instrument. Ausgehend von den zu messenden Kompetenzen und den damit fokussierten Situationstypen werden jeweils passende Übungen und Aufgabenstellungen ausgewählt. Da das Assessment-Center für die schulische Situation weniger bedeutsam ist und sich zudem u. a. aus den bereits beschriebenen Grundformen zusammensetzt, soll im Folgenden hierauf nicht weiter eingegangen werden (vgl. exemplarisch KLEINMANN, 1997).

Die aufgeführten Grundformen bilden mit Ausnahme des Rollenspiels konkrete Situationstypen ab. Dies schränkt ihren Einsatz insofern ein, als sie nur dann zur Anwendung gelangen können, wenn es Kompetenzen zu messen gilt, die für den jeweiligen Situationstyp von Bedeutung sind. Anders das Rollenspiel: Es ist flexibler einsetzbar und kann in allen Situationskontexten, in denen Interaktionen betont werden, zur Anwendung gelangen. Demnach ließen sich die übrigen Beobachtungssettings als mögliche Ausprägungen des Rollenspiels interpretieren.

Die dargestellten Grundformen sind Verfahren, die häufig für aktuelle Fragestellungen neu entwickelt und auf die jeweiligen Anforderungsdimensionen zugeschnitten werden. Demnach kann man hier nicht von vollständig standardisierten Verfahren sprechen, auch wenn versucht wird, über die Festlegung des konkreten Ziels und der zu beobachtenden Kategorien ein Mindestmass an Standardisierung zu erreichen. Nebst diesen werden in der Literatur Verfahren aufgeführt, die unabhängig vom konkreten Anwendungsfall bzw. unabhängig von den konkreten Anwendern vollständig standardisiert ablaufen, wenngleich ihre Anzahl eher gering ist.

16.3.3.2 Möglichkeiten und Grenzen

«Direct observation of behavior is a cornerstone of the assessment of behavioral, social, and emotional problems exhibited by children and adolescents»

(MERRELL, 1994, S. 44). Der Vorteil der Verhaltensbeobachtung gegenüber den anderen diagnostischen Vorgehensweisen zur Erfassung sozialer Fertigkeiten besteht darin, dass das Sozialverhalten, in dem sich die sozialen Fertigkeiten einer Person ausdrücken, unmittelbar betrachtet und erfasst werden kann.

Das Potenzial der Selbstbeobachtung im Vergleich zu anderen Methoden (beispielsweise der Selbstbeschreibung oder auch der Fremdbeobachtung) besteht darin, dass sie Informationen über ganz konkretes Verhalten in exakt beschriebenen Situationen, die nicht immer unmittelbar der Fremdbeobachtung zugänglich sind, bietet. Da sich die Selbstbeobachtung auf konkret beobachtetes Verhalten richtet, ist davon auszugehen, dass die Informationen detaillierter und «exakter» sind als bei einer Selbstbeschreibung. Um jedoch zu gewährleisten, dass eine Selbstbeobachtung genau zu den gewünschten Informationen führt, sollte der Proband klare Vorgaben erhalten, welche Situation und welche konkreten Verhaltensindikatoren jeweils von Interesse sind. Allerdings überwiegt im Bereich der Verhaltensbeobachtung die Fremdbeobachtung, u. a. wohl auch deshalb, weil über eine Selbstbeobachtung nicht zu gewährleisten ist, dass das Verhalten tatsächlich in der beschriebenen Art und Weise erfolgte, d. h. sich nicht ausschließen lässt, dass die Schilderungen durch den Probanden bewusst oder unbewusst verfälscht sind. Diese Gefahr gilt jedoch nicht nur für Selbstbeobachtungen, sondern für alle Selbsteinschätzungsverfahren. Deshalb werden Selbstbeobachtungen weniger zur Überprüfung und Messung von Kompetenzen eingesetzt, wenn es darum geht, den Leistungsstand exakt zu bestimmen und unter Umständen sogar zu zertifizieren, sondern eher dann, wenn der Proband für angemessene bzw. unangemessene Verhaltensweisen sensibilisiert werden soll oder als Basis zur Bestimmung von Fördermaßnahmen. Im wissenschaftlichen Bereich finden Selbstbeobachtungen eher Verwendung im Rahmen einer Hypothesengenerierung und weniger zur Hypothesenüberprüfung.

Fremdbeobachtungen haben dahingehend den großen Vorteil, dass die erhobenen Daten sich direkt auf das konkrete Verhalten beziehen und nicht über den Probanden selbst gefiltert werden können, wie dies beispielsweise auch bei einer Befragung der Fall ist. Erfolgt die Fremdbeobachtung zudem verdeckt, lassen sich darüber hinaus Beeinflussungen durch die Untersuchungssituation vollständig ausschließen. Verhaltensweisen der Probanden im Sinne einer sozialen Selbstdarstellung sind dann beispielsweise nicht zu fürchten. Positiv hervorzuheben ist zudem, dass sich das Verhalten bei Fremdbeobachtungen ganzheitlich erfassen lässt. So sind Beobachtungen unter Umständen aussagekräftiger als Verhaltensbefragungen, weil auch die Erfassung non-verbaler Signale wie Mimik und Gestik möglich wird.

Finden Fremdbeobachtungen offen statt, ist bei der Interpretation der Ergebnisse jedoch zu berücksichtigen, dass die Datenerhebung unter Umständen zu einer Beeinflussung des Untersuchungsfelds und des Handelns der Probanden geführt hat. Dies gilt sowohl für natürliche als auch für künstliche Settings (zu möglichen Maßnahmen zur Vermeidung von Reaktanz bei Unterrichtsbeobachtungen vgl. MERRELL, 1994, S. 60). Zudem besteht bei künstlichen Untersuchungssituationen die Gefahr, dass die Situation nicht adäquat dargestellt ist oder der Proband die Situation nicht als «Ernstsituation» wahrnimmt bzw. empfindet – dies ist beispielsweise bei Situationen möglich, die in der Realität sehr emotional besetzt sind –, so dass sich Auswirkungen auf die Beobachtungsergebnisse ergeben.

Bei Beobachtungen in künstlichen Settings finden sich darüber hinaus in der Literatur keine Hinweise darüber, welche Verhaltensdimensionen sich genau mit welchen der oben aufgeführten Übungsmethoden beobachten lassen, hier lassen sich lediglich Plausibilitätsüberlegungen anstellen. Die einzelnen Übungstypen sind bisher nicht systematisch erforscht (KANNING, 2003, S. 61). Ebenso liefert die Forschung kaum Hilfestellung bei standardisierten Verfahren zur Verhaltensbeobachtung. Nur wenige Verfahren sind hierzu im Handel erhältlich. «Hierin ist jedoch kein prinzipielles Defizit zu sehen. Vielmehr zwingt die Situation den Anwender dazu, das zu tun, was im Bereich der Verhaltensbeobachtung ohnehin der beste Weg ist, nämlich ein Verfahren zu konzipieren, das genau auf die aktuelle Fragestellung zugeschnitten ist» (KANNING, 2003, S. 71).

Verhaltensbeobachtungen entfalten ihr Potenzial zur exakten Messung von Sozialkompetenzen u. a. nur dann, wenn auch bei der Entwicklung nicht standardisierter Verfahren auf die bestmögliche Einhaltung der Gütekriterien geachtet wird. Dies ist umso mehr der Fall, je systematischer die Beobachtung geplant und durchgeführt wird. Wie dies konkret beim Rollenspiel aussehen könnte, soll im Folgenden dargestellt werden. Auf die übrigen Methoden sowie auf die Beobachtung in natürlichen Settings lassen sich die Ausführungen unter Berücksichtigung ihrer je spezifischen Bedingungen jeweils übertragen.

Gemäß einer Analyse von TORGRUD & HOLBORN (1992) hängt die Validität eines Rollenspiels, aber auch die Einhaltung der anderen Gütekriterien von einer klaren Instruktion, die eindeutig und einheitlich ist sowie alle relevanten Informationen enthält, von transparenten Beurteilungskriterien sowie von einem möglichst realistischen Verhalten des instruierten Mitspielers ab. Das Kriterium der klaren Instruktion weist dabei mehrere Dimensionen auf. So ist einerseits zu gewährleisten, dass die Aufgabe, die der Proband zu bewältigen hat, vor dem Hintergrund des zu prüfenden Konstrukts bzw. der zu prüfenden Lernziele einen angemessenen Situationszuschnitt und einen adäquaten Schwierigkeitsgrad bietet. Merrell spricht hier von der Definition der Beobachtungsdomäne (vgl. Merrell, 1994, S. 57f., S. 218). Dieser Beobachtungszuschnitt muss sich dabei sowohl in der gestellten Aufgabe als auch im Beobachtungsraster widerspiegeln. Zielen die Messungen darüber hinaus darauf ab, mehrere Probanden miteinander zu vergleichen, dann müssen die Situationen, die die Probanden vorfinden, möglichst identisch und ihre inhaltlichen bzw. fachlichen Vorkenntnisse bezogen auf die Problemstellung möglichst homogen sein. Auf der Basis von Transferüberlegungen ist zudem zu gewährleisten, dass Simulationen möglichst authentisch erfolgen. Beide Aspekte fordern vom instruierten Spieler ein möglichst realitätsgetreues Verhalten. All diese Anforderungen setzen voraus, dass die Rollenspieler relativ detaillierte Rollenanweisungen erhalten, die sinnvollerweise auf Rollenspielkarten schriftlich festgehalten sind. Auf diese Weise kann gewährleistet werden, dass die jeweiligen Probanden bei wiederholter Durchführung des Rollenspiels jeweils mehr oder weniger identische Instruktionen zum Rollenspiel erhalten. Zudem hilft ein derartiges Vorgehen dem instruierten Spieler, ein über alle Rollenspiele hinweg konstantes Verhalten zu zeigen.

Da die Wahrnehmung von den jeweils subjektiven Vorerfahrungen beeinflusst ist, ist unter Objektivitäts- und Reliabilitätsgesichtspunkten möglichen Verfälschungs- und Verzerrungstendenzen vorzubeugen (bzgl. Wahrnehmungsverzerrungen und Beurteilungsfehlern vgl. exemplarisch Lohaus, 1998, S. 45 ff. oder OBERMANN, 1992, S. 184 ff.). Deshalb ist einerseits ein mehr oder weniger präzises Beobachtungsraster, das sich am zu messenden Konstrukt orientiert und aus diesem abzuleiten ist, zu entwickeln und andererseits müssen alle Beobachter genau wissen, worauf sie ihre Aufmerksamkeit zu lenken haben und wie sie ihre Beobachtungen protokollieren sollen. In der Literatur finden sich verschiedene kriterienorientierte Beurteilungsverfahren, die Beobachtungen anhand von Skalen erfassen. Sie unterscheiden sich insbesondere hinsichtlich ihres Differenziertheitsgrads, mit dem die Skalen konstruiert und definiert sind (vgl. hierzu LOHAUS, 1998, S. 22ff.; OBERMANN & BECKERS, 1992, S. 169ff.; SCHMIDT, 1995, S. 130ff.; SEYFRIED, 1995, S. 144ff.; WALZIK, 2003, S. 53ff.).

Die Sicherung der Beobachtungen ist grundsätzlich über zwei Wege denkbar: Die Beobachter halten ihre Beobachtungen bereits während des Rollenspiels fest, beobachten somit «live», oder die Simulation wird auf Video aufgezeichnet und zu einem späteren Zeitpunkt ausgewertet. Beide Wege erfordern jedoch eine Einweisung bzw. Schulung der Beobachter. BORTZ & DÖRING (2003) schlagen hierzu folgendes Vorgehen vor: In einem ersten Schritt sind die potenziellen Beobachter ohne weitere Vorkenntnisse mit einem Beobachtungsauftrag zu konfrontieren. Ziel ist es dabei, auf mögliche Wahrnehmungsverzerrungen aufmerksam zu machen sowie für den Einsatz eines standardisierten Instruments zu sensibilisieren. In einem zweiten Schritt setzen sich die potenziellen Beobachter mit den Beobachtungsindikatoren und -kategorien auseinander. Dabei ist es sinnvoll, auch den theoretischen Ansatz, der hinter dem zu messenden Konstrukt steht, offen zu legen. Dies ermöglicht es dem Beobachter, den Sinn bestimmter Verhaltensweisen in der konkreten Situation besser zu verstehen. In einem dritten Schritt sind die Beobachtungskategorien in ihrer Brauchbarkeit vor dem Hintergrund eines konkreten Beobachtungsauftrags zu überprüfen und mögliche Ursachen unterschiedlicher Kategorisierungen der einzelnen Beobachter zu klären. Abschließend gilt es das Beobachtungsraster in einer Art Generalprobe – nun unter Ernstbedingungen – einzusetzen und mögliche, noch vorliegende Unklarheiten zu beheben. Nebst der Einweisung der Beobachter ist es zudem sinnvoll, auch den Probanden die Beurteilungskriterien offen zu legen. Da das Ziel einer Messung darin besteht, das Leistungsvermögen der Spielenden bezogen auf spezifische Verhaltens- bzw. Kompetenzbereiche zu erfassen, erscheint es folgerichtig, dass die Spielenden wissen, worauf konkret geachtet wird, um ihr Verhalten darauf ausrichten zu können. Für das Assessment-Center Verfahren konnte Kleinmann (1991) in einer Studie zeigen, dass die mangelnde Transparenz der Anforderungsdimensionen die Konstruktvalidität reduziert und die Beurteilungskriterien deshalb bekannt gemacht werden sollten.

Bei der Entwicklung eines angemessenen Beurteilungsrasters ist zu berücksichtigen, dass menschliche Beobachtungskapazitäten begrenzt sind. So zeigten GAUGLER & THORNTON (1989), dass schon bei sechs Beurteilungsdimensionen die Validität der Beobachtung deutlich sinkt. LEISTEN (2002, zit. in KANNING, 2003, S. 61) konnte belegen, dass sich die Beobachter in ihrem Urteil schon dann maßgeblich nur noch von rudimentären visuellen Eindrücken leiten lassen, wenn sie innerhalb von 15 Minuten vier Bewerber in einer Gruppendiskussion auf jeweils drei Dimensionen einschätzen mussten. Dies verdeutlicht, dass ein Proband sinnvollerweise immer von mehr als einer Person beobachtet werden sollte und zudem auf eine Begrenzung der Beobachtungsdimensionen zu achten ist.

Kommen bei einer Messung mehrere Beobachter zum Einsatz, was vor dem Hintergrund der Minimierung von Wahrnehmungsfehlern zu begrüßen ist, ist darauf zu achten, dass die einzelnen Messergebnisse abgeglichen und dahingehend überprüft werden, inwieweit die Beobachtungen übereinstimmen und sich die Ergebnisse auf identische Ereignisse beziehen. Sinnvoll ist es zudem, die Beobachterübereinstimmung statistisch zu überprüfen (BORTZ & DÖRING, 2003, S. 275; MERRELL, 1994, S. 58 f.). Zur Bestimmung einer «Endbewertung» sind zwei Wege denkbar: Entweder werden unterschiedliche Einschätzungen diskutiert, wobei darauf zu achten ist, dass sich alle Beobachter einbringen und nur sachbezogene Informationen Berücksichtigung finden, oder es wird der Mittelwert der Einzelbewertungen ermittelt. Als angemessener hat sich jedoch erwiesen, die Urteilsbildung auf arithmetischem Wege zu erzielen. Dieses Vorgehen führt zu einer höheren Validität (KANNING, 2003, S. 64).

Die Ausführungen zeigen, dass das Bemühen um ein standardisiertes Vorgehen zu relativ aufwändigen Verfahren führt. Dies verdeutlicht, dass das Kriterium der Ökonomie sich nicht bzw. nicht umfassend berücksichtigen lässt, wenn gleichzeitig ein valides, reliables und objektives Vorgehen erzielt werden soll. Aber auch dann, wenn der Ökonomie weniger Gewicht zugemessen wird, können die Hauptgütekriterien nicht vollständig erreicht werden. So lässt sich beispielsweise eine vollständige Gleichheit der Durchführungsbedingungen trotz Einsatz von Rollenspielkarten nicht erzielen, da das Verhalten der Rollenspieler nicht im vollen Umfang standardisiert werden kann. So kann sich der instruierte Rollenspieler unmöglich in unterschiedlichen Situationen genau gleich verhalten. Ein derartiges Vorgehen würde darüber hinaus der Intention der Methode widersprechen, da dies ein individuelles Eingehen des instruierten Rollenspielers auf das Handeln des Probanden verhindern würde. Eine Erhöhung der Durchführungsobjektivität würde sich somit negativ auf die Validität auswirken. Zudem lässt sich nicht gewährleisten, dass trotz Beobachtungsbogen und Beobachterschulung die Beobachtung unterschiedlicher Personen zu identischen Ergebnissen führt. Auch hier ist lediglich ein Bemühen um möglichst hohe Übereinstimmung möglich.

Dass es dennoch gangbare Wege gibt, um beide Seiten in einer Balance zu halten, sei anhand der mündlichen Prüfungen verdeutlicht, die im Modellversuch «Modernisierung und Differenzierung der dualen Berufsbildung am Beispiel der Förderung von kundenorientierten Sozialkompetenzen» (DUMPERT ET AL., 2002) entwickelt wurden. Im Rahmen dieser mündlichen Prüfungen wurden praxisnahe Beratungsgespräche in Rollenspielen simuliert. Dem Prüfling kam dabei die Rolle des Verkaufsberaters zu, ein Prüfer übernahm die Rolle des Kunden und ein zweiter Prüfer beobachtete die Simulation. Durch Rollenkarten, auf denen die konkrete Problemsituation, die Vorgeschichte des Kunden, beratungsrelevante Details usw. dargelegt waren, wurden Prüfling und Prüfer auf die Situation eingestimmt. Dem Prüfling standen 15 Minuten Zeit zur Verfügung, um sich auf die Situation vorzubereiten. Das Rollenspiel selbst sollte ebenfalls 15 Minuten umfassen und wurde spätestens nach 20 Minuten abgebrochen, was jedoch keine Auswirkungen auf das jeweilige Prüfungsergebnis des betroffenen Probanden hatte. Die Beobachtung wurde über einen Beobachtungsbogen angeleitet, welcher Verhaltenserwartungsskalen enthielt. Diese wurden aus den Lernzielen des Seminars, das der Prüfung vorgelagert war, begründet. Die

Skalen waren entlang der Gesprächsphasen geordnet, so dass der Beobachter sich relativ leicht orientieren und momentan jeweils unwichtige Aspekte relativ gut ausblenden konnte. Darüber hinaus war auf dem Bogen ausreichend Platz vorhanden, um besondere Beobachtungen festzuhalten.

Die Erreichung einer angemessenen Durchführungsobjektivität wurde somit über den Einsatz von Rollenspielkarten angestrebt. Den Ansprüchen der Auswertungs- und Interpretationsobjektivität wurde durch die Schulung der Prüfer entsprochen. Zudem wurden der Beobachtungs- und der Bewertungsprozess voneinander getrennt. Die Beurteilung der Leistung des Prüflings erfolgte im gemeinsamen Diskurs zwischen den beiden Prüfern, indem sie ihre jeweiligen Einschätzungen abglichen und das gemeinsame Ergebnis auf einem weiteren Bogen festhielten. Das gemeinsame Resultat wurde dem Prüfling in einem Feedbackgespräch im Sinne einer formativen Beurteilung erläutert sowie in einem Wortgutachten bestätigt. Auch zur Verfassung der Wortgutachten wurden Schulungen durchgeführt. Inhaltsvalidität wurde erreicht, indem die Beobachtungskriterien aus den Lernzielen des Seminars begründet wurden und den Prüflingen bekannt waren (REEMTSMA-THEIS, 2002, S. 168 ff.).

Um ausgehend von den erhobenen Daten tatsächlich eine Aussage über die interessierenden Sozialkompetenzen des Probanden machen zu können, ist nebst dem Bemühen um ein standardisiertes Vorgehen bei der Erhebung zudem darauf zu achten, dass die Daten wiederholten Beobachtungen in variierenden Situationen entstammen. Nur dann lässt sich ausschließen, dass die erhobenen Informationen auf zufälliges, in der spezifischen Situation gezeigtes Verhalten, auf Reaktanzen der Untersuchungsmethode oder auf spezifische Besonderheiten der jeweiligen Situation, die über die allgemeinen Merkmale des Situationstyps hinausgehen, zurückzuführen sind. Sinnvoll wäre deshalb eine Datenerhebung in multiplen Settings und variierenden Kontexten (vgl. auch MERRELL, 1994, S. 61). Die Forderung nach multiplen Settings ist für Bildungsinstitutionen unter Ökonomiegesichtspunkten nur schwer zu erfüllen. Aber auch der Anspruch nach wiederholten Beobachtungen gestaltet sich mitunter als sehr schwierig. Während sich die wiederholte Beobachtung im Rahmen einer Selbstbeobachtung in einem natürlichen Setting noch relativ einfach bewerkstelligen lässt – der Zeitraum der Selbstbeobachtung sollte eben entsprechend lange gewählt sein – ist dies bei den anderen Varianten mit erheblichem zeitlichen und wohl auch finanziellem Aufwand verbunden. Hier ist eine Abwägung zwischen Aussagekraft und Ökonomie nötig. Im oben erwähnten Modellversuch hat man sich hierbei für die Ökonomie entschieden. Ausnahmen sind lediglich bei Fremdbeobachtungen in natürlichen Kontexten denkbar, wenn der Beobachter Teil der natürlichen Situation ist, wie dies beispielsweise bei Lehrkräften der Fall ist, die ihre Lernenden regelmäßig im Rahmen von Gruppenarbeiten usw. beobachten können. Allerdings stellt sich auch hier die Frage, in welchem Ausmaß und wie häufig diese Doppelbelastung – Lenkung des Unterrichts einerseits und standardisierte Beobachtung andererseits – zugemutet werden kann.

Abschließend lässt sich festhalten, dass Beobachtungen trotz aller Standardisierungsbemühungen «so gut wie nie einer ‹realitätsgetreuen Abbildung› des zu Beobachtenden entspricht (...). Beobachten heißt gleichzeitig, Entscheidungen darüber zu treffen, was ins Zentrum der Aufmerksamkeit rücken soll und wie das Beobachtete zu interpretieren bzw. zu deuten ist» (BORTZ & DÖRING, 2003, S. 263). Umso wichtiger ist es jedoch, dass die Auswahl des zu beobachtenden Verhaltens möglichst bewusst und kriterienorientiert erfolgt. Ist dies der Fall, dann stellt die Beobachtung, insbesondere die Fremdbeobachtung, das wohl aussagekräftigste Instrument zur Diagnose sozialer Fertigkeiten dar oder, um es mit MERREL (1994, S. 219) zu sagen: «For the (...) investigator who is serious about conducting valid assessments of child and adolescent social behaviors, mastering the basic methods of observational measurement (...) is a must.»

16.3.4 Verhaltensbefragung

16.3.4.1 Beschreibung

Wie bei den Beobachtungsverfahren werden auch bei der Verhaltensbefragung soziale Kompetenzen nicht unmittelbar gemessen, sondern aus dem Sozialverhalten einer Person erschlossen. «Dabei wird das interessierende Verhalten in der Regel nicht von professionell geschulten Beobachtern systematisch protokolliert, sondern von ‹Beobachtungslaien› im Alltag wahrgenommen und später in der diagnostischen Situation zusammenfassend beschrieben» (KANNING, 2003, S. 72). Grundlage dieser Beschreibung bildet eine schriftliche oder mündliche *Befragung*. Am häufigsten dürfte in der Praxis, so KANNING (2003), die *Interviewmethode* zum Einsatz kommen, und zwar sowohl zur *Selbst-* als auch zur *Fremdbeurteilung* von *Individuen* oder *Gruppen*. Bei der Fremdbeschreibung werden nicht die Probanden selbst, sondern Personen interviewt, welche über die fragliche Person oder Gruppe Auskunft geben können. Interviews können mehr oder weniger stark standardisiert sein, wobei teil- und nicht-standardisierte Interviewverfahren häufiger zur Anwendung kommen als voll-standardisierte Interviews. Letztere existieren nur in kleiner Zahl, denn in der Regel müssen Interviews für eine spezifische Fragestellung immer wieder neu entwickelt werden. Dabei können die nachfolgenden Kontrollfragen hilfreich sein (vgl. BOUCHARD, 1976, zit. in BORTZ & DÖRING, 2003, S. 244 ff.):

(1) Ist jede Frage erforderlich? Grundsätzlich sollten nur Fragen gestellt werden, die man auch tatsächlich auszuwerten gedenkt.

(2) Enthält das Interview Wiederholungen? Fragen, die Ähnliches erfassen, müssen einen klaren Mehrwert bringen. Ein solcher kann z. B. in der Erhöhung der Reliabilität oder in der Überprüfung von Antwortkonsistenzen bestehen.

(3) Gibt es überflüssige Fragen, in dem Sinne, dass die zu erfragenden Informationen auch auf andere Weise gewonnen werden können (z. B. durch eigene Beobachtungen)?

(4) Sind alle Fragen einfach und eindeutig formuliert und auf einen Sachverhalt ausgerichtet? Mehrdimensionale Fragen sollten in Einzelfragen zerlegt werden.

(5) Gibt es negativ formulierte Fragen, deren Beantwortung uneindeutig sein könnte?

(6) Sind die Fragen genügend konkret formuliert?

(7) Können die Befragten die Fragen überhaupt beantworten? Die Schwierigkeit und die Formulierung der Frage sollten der Zielgruppe angepasst sein.

(8) Gibt es Fragen, die die Befragten in Verlegenheit bringen könnten? Falls ja, und falls diese Fragen unumgänglich sind, sollten sie zum Ende des Interviews und mittels einfühlsamer Formulierungen gestellt werden.

(9) Welche Hilfsmittel (z. B. Gedächtnisstützen) oder Hinweise können die Durchführung des Interviews erleichtern?

(10) Sind allfällige Antwortvorgaben aus der Sicht der Befragten realistisch und wahrscheinlich? Unter Umständen ist der Einsatz sprach- und kulturspezifischer Distraktoren zu prüfen.

(11) Hat die Reihenfolge der Fragen möglicherweise einen Einfluss auf das Ergebnis? Bei Unsicherheit diesbezüglich sind Sequenzeffekte nach Möglichkeit in Pretests zu prüfen.

(12) Ist das Interview abwechslungsreich gestaltet, um die Motivation der Befragten aufrecht zu erhalten?

(13) Gibt es suggestive Fragen, also Fragen, welche bestimmte Antworten nahe legen (Beispiel: «Sie sind sicher auch der Meinung, dass …»)? Suggestivfragen sind zu vermeiden. Grundsätzlich sollte der Stil der Fragen die Befragten ermuntern, das zu sagen, was sie für richtig halten.

(14) Ist die «Polung» der Fragen ausgewogen? Positiv und negativ gepolte Fragen sollten in ausgewogener Anzahl vorkommen, um einer «Ja-Sage-Tendenz» entgegenzuwirken. Negativ gepolte Fragen sind so zu wählen, dass eine Ablehnung nicht auf eine doppelte Verneinung hinausläuft.

(15) Sind die Eröffnungsfragen richtig formuliert? Zu Beginn sollte beim Gesprächspartner mittels Einleitungsfragen das Interesse am Interview geweckt und die allgemeine Gesprächsbereitschaft angeregt werden. Um Hemmungen abzubauen können so genannte Kontakt- und «Eisbrecherfragen» gestellt werden.

(16) Ist der Abschluss des Interviews genügend durchdacht? Biografische Angaben gehören grundsätzlich an den Schluss. Der Interviewer sollte sich zudem beim Befragten bedanken und das Gespräch in einer entspannten Atmosphäre beenden.

Zusätzlich oder an Stelle von Interviews werden zur Messung von Sozialkompetenzen laut KANNING (2003) häufig *individuumsbezogene, standardisierte Fragebogen zur Selbstbeschreibung* eingesetzt. In den meisten Fällen handelt es sich um Fragebogen mit *gebundener Aufgabenbeantwortung*, bei denen eine Person ihr Sozialverhalten entlang vorgegebener Items durch Ankreuzen auf einer mehrstufigen Ratingskala beschreibt. Ein Beispiel ist der von BUHRMEISTER, FURMANN, WITTENBERG & REIS (1988) entwickelte und von RIEMANN & ALLGÖWER (1993) ins Deutsche übersetzte Interpersonal Competence Questionnaire (ICQ, vgl. vertiefend KANNING, 2003; MERREL, 1994 oder ERPENBECK & VON ROSENSTIEL, 2003). Es handelt sich hierbei um einen formellen Test, der im Gegensatz zu den meisten anderen standardisierten Instrumenten ausschließlich soziale Kompetenzen fokussiert. Konkret erfasst der ICQ das Sozialverhalten einer Person über insgesamt fünf Dimensionen, bestehend aus jeweils acht Items (vgl. Abbildung 25).

Dimension	Beispielitems
Initiierung von Interaktionen und Beziehungen	«Einem Kollegen vorschlagen, dass wir gemeinsam etwas unternehmen»
Behauptung persönlicher Rechte und Fähigkeit, andere zu kritisieren	«Nein sagen, wenn ein Freund mich um etwas bittet, das ich nicht tun möchte»
Preisgabe persönlicher Informationen	«Etwas sehr Persönliches von mir in einer Unterhaltung mit einer neuen Bekanntschaft preisgeben»
Emotionale Unterstützung anderer	«Fähig sein, geduldig und einfühlsam einem Freund zuzuhören, wenn dieser Dampf ablässt über Probleme, die er mit anderen hat»
Effektive Handhabung interpersonaler Konflikte	«In der Lage sein, zuzugeben, dass ich mich vielleicht im Irrtum befinde, wenn eine Auseinandersetzung mit einem engen Freund in einen ernsthaften Streit ausartet»
Fünfstufige Antwortskala von 1 «gelingt mir gar nicht» bis 5 «gelingt mir gut»	

Abbildung 25: Beispielitems aus dem Interpersonal Competence Questionnaire (ICQ), vgl. KANNING (2003, S. 88).

Schriftliche Befragungen zur Diagnose sozialer Kompetenzen basierend auf *gruppenbezogenen Selbstbeschreibungen* oder *individuums- oder gruppenbezogenen Fremdbeschreibungen* sind selten. Beispiele finden sich bei KANNING (2003, S. 89 ff.). Dies bedeutet jedoch nicht, dass solche Instrumente zur Erfassung sozialer Kompetenzen weniger geeignet sind. Bei der Analyse von Gruppenprozessen beispielsweise können gruppenbezogene Verfahren einen zusätzlichen Erkenntnisgewinn bringen. Individuumsbezogene Fremdbeschreibungen wiederum können dazu dienen, das Selbstbild mit einem Fremdbild zu kontrastieren. Dies kann dem Einzelnen helfen, das eigene Verhalten bzw. die Wirkung desselben auf andere Personen zu hinterfragen.

Als Beispiel für ein gruppenbezogenes Verfahren sei das Teamklima-Inventar (TKI) von BRODBECK, ANDERSON & WEST (2000) angeführt. Es ermöglicht eine direkte Gruppendiagnose, indem jedes Gruppenmitglied gebeten wird, die Gruppe als Ganzes und nicht das eigene Verhalten zu beurteilen.

16.3.4.2 Möglichkeiten und Grenzen

Wie KANNING (2003, S. 29) zu Recht anmerkt, steht und fällt «die Qualität der Verhaltensbefragung (…) mit der Fähigkeit und Bereitschaft des Beschreibenden, sich gegen die systematischen Fehler und Verzerrungen seiner eigenen Urteilsbildung zu wappnen». Dies gilt auch dann, wenn Antwortalternativen vorgegeben und die Antworten standardisiert erfasst werden. Die Befragten können sich zum einen verstellen und bewusst falsch antworten. Darüber hinaus können Testergebnisse von den Probanden aber auch unbemerkt und unkontrolliert verfälscht werden. Grundsätzlich ist davon auszugehen, dass, «die Verwertbarkeit von Testergebnissen generell von der Kooperationsbereitschaft der Testperson, der Zusammenstellung und Formulierung der Testitems sowie der Testsituation abhängt» (BORTZ & DÖRING, 2003, S. 231).

BORTZ & DÖRING (2003) heben drei mögliche Fehlerquellen hervor, die bei allen Testverfahren und in akzentuierter Form bei Befragungen zu einer Verfälschung der Ergebnisse führen können: Die Selbstdarstellung, die soziale Erwünschtheit sowie Antworttendenzen. *Selbstdarstellung* (Impression Management oder Self Presentation) ist eine Form der Informationskontrolle und bedeutet, dass sich die befragten Personen sehr wohl überlegen, was sie mitteilen wollen und was nicht. Vor allem bei Selbstbeschreibungsverfahren neigen Probanden dazu, sich so darzustellen wie sie gerne wären. Gemäß MUMMENDEY (1990, zit. in BORTZ & DÖRING, 2003) ist die Selbstdarstellung vom Adressaten abhängig. Daraus leitet er für den Forscher die Forderung ab, die eigene Selbstdarstellung (z. B. die Präsentation des eigenen Forschungsprojekts) gut zu überdenken. Eine zweite Forderung geht dahin, Rahmenbedingungen zu schaffen, welche den Befragten die Auseinandersetzung mit der eigenen Person (vor allem im Rahmen von Selbstbeurteilungen) erleichtern. Negative Aspekte beispielsweise können «leichter zugelassen werden, wenn Probanden damit einen Lernerfolg (Selbsterkenntnis) verbinden» (BORTZ & DÖRING, 2003, S. 232). Und schließlich sind Selbstdarstellungseffekte, wie BORTZ & DÖRING (2003, S. 232 f.) betonen, nicht nur als Fehler nutzbar, sondern auch als Informationsquellen: Wenn jemand sich darstellt, wie er gerne wäre, kann dies nicht nur als Selbst- oder Fremdtäuschung, sondern auch als eine Art Wunschvorstellung über die eigene, zukünftige Entwicklung aufgefasst werden. MARKUS & NURUSIUS (1986) sprechen in diesem Zusammenhang von «Possible Selves». Im Rahmen von Lehr-Lernprozessen können «Possible Selves» als Ansatzpunkte für Fördermaßnahmen genutzt werden.

Eine Sonderkategorie der Selbstdarstellung ist das Antworten im Sinne der *sozialen Erwünschtheit* (Social Desirability). Ursache dafür ist die Angst des Befragten vor sozialer Verurteilung. Deshalb orientiert er seine Antworten an gesellschaftlichen Erwartungen bzw. Normvorstellungen. Es existieren verschiedene Methoden, um das Problem der sozialen Erwünschtheit zu verringern. BORTZ & DÖRING (2003) erwähnen zum einen die Möglichkeit, mit Zusatzinstruktionen die Befragten zu korrektem Antwortverhalten aufzufordern. Interessant ist ihr Hinweis, dass Zusatzinstruktionen keine größere Wirkung entfalten als die Zusicherung von Anonymität. Eine weitere Möglichkeit, um sozial erwünschtem Antwortverhalten entgegen zu wirken, besteht bei gebundenen Antwortformaten darin, Kontrollskalen bzw. Lügenitems in den Test einzubauen. «Sie erfassen typischerweise Eigenschaften oder Verhaltensweisen, die allgemein negativ (bzw. positiv) beurteilt werden, aber doch so oft (bzw. selten) vorkommen, dass eine ablehnende (bzw. zustimmende) Antwort unglaubwürdig erscheint (z. B. «Manchmal benutze ich Notlügen» – Antwort: «Nein»; «Ich bin immer freundlich und hilfsbereit» – Antwort: «Ja»)» (BORTZ & DÖRING, 2003, S. 234). Als weitere Maßnahmen dienen «ausbalancierte Antwortvorgaben», die Konstruktion von «objektiven Tests», bei denen das Testziel durch die Wahl bestimmter Aufgaben und Techniken der Auswertung undurchschaubar gemacht wird sowie die «Random Response Technik». Eine ausführliche Darstellung geben BORTZ & DÖRING (2003, S. 233 ff.).

Die meisten Instrumente zur Messung sozialer Kompetenzen machen gemäß KANNING (2003) von den Möglichkeiten zum Umgang mit sozial erwünschtem Antwortverhalten wenig Gebrauch. Andererseits muss aber davor gewarnt werden, die dargestellten Maßnahmen als «Patentrezepte» zu verstehen. Erwähnenswert ist der Hinweis von KANNING (2003, S. 125), dass man auch die Fähigkeit zur sozial erwünschten Darstellung als soziale Kompetenz begreifen kann: «Wer in der Lage ist, sich vorteilhaft zu präsentieren, kann sich in andere Menschen hineindenken, soziale Prozesse verstehen und darüber hinaus auch sein eigenes Verhalten zielgerecht steuern».

Antworttendenzen (Response Sets) stellen die dritte von BORTZ & DÖRING (2003) genannte Fehlerquelle dar. Problematisch ist bei gebundenen Antwortformaten zum Beispiel, wenn eine Person unabhängig vom Item-Inhalt zustimmend (Ja-Sage-Tendenz bzw. Akquieszenz) oder ablehnend (Nein-Sage-Tendenz) antwortet. Bei der Verwendung von Ratingskalen führt ein solches Verhalten zu Antworten im Extrembereich. Möglich ist auch eine Tendenz zur Mitte. Dies ist bei Probanden der Fall, die zu einer differenzierten Beurteilung nicht willens oder in der Lage sind. Eine stereotype Reaktionsweise kann auch darin bestehen, Items systematisch zu überspringen, was zu fehlenden Werten (Missing Data) führt und die statistische Auswertung erschwert. JACKSON (1967, zit. in BORTZ & DÖRING, 2003, S. 236) empfiehlt zur Vermeidung von Akquieszenz «möglichst eindeutige Itemformulierungen, abgestufte Antwortmöglichkeiten (also keine einfachen «Ja-Nein»-Fragen) und eine ausbalancierte Schlüsselrichtung der Fragen». DIEKMANN (2003, S. 387) schlägt vor, «Items sowohl positiv als auch negativ in Richtung auf die Zieldimension zu polen». Als Folge davon wird sich eine starke Ja-Sage-Tendenz bei der Konsistenzanalyse in niedrigen Reliabilitätskoeffizienten niederschlagen. Darüber hinaus können Antwortmuster ausgewertet und inhaltsunabhängige Antwortstile identifiziert werden. Allerdings ist zu beachten, dass das Vorliegen eines bestimmten Antwortmusters nur einen Indikator für eine Antworttendenz darstellt. BORTZ & DÖRING (2003) entschärfen das Problem der Ja-Sage-Tendenz durch den Hinweis, dass Akquieszenz die Güteeigenschaften eines Tests nur unbedeutsam verändert. Für den Bereich der Persönlichkeitstests konnte BUSE (1980, zit. in BORTZ & DÖRING, 2003, S. 236) zeigen, dass die Validität eines Tests nicht von der Neigung einer Person zum Ja-Sagen abhängt.

Trotz der genannten Fehlerquellen sind Verhaltensbefragungen zur Messung sozialer Kompetenzen sinnvoll, denn sie verfügen im Vergleich zu anderen Verfahren über eine ganze Reihe von Vorzügen. Ein in der diagnostischen Praxis nicht zu unterschätzender Vorteil liegt in der Ökonomie der Datenerhebung. Standardisierte Verfahren zur Verhaltensbefragung eignen sich in besonderem Masse dazu, innerhalb kurzer Zeit bei vielen unterschiedlichen Probanden eine Vielzahl von Informationen mit vergleichsweise geringem personellem und materiellem Aufwand einzuholen. Anders als bei der Verhaltensbeobachtung ist zudem keine spezielle Schulung der Testanwender erforderlich. Für die Durchführung der Messung reicht ein grundlegendes, diagnostisches Wissen aus. Ein weiterer, entscheidender Vorteil besteht in der Möglichkeit, das Sozialverhalten in Alltags- bzw. Realsituationen zu erfassen. In Kapitel 16.4 wurde erwähnt, dass Schlussfolgerungen aus dem Sozialverhalten in einzelnen Situationen auf die vorhandenen Sozialkompetenzen nur möglich sind, wenn man über eine Vielzahl von Interaktionen bzw. Situationen hinweg abstrahiert. Beschreibungsverfahren haben im Vergleich zu Fremdbeobachtungsverfahren den großen Vorteil, dass eine solche Abstraktion über die Formulierung unterschiedlicher Fragebogenitems möglich wird, währenddem bei Fremdbeobachtungsverfahren das Sozialverhalten unmittelbar in mehreren Situationen beobachtet werden muss.

Für den Einsatz von Selbstbeschreibungsverfahren spricht die Tatsache, dass «Menschen (…) nicht auf der Basis der objektiven Gegebenheiten, sondern vor dem Hintergrund ihrer subjektiven Wahrnehmung und Interpretation derselben (handeln). Will man menschliches Verhalten verstehen und nicht nur – wie z. B. in der Personalauswahl – bewerten, so ist die Messung des Subjektiven unerlässlich» (KANNING, 2003, S. 104). Nach MERRELL (1994) eignen sich objektive Tests zur Selbstbeschreibung sehr gut für das «Screening» sowie dazu, die Notwendigkeit ergänzender Untersuchungen und den Einsatz weiterführender Messverfahren zu eruieren. Selbstbeschreibungsverfahren stellen deshalb vielfach den ersten Schritt im Rahmen einer mehrdimensionalen, ganzheitlichen Sozialkompetenzdiagnostik dar. Nach Auffassung von SCHULER (1989) können Selbstbeurteilungen vor allem dann gewinnbringend eingesetzt werden, wenn die Probanden damit keine negativen Folgen verbinden. Deshalb müsse der Akzeptanz der Befragung durch die Betroffenen eine erhöhte Aufmerksamkeit gewidmet werden.

16.3.5 Komplexe Kompetenzindikatoren

16.3.5.1 Beschreibung
Komplexe Kompetenzindikatoren erheben die *Konsequenzen* des Sozialverhaltens einer Person. «Der Begriff ‹komplex› soll dabei verdeutlichen, dass keine einfache, lineare Beziehung zwischen den Kompetenzen auf der einen Seite und den Konsequenzen eines Sozialverhaltens auf der anderen Seite besteht, da die Konsequenzen einer Handlung auch vom Verhalten der Interaktionspartner sowie den Spezifika des räumlich-zeitlichen Kontextes abhängen» (KANNING, 2003, S. 106). Außerhalb des klinischen Anwendungskontextes kommen komplexe Kompetenzindikatoren vor allem in Gestalt biografischer Fragebogen, Tagebücher und soziometrischer Verfahren vor (vgl. KANNING, 2003).

Biografische Fragebogen erheben auf dem Wege der Selbsteinschätzung Fakten aus der Vergangenheit und versuchen daraus Schlüsse über die soziale Integration oder das Sozialverhalten einer Person zu ziehen. Beispielsweise könnte man vermuten, dass eine Person, die in vielen Vereinen tätig war, Gruppen geleitet hat und sozial engagiert ist, über genügend soziale Kompetenzen verfügt, um diverse soziale Situationen meistern zu können. Biografische Fragebogen kommen vor allem in der organisationspsychologischen Praxis bei der Personalselektion zum Einsatz.

Tagebücher werden dann der Kategorie der komplexen Kompetenzindikatoren zugeordnet, wenn sie die Häufigkeit und die Qualität der sozialen Interaktionen des Probanden und nicht das Sozialverhalten selbst erfassen (zur Tagebuchmethode vgl. vertiefend LAIREITER & THIELE, 1995).

Soziometrische Verfahren beruhen – anders als biografische Fragebogen und Tagebücher – auf Fremdeinschätzungen. Sie «besitzen einen stark qualitativen Charakter. Das soziale Gefüge einer Gruppe soll graphisch, ‹ganzheitlich› erfasst und abgebildet werden, ohne dass dabei das konkrete Sozialverhalten einzelner Personen beschrieben wird. Im Zentrum steht oft die Einschätzung der Beliebtheit einzelner Gruppenmitglieder» (KANNING, 2003, S. 111). MERREL (1994) erwähnt drei klassische, in der Praxis bedeutsame Verfahren der Soziometrie: Bei der am weitesten verbreiteten «Peer Nomination», welche auf den Wiener Arzt MORENO (1934) zurückgeht, müssen die Probanden (z. B. Schülerinnen und Schüler) aus einer Gruppe von Personen (z. B. Schulklasse) einen oder mehrere Gruppenmitglieder nennen, mit denen sie eine bestimmte Aktivität besonders gern oder auf keinen Fall unternehmen würden. Die Ergebnisse (Nennungen) werden in der Regel grafisch so aufbereitet, dass das soziale Gefüge der Gruppe sichtbar wird. Dadurch können positive und negative Verbindungen zwischen den Gruppenmitgliedern, isolierte, vernachlässigte oder besonders beliebte Personen sowie Cliquen identifiziert werden.

Bei einem «Peer Rating» erhält jedes Gruppenmitglied einen Raster mit den Namen der übrigen Teammitglieder. Anschließend wird jedes Gruppenmitglied gebeten, die anderen Gruppenmitglieder entlang eines Kontinuums (z. B. einer fünfstufigen Ratingskala) zu positionieren. Zu diesem Zweck werden den Probanden spezifische Fragen vorgelegt. Der soziale Status einer Person innerhalb der Gruppe ermittelt sich als Durchschnitt aller Fremdeinschätzungen. Gemäß CONNOLLY (1983, zit. in MERRELL, 1994) führen «Peer Ratings» im Vergleich zu «Peer Nominations» zu stabileren Ergebnissen innerhalb eines sozialen Aggregates. Darüber hinaus erhält man für jedes Gruppenmitglied eine Einstufung. «Peer Ratings» eignen sich besonders dazu, die durchschnittliche Beliebtheit (Likability) sowie die Popularität eines Gruppenmitgliedes zu bestimmen.

Von einem «Ranking Procedure» wird gesprochen, wenn die relevanten Daten nicht durch die Gruppenmitglieder (Peers) selbst, sondern durch einen Außenstehenden generiert werden. Gemäß MERRELL (1994) werden «Ranking

Procedures» üblicherweise im schulischen Kontext verwendet. Als Informanten treten in der Regel die Klassenlehrkräfte auf. KANNING (2003) fügt eine weitere Methode hinzu, die sich besonders für große Gruppen gut eignet, weil die Gruppenmitglieder immer im Paarvergleich gegeneinander abgegrenzt werden müssen. Die Rede ist von der so genannten «Paired comparison».

16.3.5.2 Möglichkeiten und Grenzen

Komplexe Kompetenzindikatoren arbeiten mit abstrakten Daten, aus denen sich nur noch indirekte Hinweise über das Sozialverhalten einer Person ergeben. Sie liefern Aussagen über die Integration einer Person in einer Gruppe oder über die Qualität ihrer sozialen Kontakte. Allerdings bleiben diese Aussagen recht allgemein. «Erst dann, wenn ein bestimmtes Ergebnismuster über viele unterschiedliche Interaktionen mit verschiedenen Interaktionspartnern konsistent bleibt, können vorsichtige Aussagen über den Status der sozialen Kompetenz getroffen werden. (…) Wir erfahren nichts über einzelne Kompetenzdimensionen. Bestenfalls ließe sich sagen, dass eine bestimmte Person immer wieder in Konflikte involviert ist und auf Grund der wechselnden Interaktionspartner sowie der sonstigen Rahmenbedingungen eine Verursachung auf Seiten eben dieser Person sehr wahrscheinlich ist. Wer immer wieder in Konflikte mit völlig unterschiedlichen Zeitgenossen involviert ist, wird aller Wahrscheinlichkeit nach auch selbst zu diesem Phänomen beitragen. Ob die Ursache hierfür nun eher in Defiziten der Perspektivenübernahme liegt oder stattdessen einer emotionalen Labilität zuzuschreiben ist, bleibt ungewiss» (KANNING, 2003, S. 114). Den soziometrischen Verfahren attestiert KANNING (2003) eine im Vergleich zu den herkömmlichen, multidimensional-quantitativen Messverfahren vor allem dann eine schlechtere Reliabilität, wenn sich die Aussagen nur auf ein oder zwei Items beziehen. Ein weiteres Problem stellt angesichts ihres geringen Standardisierungsgrades auch die Interpretationsobjektivität soziometrischer Verfahren dar. Darüber hinaus ist beim Einsatz soziometrischer Instrumente sehr sorgfältig mit den gewonnenen Ergebnissen umzugehen, da mitunter sehr brisante Informationen über eine Person generiert werden.

Angesichts dieser Probleme empfiehlt es sich, komplexe Kompetenzindikatoren vorwiegend explorativ einzusetzen, z. B. für das «Screening» (vgl. MERRELL, 1994), d. h. für das Aufdecken globaler Defizite, oder für die Formulierung von Hypothesen, deren anschließende Überprüfung auf der Basis von Verhaltensbeobachtungen oder Verhaltensbeschreibungen erfolgen kann. In der personaldiagnostischen Praxis hat sich nach KANNING (2003) der biografische Fragebogen als nützlich erwiesen. Zu beachten ist allerdings, dass biografische Fragebogen keine differenzierte Analyse einzelner Bewerberkompetenzen zulas-

189

sen und deshalb in Kombination mit anderen Instrumenten eingesetzt werden sollten.

16.4 Zusammenfassung und Schlussfolgerungen für die Diagnostik sozialer Kompetenzen

Aus den theoretischen Grundlegungen ergibt sich, dass eine umfassende Diagnostik sozialer Kompetenzen multidimensional angelegt sein sollte. Dies zu verwirklichen ist in der praktischen Arbeit nicht immer einfach, zuweilen sogar unmöglich, denn häufig fehlen entsprechende, aufeinander abgestimmte Instrumente oder es stehen ökonomische Gründe entgegen. Zur Sicherung der Inhaltsvalidität sollte sich der Diagnostiker deshalb zuerst die Frage stellen, welche Facetten sozialer Kompetenz in einem konkreten Fall besonders relevant sind. Entsprechend ist zu klären, was genau gemessen werden soll und was nicht. Erst im Anschluss daran kann er sich auf die Suche nach einem Instrument machen oder selbst ein geeignetes Verfahren entwickeln, das die wichtigsten Merkmalsaspekte erschöpfend erfasst.

Angesichts der Komplexität und Mehrdimensionalität des Konstruktes erscheint es als unwahrscheinlich, soziale Kompetenz über ein einziges Verfahren konstruktvalide abbilden zu können. Sämtlichen den in den vorangegangenen Kapiteln betrachteten Erhebungsmethoden sind diesbezüglich Grenzen gesetzt. Der Diagnostiker sollte sich deshalb stets die Vor- und Nachteile der verwendeten Instrumente vor Augen halten und die einzelnen Verfahren gemäß den skizzierten Möglichkeiten und Grenzen einsetzen. Zudem tut er gut daran, die Diagnose auf mehr als ein Instrument abzustützen. Der Vorteil der Verfahrenskombination liegt vor allem in der Möglichkeit des Methodenvergleiches zur Überprüfung der Konstruktvalidität.

Um soziale Kompetenzen möglichst objektiv und zuverlässig zu erfassen, empfiehlt es sich, das Sozialverhalten aus multiplen Perspektiven, d. h. aus Sicht mehrerer Individuen zu beleuchten.

Ein ganzheitlicher, d. h. ein auf mehrere Situationen, Verfahren und Perspektiven abgestützter Evaluationsprozess hat zweifelsohne die größten Chancen, Messfehler und Verzerrungen gering zu halten und somit das Konstrukt «Sozialkompetenz» valide, reliabel und objektiv zu erfassen. In Abbildung 26 werden die zentralen Schlussfolgerungen zusammengefasst. Sie dienen als allgemeine Bezugspunkte für die Konstruktion und Beurteilung von Instrumenten zur Sozialkompetenzmessung.

(1)	Soziale Kompetenzen dienen der Bewältigung spezifischer Anforderungen, die sich in der zielgerichteten Interaktion mit anderen Menschen in spezifischen Typen von Situationen stellen. Vor diesem Hintergrund sind sie situationstypbezogen zu präzisieren. Daraus ergibt sich, dass es kein allumfassendes Instrument gibt, das Sozialkompetenz als Ganzes misst. Dies zwingt den Diagnostiker zur Auswahl oder Konstruktion spezifischer, auf den diagnostischen Kontext (Situationstyp) abgestimmter Verfahren.
(2)	Eine einzelne Situation kann einen zugehörigen Situationstypen nie umfassend abbilden, da jede Situation letztlich speziell und einzigartig ist. Zudem determinieren das Sozialverhalten, der singuläre Kontext und die Person einander wechselseitig. Um valide Rückschlüsse auf die situationstypbezogene soziale Kompetenz eines Individuums oder eines Kollektivs ziehen zu können, sollte das Sozialverhalten im Rahmen des Situationstyps über mehrere Situationen hinweg gemessen werden.
(3)	Soziale Kompetenz umfasst mehrere Handlungsdimensionen und sollte deshalb – wenn möglich – mehrdimensional erhoben werden. In diesem Zusammenhang ist zu unterscheiden zwischen Wissen über situationstypspezifische soziale Interaktionen, sozialen Fertigkeiten sowie Einstellungen und Haltungen. Dort wo aus plausiblen Gründen eine mehrdimensionale Messung nicht in Frage kommt, muss sich der Diagnostiker auf jene Facette sozialer Kompetenz festlegen, der er im konkreten Fall die größte Relevanz beimisst. Erst vor diesem Hintergrund kann er ein inhaltlich valides Verfahren auswählen oder selbst konstruieren.
(4)	Sozialkompetenz stellt ein komplexes, mehrdimensionales Konstrukt dar. Es erscheint deshalb unwahrscheinlich, soziale Kompetenzen mit einem einzigen Instrument vollkommen valide erfassen zu können. Demzufolge sollte sich die Diagnose von Sozialkompetenzen wenn möglich auf mehr als ein Instrument abstützen, und zur Erhöhung der Objektivität aus multiplen Perspektiven erfolgen. Dies gilt unabhängig davon, ob eine oder mehrere Dimensionen sozialer Kompetenz gemessen werden.

Abbildung 26: Bezugspunkte für die Diagnostik sozialer Kompetenzen

17 Überblick über Instrumente

Am Institut für Wirtschaftspädagogik der Universität St. Gallen wurden bislang zwei Instrumente zur Messung von Sozialkompetenzen erstellt. Es handelt sich dabei um Fragebogen zur Selbstbeurteilung bestimmter sozialer Fähigkeiten. Die Konzeption der Fragebogen fußt auf dem Situationstypenansatz der im Kapitel 4 dieses Bands dargelegt wurde. Die Entwicklung der Items und Skalen orientierte sich an Verfahren zur Testentwicklung der quantitativen Sozialforschung. Nach der Beschreibung der Zielsetzung (Kapitel 17.1), die mit der Entwicklung der beiden Fragebögen verbunden war, wird zunächst der Zuschnitt der Fragebogen begründet und beide Bogen werden inhaltlich dargestellt (Kapitel 17.2). Kapitel 17.3 zeigt im Sinne eines Resümees weitere Entwicklungsmöglichkeiten auf.

Annette Bauer-Klebl · José Gomez · Dieter Euler · Martin Keller · Sebastian Walzik

17.1 Ausgangslage und Zielsetzungen

Die Bedeutung der Sozialkompetenz in der Berufsbildungspolitik, in der Berufs-bildungsforschung und der Wirtschaftspraxis ist hoch. Dies begründet sich u. a. durch ihre Relevanz für den (wirtschaftlichen) Erfolg von Unternehmen und Institutionen: Veränderte Arbeitsorganisationsformen haben sich angesichts gesellschaftlicher und technologischer Entwicklungen herausgebildet, der Dienstleistungssektor ist immer bedeutsamer geworden, so dass die Qualität der sozialen Interaktion immer stärker als Wettbewerbsvorteil konstituiert wird. Vielerorts wird die These vertreten, «dass der spätere berufliche Erfolg oft mehr von solchen Persönlichkeitsmerkmalen abhängt als von der eigentlichen fachlichen Kompetenz» (VOLK, 1999, S. 4 f.). Dies werde noch dadurch verstärkt, dass die Fachkompetenz meist entwickelt sei, während es jedoch große Unterschiede in der persönlichen Entwicklung gebe, auf die in der bisherigen Aus- und Weiterbildung im Gegensatz zur Fachkompetenz nicht im erforderlichen Umfang geachtet worden sei (VOLK, 1999). Vor dem Hintergrund solcher Aussagen und Positionen verwundert es nicht, dass die Förderung von Sozialkompetenzen nicht mehr nur für die Weiterbildung reklamiert wird. Auch im Bereich der (beruflichen) Erstausbildung wird der Ruf nach ihrem Aufbau immer lauter. Dies zeigt sich u. a. daran, dass Sozialkompetenzen Eingang in die Ordnungsgrundlagen der Ausbildung, d. h. in die Lehrpläne und Ausbildungsordnungen, gefunden haben. Einen Beleg dafür bildet in der Schweiz die Neue Kaufmännische Grundbildung (NKG), in deren Zentrum die Einführung eines Kompetenzwürfels mit drei Kompetenzdimensionen (Fach-, Methoden- und Sozialkompetenz) steht, oder der Rahmenlehrplan für den allgemeinbildenden Unterricht an gewerblich-industriellen Berufsschulen und Lehrwerkstätten (ABU RLP, zurzeit in Revision). Auch für Deutschland gilt dieser Trend. So konnte MANSTETTEN (1983, S. 240ff.) nachweisen, dass beispielsweise die Lehrpläne für den/die Industriekaufmann/-frau in den 70er Jahren nahezu keine außerkognitiven Bezüge aufweisen. Untersucht man dahingehend die aktuellen Ordnungsgrundlagen etwa für den Ausbildungsberuf «Industriekaufmann/-frau», dann ist festzustellen, dass Hinweise auf relevante Sozialkompetenzen zum festen Inventar gehören (Staatsinstitut für Sozial- und Bildungsforschung, 2002).

Im Zuge dieser Neuorientierungen sind Berufsbildnerinnen und Berufsbildner vermehrt dazu aufgerufen, nebst den fachlichen und methodischen auch die sozialen Kompetenzen ihrer Lernenden zu fördern und zu prüfen. Vor allem Letzteres löst bei den Betroffenen eine gewisse Verunsicherung aus, was mit der oft fehlenden Erfahrung im Zusammenhang mit der Messung sozialer Kompetenzen und damit erklärt werden kann, dass bis heute kein ganzheitliches, theoriegeleitetes und zuverlässiges Instrumentarium existiert, um berufsschulrelevante Sozialkompetenzen zu diagnostizieren. Die nachfolgenden Entwicklungen nehmen diese Lücken auf, indem erste Instrumente zur Messung situationstypspezifischer Sozialkompetenzen auf der Grundlage des Modells sozialer Interaktion (siehe Abbildung 6, S. 52) entwickelt werden.

Im Zuge der curricularen Neuorientierungen ist die Nachfrage nach formellen und objektiven Testverfahren seitens der schweizerischen Berufsbildungspraxis gestiegen. Dabei werden standardisierte Instrumente gefordert, mit denen soziale Kompetenzen möglichst ökonomisch, objektiv und praxistauglich überprüft werden können. Aus diesem Grunde wurden vom Kompetenzzentrum «Sozialkompetenzen» am Institut für Wirtschaftspädagogik der Universität St. Gallen (IWP-HSG) *in einer ersten Phase* zwei formelle, objektive Fragebogen zur Selbstbeschreibung sozialer Kompetenzen entwickelt. Diese werden in Kapitel 17.2.1 genauer klassifiziert und begründet sowie in Kapitel 17.2.2 kurz beschrieben. Anschließend werden die Phasen der Testentwicklung erläutert (Kapitel 17.2.3). Zum Abschluss erfolgt eine Einschätzung der Instrumente hinsichtlich der Testgütekriterien (Kapitel 17.2.4). In Kapitel 17.3 werden die zentralen Aussagen zusammengefasst sowie mögliche Weiterentwicklungsoptionen diskutiert.

17.2 Fragebogen zur Selbstbeurteilung der Fähigkeiten «Konfliktgespräche führen» und «in schulischen Gruppen arbeiten»

17.2.1 Klassifizierung

In einer ersten Phase wurden zwei Fragebogen entwickelt: Der erste misst die Fähigkeit von Lernenden, ein kooperatives Konfliktgespräch zu führen. Mit dem zweiten Fragebogen soll die Kompetenz gemessen werden, im Rahmen von schulischen Gruppenarbeiten erfolgreich zu kooperieren. Beide Instrumente können in Anlehnung an die Ausführungen in Kapitel 16.3.1 gemäß Abbildung 27 klassifiziert werden:

Kriterien	Ausprägungen		
Handlungsdimension	kognitiv	behavioral	affektiv-moralisch
provoziertes Verhalten	Persönlichkeitstest	Leistungstest	
Analyseeinheit	individuumsbezogen	gruppenbezogen	
Bewertungsform	Selbstbeurteilung	Fremdbeurteilung	
Standardisierung	standardisiert (formell)	informell	
Normbezug	(sozial-)normorientiert	kriterienorientiert	
Auswertungsobjektivität	objektiv, direkt, psychometrisch	nichtobjektiv, indirekt, projektiv	
Aufgabenbeantwortung	gebundene Aufgabenbeantwortung	freie Aufgabenbeantwortung	
Datenerhebungstechnik	Beobachtung	Befragung	Inhaltsanalyse
Organisationsform	Einzeltest	Gruppentest	

Abbildung 27: Klassifizierung der entwickelten Instrumente

Beide Fragebogen fokussieren auf gezeigtes *Verhalten* in vorgegebenen sozialen Situationen. Diese Schwerpunktsetzung erfolgte auf der Grundlage der Ergebnisse einer vom Kompetenzzentrum «Sozialkompetenzen» bei insgesamt 209 Schweizer Berufsfachschulen durchgeführten zweistufigen Untersuchung. Danach messen 73 Prozent der Befragten der Fertigkeitsdimension «viel» bzw. «sehr viel» Bedeutung für die Berufsschulpraxis zu. Bezüglich der Wissensdimension kommen 29 Prozent der Befragten zu diesem Urteil. Die Fragebogen können als *Leistungstests* klassifiziert werden, d. h. es wird unterstellt, dass je nach Häufigkeit des gezeigten Verhaltens dieses als mehr oder weniger «richtig» bzw. «falsch» eingeschätzt werden kann. Die Konstruktion eines Leistungstests erscheint deshalb plausibel, weil im Berufsbildungskontext vorhandene Defizite im Sozialverhalten aufgedeckt, darauf bezogene Fördermaßnahmen initiiert und Lernfortschritte evaluiert werden sollen. Was die *Analyseeinheit* angeht, drängt sich für die Diagnose des Handelns in Konfliktgesprächen ein individuumsbezogenes Verfahren auf. Die Beurteilung des Verhaltens während Gruppenarbeiten kann individuums- oder gruppenbezogen erfolgen. Letzteres setzt allerdings die Existenz von Teams voraus, die über einen längeren Zeitraum oder über verschiedene Situationen hinweg in nahezu unveränderter personeller Konstellation zusammengearbeitet haben. Im Kontext der Berufsfachschule ist diese Bedingung selten erfüllt. Deshalb knüpft auch der Teamfragebogen beim einzelnen Lernenden an. Die Verknüpfung von *Selbstbeurteilung, gebundener Aufgabenbeantwortung* und *Befragung* liefert gleich mehrere, wesentliche Vorteile: Da weder eine spezielle Schulung der Berufsbildner noch der Auszubildenden erforderlich ist, können innerhalb kurzer Zeit bei vielen Lernenden eine Vielzahl von Informationen mit vergleichsweise geringem materiellen und personellen Aufwand eingeholt werden. Zudem werden die Auswertungsobjektivität erhöht und gleichzeitig die Datenerhebung und

-auswertung einfach gehalten. Die Beschränkung des Aufwandes auf das Notwendigste und die Sicherstellung einer hohen Objektivität erhöht die Wahrscheinlichkeit, dass die Fragebogen Akzeptanz und somit Abnehmer in der Berufsbildungspraxis finden. Diese Wahrscheinlichkeit wäre bei einem Fremdbeurteilungsverfahren, bei dem die Berufsbildner die Lernenden einschätzen müssen, geringer, denn ein solches Verfahren wäre nicht nur unökonomischer, sondern es würde vermutlich auch viele Lehrkräfte überfordern. Gleiches gilt für die Verhaltensbeobachtung: Auch eine solche wäre viel zeitintensiver. Was das Handeln in Konfliktgesprächen angeht, bestünde zudem die Gefahr, dass die Lernenden die inszenierten Gesprächssituationen nicht als Ernstsituation empfinden. Dies kann Auswirkungen auf das gezeigte Verhalten haben und in der Folge die Beobachtungsergebnisse und die Validität des Messverfahrens beeinträchtigen. Um dieses Risiko möglichst gering zu halten, müssten eine Reihe von Vorkehrungen getroffen werden, welche jedoch zu einem erheblichen Mehraufwand bei der Planung, Durchführung und Auswertung der Rollenspiele führen.

Die Fragebogen sollen den Einsatz in wissenschaftlichen Forschungsprojekten der beruflichen Bildung erlauben und gleichzeitig das Potenzial haben, sich in der Berufsschulpraxis anschlussfähig zu erweisen. Parallel dazu soll der gestiegenen Nachfrage seitens der Berufsbildungspraxis nach formellen Verfahren nachgekommen werden. Zu diesen Zwecken wurden die Fragebogen *standardisiert*, d. h. wissenschaftlich entwickelt und in Bezug auf die wichtigsten Testgütekriterien geprüft. Beide Fragebogen sind als *Einzeltests* konzipiert, denn es erscheint nicht zwingend notwendig, dass die Lernenden zur gleichen Zeit und am gleichen Ort befragt werden. Mittelfristiges Ziel ist es, an möglichst repräsentativen, interessierenden Populationen *Normen* zu erheben. Dadurch soll es möglich werden, das individuelle Ergebnis eines Lernenden zum Populationsmittelwert in Beziehung zu setzen und somit Vergleiche zwischen Probanden herzustellen.

17.2.2 Kurzbeschreibung, Aufbau und Anwendung der Fragebogen

17.2.2.1 *Fragebogen zur Selbsteinschätzung der Fertigkeiten, Konfliktgespräche zu führen (KOGEF_fs)*

Situationstyp: Konfliktgespräche führen
Im Zusammenhang mit der Gestaltung der Kommunikation in Konfliktsituationen gilt es drei Perspektiven zu unterscheiden (KELLER, 2006):

– Der erste Zugang wird von der Frage geleitet, wie die Interaktion *während des Konflikterlebens* gestaltet werden soll.

– Der zweite Zugang stellt die Gesprächsführung *nach dem Konflikterleben* ins Zentrum der Betrachtung. Wie sollen die direkt betroffenen Konfliktparteien das Gespräch führen, nachdem der Streit stattgefunden hat?
– Der dritte Zugang fokussiert auf Situationen, in welchen eine nicht betroffene außenstehende Person die Aufgabe der Konfliktregelung übernimmt. Dazu zählen Strategien wie beispielsweise die (Peer)-Mediation, die Prozessbegleitung, die Konfliktklärung etc. Diesen Strategien ist gemeinsam, dass deren Einsatz in Situationen sinnvoll ist, bei welchen die Parteien nicht mehr willens oder fähig sind, direkt miteinander in Kontakt zu treten. Beim dritten Zugang steht die Frage im Zentrum, wie eine *Drittpartei* das Gespräch gestalten soll, nachdem ein Konflikt stattgefunden hat.

Die drei skizzierten Zugänge stellen unterschiedliche Handlungsanforderungen an die betroffenen Personen. Vor dem Hintergrund der anvisierten Zielgruppe sowie aus weiteren Überlegungen fokussiert dieses Instrument auf den *zweiten Zugang*.

Das vorliegende Instrument hat zum Ziel, die *Fertigkeiten zur Führung eines Konfliktgesprächs durch die betroffenen Konfliktparteien* zu messen. Es geht somit nicht um die Situation des Konflikterlebens selbst, sondern um die Situation *nach* dem Konflikterleben.

Das Modell des kooperativen Konfliktgesprächs bildet den wissenschaftlichen Hintergrund des *zweiten Zugangs* zur Bewältigung von Konfliktsituationen.

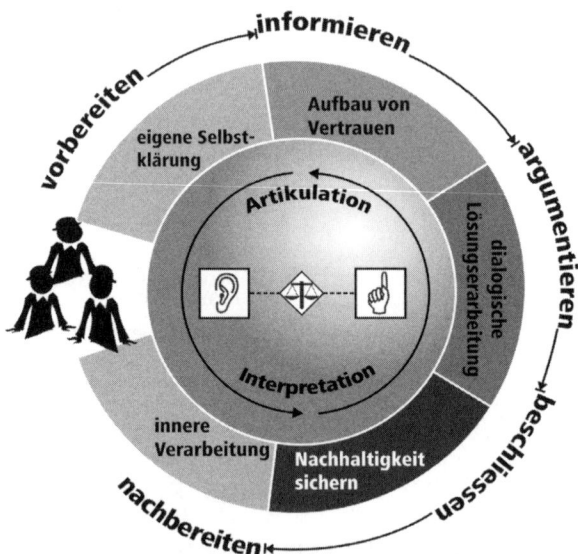

Abbildung 28: Das Modell des kooperativen Konfliktgesprächs, vgl. KELLER (2006)

Das Führen von Konfliktgesprächen durch die betroffenen Konfliktparteien beginnt und endet bei den Personen selbst. Nach einer *eigenen Selbstklärung* geht es um den *Aufbau von Vertrauen* im Sinne einer Vorbereitung auf die *gemeinsame dialogische Lösungserarbeitung.* Der Entscheid ist zu konsolidieren und (schriftlich) festzuhalten, damit die *Nachhaltigkeit gesichert* werden kann, bevor der Bearbeitungsprozess mit der *inneren Verarbeitung* endet. Das kooperative Konfliktgespräch erfüllt damit fünf wichtige Funktionen: Vorbereiten, informieren, argumentieren, beschließen und nachbereiten. Die Abbildung 28 gibt einen Überblick über die einzelnen Phasen.

Es sei an dieser Stelle darauf hingewiesen, dass nicht jedes Konfliktgespräch alle Phasen durchlaufen muss. Manchmal genügt eine Klärung zwischen «Tür und Angel» und es wird bereits nach einem kurzen Austausch eine Verständigung erreicht. Bei bedeutsamen und schwierigen Themen ist es jedoch sinnvoll, einen Wegweiser zu haben, wie man ein solches Gespräch führen kann, damit es nicht zur gegenseitigen Verstrickung im Dickicht der Argumente eskaliert (BENIEN, 2005, S. 124–125). Eine detaillierte Beschreibung des Modells ist zu finden in: KELLER (2004) sowie KELLER ET AL. (2006).

Architektur des Fragebogens

Der vorliegende Selbstbeurteilungsfragebogen besteht aus insgesamt 36 Items, bei denen die Lernenden jeweils einschätzen sollen, wie häufig eine bestimmte Aussage auf ihr eigenes Handeln in Konfliktgesprächen zutrifft. Zwei Items gehören zu einer Kontrollskala, mit der bei der Auswertung festgestellt wird, für wie zuverlässig die Beantwortung insgesamt erachtet werden kann. Am Ende des Bogens stehen zudem allgemeine Fragen, die einen Hintergrund für die Interpretation der Ergebnisse des Bogens liefern.

Zur Sicherstellung der Inhaltsvalidität richten sich die im folgenden Abschnitt kurz skizzierten Skalen konsequent am Modell der sozialen Interaktion und dem hier zugrunde liegenden Situationstyp bzw. den dazugehörigen theoretischen Grundlegungen aus. Die ausführlich beschriebenen Skalen sind zu finden in: KELLER ET AL. (2006).

Skala 1: Schwieriges Artikulieren

Diese Skala bildet *inhaltliche* und *prozessuale* Aspekte ab. Die Inhalte sind deshalb «schwierig», weil sie ungern gesagt und/oder ungern gehört werden. Trotzdem gilt es, all die Innerungen, welche zur Klärung des Konflikts beitragen, nach Außen zu tragen. Das Ansprechen von Gefühlen fällt den Konfliktparteien oft besonders schwer. Damit sich die Konfliktparteien jedoch vollständig verstehen können, muss dies inhaltlich *und* emotional geschehen.

Neben den «schwierigen» Inhalten bildet diese Skala auch die prozessualen Aspekte ab. Hier steht die Aufgabe des präzisen und verständlichen Artikulierens im Vordergrund. Die Konfliktparteien haben ihre Themen möglichst *vollständig* zu artikulieren. Die Vollständigkeit lässt sich über drei Teilaspekte konkretisieren (KELLER, 2006):

- Inhalt: Worum geht es?
- Bedeutung/*Konsequenz:* Welche Bedeutung hat das Thema? Welche Konsequenzen ergeben sich daraus?
- Gefühle: Welche Gefühle sind damit verbunden? Was wird innerlich ausgelöst?

Durch das *vollständige* Artikulieren im «Hier und Jetzt» erhöhen die Konfliktparteien die Wahrscheinlichkeit, dass die «schwierigen» Inhalte gegenseitig verstanden werden.

Skala 2: Einen kooperativen Konfliktstil zeigen

In einem Konfliktgespräch gilt es sich anzustrengen, um die Sichtweisen der anderen Parteien inhaltlich und emotional zu verstehen. Damit muss der Gegenpartei zwangläufig Raum gegeben werden, damit sich diese einbringen kann. Hier liegt dann auch die erste Herausforderung, den Konfliktparteien diesen Raum zu gewähren und nicht dazu zu neigen, den vermeintlich «falschen» Standpunkt des anderen nicht gelten zu lassen. Zudem neigen die Konfliktparteien dazu, aus dem Gesagten des anderen neue «Munition» für die eigene Verteidigung abzuleiten. Damit beschäftigen sie sich inhaltlich und emotional nicht mit dem Konfliktpartner, sondern mit sich selbst. Hinzu kommt, dass viele Menschen einen Fehlschluss hinsichtlich des Zuhörens ziehen, indem sie «genaues Hinhörenv mit «Recht geben» gleich setzen. Hier gilt die wichtige Aussage: Verständnis ist nicht gleich Einverständnis! (BENIEN, 2005, S. 103). Der kooperative Konfliktstil manifestiert sich damit in der Fähigkeit, inhaltlich und emotional verstehen zu wollen; Raum zu gewähren; nicht neue eigene «Munition» zu generieren; Verständnis und Zustimmung zu trennen; Schwächen des Gegenübers zu würdigen und nicht auszunutzen.

Skala 3: Mit Lösungslosigkeit umgehen

Wird ein Konflikt endlich angesprochen, möchten die Parteien diesen möglichst schnell wieder loswerden. Je schwieriger, belastender und zermürbender ein Konflikt ist, desto schneller wird versucht, eine (vor-)schnelle Lösung zu finden. Eine voreilige Lösungssuche verhindert eine reflektierte Konfliktanalyse, ein Erhellen der konträren Standpunkte und der dahinter stehenden Interessen, Motive und

Wünsche, wodurch Lösungsvorschläge von den Konfliktparteien abgelehnt oder lediglich halbherzig hingenommen werden. Durch das oberflächliche Gerangel im Dickicht von Argumenten und Gegenargumenten wird der Konflikt zusätzlich verschärft. Eine gemeinsame Lösungsfindung erscheint noch aussichtsloser als vor dem Gespräch. Deshalb ist das Aushalten der Lösungslosigkeit eine wichtige Aufgabe im Rahmen des kooperativen Konfliktgesprächs. Es gilt mit Ruhe, Geduld und Sorgfalt den sachlichen, persönlichen und zwischenmenschlichen Hintergründen des Konflikts auf die Spur zu kommen.

Skala 4: Das Gespräch strukturieren und sequenzieren
Diese Skala steht für die notwendige Zielorientierung im Rahmen eines Konfliktgesprächs. Je schwieriger und verworrener ein Konflikt ist, je mehr Konfliktparteien involviert sind, desto größer ist die Gefahr, dass der «rote Faden» des Gesprächs verloren geht. Es stehen zwei Ebenen im Vordergrund: Die *Struktur* und die *Sequenz*. Das Gespräch soll entlang der Metastruktur des Modells geführt werden (siehe Abbildung 28). Das *Strukturieren* sorgt dafür, dass wichtige Phasen des kooperativen Konfliktgesprächs nicht übersprungen werden. Innerhalb einzelner Gesprächsphasen gilt es, auf der Mikroebene das Gespräch zu *sequenzieren*. So wird jede Phase durch verschiedene Sequenzen aufgebaut. Das Sequenzieren sorgt dafür, dass sich die Konfliktparteien nicht in einem inhaltlichen oder prozessualen Durcheinander verlieren.

Skala 5: Das Gespräch Vorbereiten und Nachbereiten
Diese Skala bildet die Aufgaben ab, welche es um das Konfliktgespräch herum zu bewältigen gilt. Einerseits geht es darum, die eigene Selbstklärung vor dem Gespräch zu bewältigen. Je stärker der Gesprächsvorbereitung Beachtung geschenkt wird, desto professioneller kann das Gespräch geführt werden. Die Gesprächsnachbereitung dient dem eigenen Lernprozess. Sie wirkt damit weniger kurativ, sondern stärker prophylaktisch hinsichtlich zukünftiger Konfliktsituationen. Diese vorbeugende Wirkung zeigt die hohe Bedeutung der Gesprächsnachbereitung. Darin liegt allerdings auch der Grund, dass sich die Konfliktparteien zu wenig um diese Aufgabe kümmern. Dies lässt sich damit begründen, dass die Realgeltung im Sinne einer unmittelbaren Handlungswirksamkeit weniger offensichtlich ist, als in den Skalen 1 bis 4.

Die Items sowie die konkrete Handhabung des Fragebogens (Vorbereitung, Auswertung, Interpretation) sind ausführlich beschrieben in KELLER ET AL. (2006).

17.2.2.2 Fragebogen zur Selbsteinschätzung der Fertigkeiten, in schulischen Gruppen zu kooperieren (SGA_fs)

Im Folgenden werden der Situationstyp als Grundlage des Fragebogens erläutert sowie seine Architektur mit den einzelnen Skalen dargestellt. Eine detaillierte Beschreibung der Zielsetzung des Bogens, seiner theoretischen Grundlagen, seines Aufbaus sowie seines Einsatzes findet sich bei WALZIK ET AL. (2006).

Situationstyp «In schulischen Gruppen arbeiten»

Kooperationsfähigkeiten zu beurteilen ist in der Regel nicht einfach, da Gruppensituationen von hoher Interaktivität und Interdependenz geprägt sind. Das Grunddilemma der Kooperation besteht darin, die eigenen Interessen und Ziele mit den Gruppeninteressen zu verhandeln. In diesem Zusammenhang gibt es keine allgemein gültige Regel, wann welches Interesse höher zu gewichten ist. In einer Situation kann Kompromissbereitschaft, in einer anderen das selbstbewusste Durchsetzen der eigenen Ideen angezeigt sein. So ist das Kooperieren in Gruppen von einem stetigen Aushandeln zwischen individuellen und Gruppenzielen geprägt. Das besondere von «Kooperationsfähigkeit» besteht vor allem darin, die sich darbietenden Situationen genau wahrnehmen und reflektieren zu können und im Spannungsfeld zwischen Individuum und Gruppe gezielt einen der Situation angemessenen Weg einschlagen zu können.

Es gibt viele Modelle, um Strukturen und Prozesse von und in Gruppen zu erfassen und Handlungsanweisungen für «gute Kooperation» zu geben. Die einschlägige kommunikationspsychologische Literatur und auch die Ratgeberliteratur führen zur Gliederung des Prozesses regelmäßig ein vier- bis fünfphasiges Modell an, welches auf TUCKMAN (1965) zurückgeht. Die einzelnen Phasen werden je nach Autor unterschiedlich benannt, gut bekannt sind sie unter «Forming», «Storming», «Norming», «Performing» oder auch «Teamfindung», «Konfrontation», «Orientierung» und «Reifephase» (BARENT, 1997, S. 11; BLOCK, 2000, S. 49; FRANCIS & YOUNG, 1996, S. 21 ff.; SCHNEIDER, 1996, S. 102 ff.; SCHNEIDER & KNEBEL, 1995, S. 61 ff.; STAHL, 2002). Zur sozialen Struktur einer Gruppe gibt es eine Vielfalt von Ansätzen. Betrachtet man sie näher, kann man sie in solche unterteilen, welche die Rollen der Gruppenmitglieder den unterschiedlichen Aufgaben zur Bewältigung des gemeinsamen Problems zuordnen (VGL. EXEMPLARISCH FRANCIS & YOUNG, 1996, S. 85; KUNERT & KNILL, 2000) und solche, die sie mit den unterschiedlichen Persönlichkeiten der Mitglieder verknüpfen (VGL. EXEMPLARISCH BARENT, 1997, 19 ff.; FUCHS-BRÜNINGHOFF & GRÖNER, 1999, S. 52; KELLNER, 1997, S. 100 ff.; REDLICH, 1997; ROBBINS & FINLEY, 1995, S. 55 ff.). Letztere bauen häufig auf den «Grundformen der Angst» von RIEMANN (1999) auf.

All diese Modelle bieten gute Möglichkeiten, reale Gruppensituationen zu analysieren, Probleme zu erkennen und Handlungsideen zu deren Verbesserung oder gar Behebung zu liefern. Vor dem Hintergrund des oben beschriebenen Grunddilemmas ist es jedoch schwer, aus diesen Modellen sinnvolle allgemeine Maßstäbe für einen Beurteilungsbogen zu begründen. Ein solcher würde stets Gefahr laufen, einem uneingeschränkten Relativismus anheim zu fallen und alle Verhaltensweisen als «hinreichend» oder «bedingt angemessen» bezeichnen zu können (oder auch im Gegenteil, alle Beobachtungen als gruppenunverträglich einstufen zu können). Daher wurde für den vorliegenden Fragebogen das Dreieck der themenzentrierten Interaktion (TZI) herangezogen, welches die wesentlichen Spannungsfelder der Interaktion in Gruppen aufnimmt. Es ist in Abbildung 29 dargestellt und wird nachfolgend kurz erläutert:

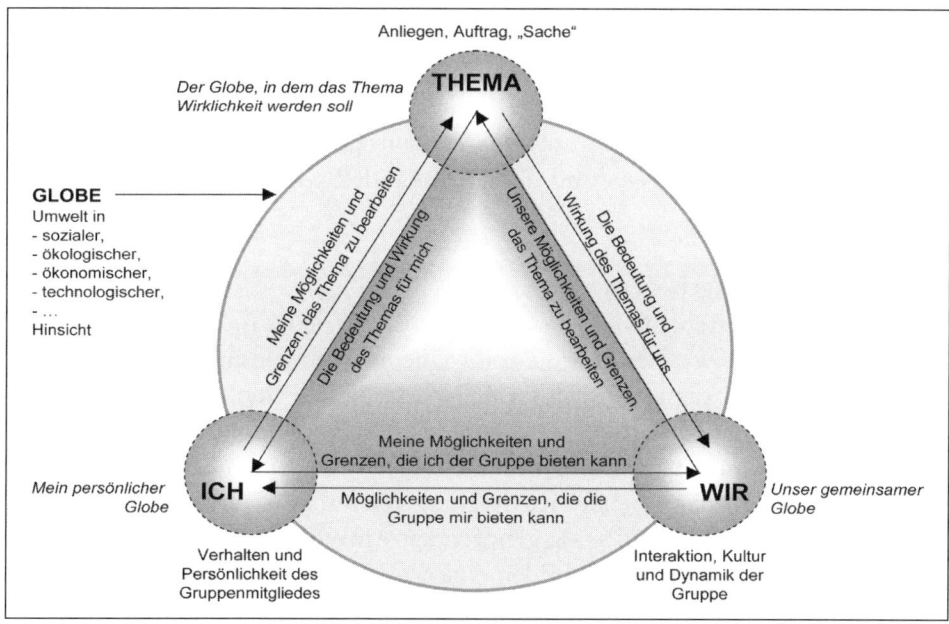

Abbildung 29: Das TZI-Dreieck im Globe, vgl. LANGMAACK & BRAUNE-KRICKAU (2000, S. 91)

Die TZI strebt die Förderung einer ganzheitlichen Kommunikation an (LANG-MAACK, 2001, S. 48). Sie geht von der anthropologischen Grundannahme aus, «dass ein Mensch erst ganz Mensch wird durch die Themen und Aufgaben, die er sich zu Eigen macht» (LANGMAACK & BRAUNE-KRICKAU, 2000, S. 88). Person (Ich), Gruppe/Interaktion (Wir) und Sache (Thema) sind von grundsätzlich gleicher Wichtigkeit und haben in der Gruppenarbeit den gleichen Stellenwert (LANGMAACK, 2001, S. 48–49), weshalb sie in Abbildung 29 in einem gleichseitigen Dreieck angeordnet sind. Diese drei Elemente stehen jeweils in wechselseitiger Beziehung und beeinflussen sich gegenseitig, was durch die Beschriftung der Pfeile dargestellt wird. Ziel ist, das Gleichgewicht zwischen Individuum, Gruppe und Thema zu finden. «Leben ist gekennzeichnet durch sich bewegende Neuorientierung und nicht durch Statik» (RUTH COHN IN LANGMAACK, 2001, S. 51), weshalb das Gleichgewicht nicht festgehalten werden kann, sondern es sich vielmehr um ein dynamisches Gleichgewicht handelt, das stetig neu ausgehandelt werden muss. Das vierte Element der TZI ist der Globe, der sinnbildlich für die natürliche, geistige und soziale Umwelt der Gruppe, die Rahmenbedingungen, steht. Er umfasst alles um die Gruppe herum: «das Zeitbudget, [...] die finanziellen Mittel, die Gesetze und die Grenzen, die politische, familiäre und berufliche Landschaft und die Hierarchien darin, [...] die Geschichte, individuell und universal» (LANGMAACK, 2001, S. 58).

Auf Grundlage dieses Modells wurden nun Skalen formuliert, bei denen eine hohe Erfüllung in den allermeisten Fällen für Kooperationssituationen zuträglich ist. Zudem wurden insbesondere solche Elemente aufgenommen, die für den schulischen Kontext relevant werden. Die genaue Verbindung zwischen den Skalen des Fragebogens und dem TZI-Modell wird im folgenden Kapitel dargelegt.

Architektur des Fragebogens

Der Fragebogen besteht aus 34 Aussagen (Items), bei denen die Lernenden jeweils einschätzen sollen, wie häufig sie auf ihr eigenes Handeln in Gruppenarbeiten zutreffen. Zu jeder Aussage gibt es die Antwortmöglichkeiten «nie» (1), «selten» (2), «gelegentlich» (3), «oft» (4) und «immer» (5). Diese Einteilung der Häufigkeiten wird als äquidistant wahrgenommen (ROHMANN zit. in BORTZ & DÖRING, 2002), weshalb es später bei der Auswertung vertretbar ist, Durchschnittswerte über die Werte der zu einer Skala gehörenden Antworten zu errechnen.

Mehrere Items zusammen bilden eine Skala. Insgesamt enthält der Fragebogen sechs Skalen. Zwei Items gehören zu einer Kontrollskala, mit der später bei der Auswertung festgestellt wird, für wie zuverlässig die Beantwortung insgesamt erachtet werden kann. Am Ende des Bogens stehen allgemeine Fragen, die einen Hintergrund für die Interpretation der Ergebnisse des Bogens liefern.

Jede Skala fokussiert auf eine Seite oder Ecke des TZI-Dreiecks. Dennoch werden aufgrund der wechselseitigen Beziehungen und des Globes mit jeder Skala stets mehr oder weniger direkt alle drei Seiten angesprochen. Ebenso wie die Elemente des Dreiecks miteinander in Beziehung stehen, werden auch die Skalen zum Teil korrelieren. Im Folgenden werden die sechs Skalen inhaltlich erläutert:

Skala 1: Zuverlässigkeit
Die Skala betrifft das «Ich» und seinen Globe und zielt damit auf das Verhalten und die Persönlichkeit des Gruppenmitgliedes. Sie betont zuverlässiges Teamverhalten, d. h. ob die Person pflichtbewusst Absprachen einhält, gegebenenfalls mitteilt, wenn sie Aufgaben nicht erledigen kann, und in der Gruppe mitverantwortlich Entscheidungen trifft und sich nicht heimlich zurückzieht. Sie betrifft in dieser Hinsicht immer das «Wir», weil Zuverlässigkeit Einzelner das Gruppenklima beeinflusst und Beziehungen zum Thema hat, da die zuverlässige Mitarbeit in Hinblick auf die Arbeitsaufgabe erfolgt.

Skala 2: Arbeits- und Zeitplanung
Diese Skala betrifft die Interaktion und Kultur der Gruppe, dies insbesondere mit Bezug auf die Bewältigung der Aufgabe. Auch bei schulischen Gruppenarbeiten ist in diesem Zusammenhang die Koordination des gemeinsamen Tuns von besonderer Bedeutung, die gegenseitige Abstimmung und Planung des Arbeitsprozesses. So misst die Skala, inwieweit die Person einen Beitrag dazu leistet, einen sinnvollen gemeinsamen Arbeits- und Zeitplan aufzustellen und auch einzuhalten.

Skala 3: Respektvoller Umgang
Die Skala bezieht sich auf das Zusammenspiel von «Ich» und «Wir», die Art und Weise, wie innerhalb der Gruppe miteinander umgegangen wird. Im Gegensatz zur Skala «Arbeits- und Zeitplanung» betont sie jedoch die Beziehungsebene der Kommunikation (vgl. SCHULZ VON THUN, 2000, S. 156). Diese sollte von der Grundhaltung «Ich bin ok – Du bist ok» geprägt sein. Der gemeinsame Umgangston soll von wertschätzendem, respektvollem Verhalten – auch und gerade gegenüber unliebsamen Gruppenmitgliedern – getragen sein. Dies beinhaltet neben fairem Umgang mit allen Gruppenmitgliedern die Offenheit, Streit und Meinungsverschiedenheiten besprechen zu können und lösen zu wollen.

Skala 4: Gezielter Leistungsbeitrag
Die Skala erfasst den inhaltlichen Leistungsbeitrag der Person zur Bewältigung der Aufgabe und betont in diesem Sinne wieder die Sachebene. Im TZI-Modell bewegt sie sich vornehmlich zwischen den Polen «Ich» und «Thema». Ein gezielter Leistungsbeitrag setzt voraus, die Stärken und Schwächen der eigenen Person zunächst in Hinblick auf die Aufgabe zu reflektieren, um eine genaue Vorstellung vom eigenen Arbeitsanteil am gesamten Gruppenprozess zu entwickeln und die eigenen Fähigkeiten dann während der Gruppenarbeit einzubringen.

Skala 5: Potenzialabschätzung

In Abgrenzung zur Skala «Gezielter Leistungsbeitrag» fokussiert diese Skala auf die Reflexion der Stärken und Schwächen der anderen Gruppenmitglieder. In diesem Sinne betont diese Skala die Beziehung zwischen dem «Wir» und dem «Thema». Sie hängt auch mit der Skala «Arbeits- und Zeitplanung» zusammen, da es notwendig ist, die Möglichkeiten und Grenzen der Gruppe, das Thema zu bewältigen, zu reflektieren, um einen sinnvollen Arbeitsplan aufzustellen. Eine solche Reflexion der gesamten Gruppe sollte jedoch auch in Bezug auf die Rollen und Funktionen der Gruppenmitglieder erfolgen. So umfasst diese Skala auch die Reflexion darüber, wie die einzelnen Gruppenmitglieder zueinander stehen und miteinander auskommen.

Skala 6: Meta-Kommunikation

Die Skala bildet die Fähigkeit zur Meta-Kommunikation ab, d. h. die Fähigkeit, die Kommunikation in der Gruppe zum Thema des Gesprächs zu machen und in diesem Zusammenhang Störungen und Konflikte anzusprechen. Meta-Kommunikation ist der Schlüssel zu einer guten Verständigung, da nicht das Verstehen, sondern das Missverstehen, die Regel zwischenmenschlicher Kommunikation darstellt – «kleine» Missverständnisse haben in der Regel auch kaum negative Auswirkungen. Im Falle gestörter Kommunikation ist die Fähigkeit, zu besprechen, wie eine Aussage gemeint war, was sie intendieren wollte und wie sie verstanden wurde, aber besonders wichtig. Mit Blick auf das Dreieck der TZI steht Meta-Kommunikation hinter und über allem, da sie die Klärung aller Elemente des Dreiecks unterstützen kann. Leider ist Meta-Kommunikation den meisten Menschen unangenehm. «Explizite Meta-Kommunikation ist völlig unüblich, man schämt sich ihrer. Es würde geradezu einer Evolution gleichkommen, gelänge es, sie in der nächsten Generation zur Gewohnheit zu machen» (MANDEL, STADTER & ZIMMER, 1971 zit. in DELHEES, 1998, S. 45). Daher beinhaltet Meta-Kommunikation auch die Fähigkeit, Dinge anzusprechen, die gegebenenfalls den Widerstand der anderen Gruppenmitglieder hervorrufen.

Mit diesen sechs Skalen sind alle wesentlichen Teile des TZI-Dreiecks abgedeckt. Wenn auch keine Skala konstruiert wurde, die unmittelbar auf die obere Ecke («Thema») abzielt, so wird das Thema doch in allen anderen Skalen jeweils mitgeführt. Ähnlich verhält es sich mit anderen Gruppenfertigkeiten. Beispielsweise wird die Fähigkeit, einen Beitrag zur Kohäsion der Gruppe zu liefern, nicht in einer eigenen Skala gemessen. Die Kohäsion einer Gruppe steigt jedoch, wenn das Dreieck ausgeglichen ist, wenn jede Seite genug Beachtung erfährt, wenn also alle Skalen gut erfüllt werden. Zudem nimmt der Gruppenzusammenhalt zu, wenn Konflikte in der Gruppe erfolgreich gelöst werden, wenn also genügend Fähigkeiten in der Gruppe vorhanden sind, meta-kommunikativ Gruppenprobleme zu besprechen und zu lösen. Ähnlich verhält es sich mit anderen Größen – beispielsweise Kommunikationsregeln einhalten, Konfliktfähigkeit –, die häufig in Konzepten von «Teamfähigkeit» operationalisiert werden: sie werden in diesem Konzept nicht explizit aufgeführt, schwingen aber in den Skalen mit.

17.2.3 Phasen der Testentwicklung

Der Prozess der Instrumentenentwicklung gliedert sich in Anlehnung an BÜHNER (2004) sowie LIENERT & RAATZ (1998) in fünf Phasen:

(1) Präzisierung der relevanten Situationstypen und Handlungsanforderungen

(2) Testentwurf (Testart, Testskalen, Testitems)

(3) Expertenrating und kommunikative Validierung (Überprüfung der Itemverständlichkeit)

(4) Pretests, qualitative und statistische Itemanalyse und -selektion

(5) Testrevision und erneute Testüberprüfung.

Bei der Entwicklung der Fragebogen waren mehrere Anforderungen zu berücksichtigen. In einer *ersten Phase* galt es, die theoretische Fundierung, d. h. die *inhaltliche Validität*, sicherzustellen. Dazu wurde die Testkonstruktion explizit aus der Theorie abgeleitet, d. h. aus dem Modell der sozialen Interaktion und den entsprechenden Situationstypen. BÜHNER (2004, S. 47) bezeichnet diese Vorgehensweise als «deduktive Methode», unter Verweis auf AMELANG & ZIELINSKI (2002) sowie TRÄNKLE (1983). Die entwickelten Instrumente sollen Antworten auf praxisrelevante Fragen geben, d. h. die ausgewählten Situationstypen müssen für die Berufsbildungspraxis bedeutsam sein. Diese Bedingung kann gemäß den Ergebnissen der durchgeführten Schulbefragung als erfüllt angesehen werden. Danach fördern rund 89 Prozent der Antwortenden die Teamfähigkeit ihrer Lernenden. Zudem stufen die Befragten die Fähigkeit zur Kooperation in Teams in Bezug auf eine Förderung im Berufsschulunterricht als «bedeutsam» ein. Gleiches gilt für die Fähigkeit, Konflikte kooperativ bewältigen zu können. Etwa 60 Prozent der Berufsbildner geben an, Konfliktfähigkeit in ihrem Unterricht bereits zu fördern. Den fokussierten Situationstypen wird insgesamt eine hohe praktische Relevanz attestiert.

Die Formulierung der Handlungsanforderungen zu den einzelnen Situationstypen richtet sich u. a. nach der gewählten Testform. Wie bereits in Kapitel 17.2.1 dargelegt, sollen die Probanden in Bezug auf das eigene Sozial*verhalten* in spezifischen Situationen befragt werden. Deshalb wurden die Handlungsanforderungen als *Verhaltens*beschreibungen formuliert. Die inhaltliche Präzisierung erfolgte auf der Grundlage eines breit angelegten und intensiven Literaturstudiums. Eine Zusammenfassung der ausgewerteten Literatur findet sich in KELLER (2004) bzw. WALZIK (2004).

Die Handlungsanforderungen bildeten den Ausgangspunkt, um in der *zweiten Phase* den Testentwurf zu erarbeiten, bestehend aus mehreren Skalen und Verhaltensitems. Als Bewertungsform wurde die Selbstbeurteilung gewählt. Dadurch wird es möglich, die Fragebogen mit vertretbarem ökonomischen Aufwand einer Vielzahl von Personen vorzulegen (Zu den Möglichkeiten und Grenzen der Selbsteinschätzung vgl. Kapitel 16.3.2.2). Die Itemformulierung erfolgte nach der deduktiven Methode, d. h. durch Transformation der definierten Handlungsanforderungen in Frage- und Antwortkategorien. Ziel dieses Vorgehens war es, die theoretische Fundierung (Inhaltsvalidität) der Testitems sicherzustellen und einen umfangreichen Itempool zu generieren. Als Skalierungsmethode wurde das Likert-Verfahren gewählt. Es handelt sich gemäß SCHNELL, HILL & ESSER (2005) derzeit um das in den Sozialwissenschaften am meisten verbreitete Vorgehen zur Herleitung von Skalen. Zudem stellt die Likert-Skala «trotz ihrer extrem einfachen Konstruktion und Anwendung (...) meist eine brauchbare Lösung für eine Operationalisierung dar» (SCHNELL ET AL., 2005, S. 185). Die Likert-Skalierung unterstellt eine monotone Itemcharakteristik. Demgemäß wird angenommen, dass der Zustimmung oder Ablehnung der Items nur eine Dimension zugrunde liegt und dass die Wahrscheinlichkeit für die Zustimmung zu einem Item mit steigender Ausprägung der latenten Variablen zunimmt. Der Grad der Zustimmung oder Ablehnung wird durch das vorgegebene Antwortformat ausgedrückt. Die Ratingskalen wurden unipolar konstruiert, denn bipolare Ratingskalen beinhalten die große Schwierigkeit, zu jedem Begriff bzw. zu jeder Aussage eine valable Gegenaussage finden zu müssen. Um sicherzustellen, dass die verbalen Marken der unipolaren Ratingskala von den Befragten weitgehend als äquidistant aufgefasst werden, wurde auf eine Untersuchung von ROHRMANN (zit. in BORTZ & DÖRING, 2003, S. 178) rekurriert, in der sprachliche Marken ausgewiesen werden, welche die Urteiler bei fünfstufigen Skalen als weitgehend äquidistant auffassen. Nebst solchen Items, bei denen eine Zustimmung ein positives Verhalten dokumentiert, wurden Items verwendet, bei denen die Ablehnung des Statements ein positives Verhalten wiedergibt. Damit sollen Antworttendenzen abgeschwächt werden, bei denen die Befragten einem Item zustimmen, ohne dessen Inhalt zu berücksichtigen. Doppelte Verneinungen wurden wenn möglich vermieden, da sie schwer zu verstehen sind und ungewollt zu falschen Antworten führen können. Das Gleiche gilt für telegrafische Kürzel. Der besseren Verständlichkeit wegen wurden eindimensionale Items formuliert und möglichst eindeutige und geläufige Begriffe verwendet. Wichtiges wurde hervorgehoben.

In der *dritten* *Phase* der Fragebogenentwicklung wurden die a priori den Skalen zugeordneten Items einem Expertenrating (Forschergruppe) unterzogen und durch die Lernenden sowie eine Gruppe bestehend aus Berufsbildnern und Forschern auf deren Verständlichkeit hin überprüft. Die Ergebnisse dienten als Grundlage für die Ableitung einer ersten Fragebogenversion.

In der *vierten Phase* wurde der Testentwurf einer ausreichend großen Stichprobe vorgelegt. Eine solche liegt laut MENDOZA, STAFFORD & STAUFFER (2000) dann vor, wenn die Anzahl der Probanden mindestens 100 beträgt. Der Fragebogen zur Messung des Konfliktverhaltens wurde im Rahmen von zwei Vorstudien von 371 Lernenden, derjenige zur Messung des Teamverhaltens von 388 Lernenden gültig ausgefüllt. Insgesamt wurden somit 759 Probanden befragt bzw. 759 Fragebogen ausgewertet. Die Auswahl der Probanden erfolgte in einem zweistufigen Verfahren. In einem ersten Schritt wurden die Lehrberufe bestimmt, aus denen Lernende rekrutiert werden sollten. Grundlage für die Selektion bildeten die nach dem Berufsbildungsgesetz anerkannten Ausbildungen. Bei der Auswahl wurde darauf geachtet, dass die Berufssegmente durch mindestens einen bedeutsamen Ausbildungsberuf repräsentiert sind. Abbildung 30 zeigt die Ergebnisse der ersten Stufe des Auswahlprozesses.

Berufssegmente	ausgewählte Berufsausbildungen
Soziale Berufe (Heil- und Pflegeberufe)	Krankenpfleger/in
	Fachmittelschule Bereich «Gesundheit»
Dienstleistungsberufe (inklusive Verkauf)	Restaurationsfachmann/-frau
	Kaufmann/-frau (E-Profil)
	Detailhandelsfachmann/-frau
	Bäckerei/Konditorei
Produzierendes Gewerbe und Handwerk	Polymechaniker/in
	Schreiner/in
	Elektromonteur/in
	Milchtechnologe/in
	Automonteur/in
	Automechaniker/in
Sonstige Berufe	Mediamatiker/in

Abbildung 30: Ausgewählte Berufssegmente und Berufsausbildungen

In einem zweiten Schritt wurden nach dem Zufallsprinzip die Schulklassen für die Befragung ausgewählt. Pro Berufsausbildung wurden zwischen 50 und 60 Lernende in die Stichprobe aufgenommen. Aus forschungsökonomischen Gründen wurden die Pretests im Raum Ostschweiz durchgeführt. Ausgangspunkt der anschließenden statistischen Auswertung bildeten Verteilungsanalysen, um allfällige Bodeneffekte (linkssteile, zu leichte Items), Deckeneffekte (rechtssteile, zu schwierige Items) oder zweigipflige Items herauszufiltern. Danach wurden die Itemschwierigkeit und die Itemtrennschärfe berechnet. Die als Cronbachs Alpha (innere Konsistenz) ermittelten Reliabilitätskoeffizienten dienten unter anderem dazu, die Itemzahl zu reduzieren. Die Passung («fit») des gefundenen Modells bzw. die Zurückführung der Indikatorvariablen (Items) auf bestimmte «latente Variablen» (Skalen) wurde zusätzlich durch eine faktoranalytische (Re-)konstruktion überprüft.

Die Analyse der teststatistischen Gütekriterien führte zu einer Revision der ersten Einsatzform der Fragebogen und zu deren erneuter Überprüfung *(Phase 5)*, d. h. es wurden zwei Pretests durchgeführt und wie bereits erwähnt 759 Fragebogen ausgewertet. Abbildung 31 fasst die bei der Testentwicklung durchlaufenen Schritte zusammen.

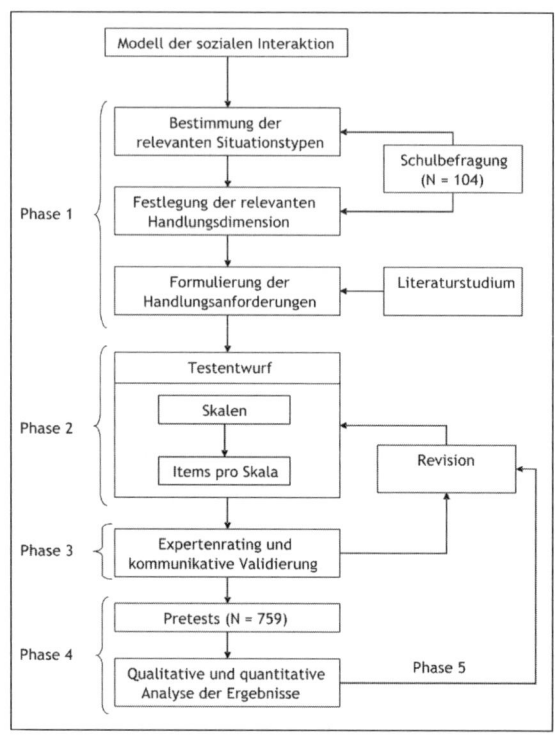

Abbildung 31: Phasen der Instrumentenentwicklung

17.2.4 Einschätzung der Testgütekriterien

In Kapitel 16.3 wird ausführlich dargestellt, welches die zentralen Vor- und Nachteile von *Fragebogen* zur Selbst*beschreibung* des Sozial*verhaltens* sind. An dieser Stelle soll es deshalb nicht darum gehen, das dort Ausgeführte zu wiederholen. Im Vordergrund steht vielmehr eine Bewertung der entwickelten Selbsteinschätzungsverfahren anhand der Testgütekriterien – im Besonderen Validität, Reliabilität, Objektivität und Ökonomie. Um eine solche Bewertung vornehmen zu können, mussten nebst einer *qualitativen* Fragebogenanalyse (Verständlichkeitsüberprüfung durch eine Forschergruppe und die Probanden selbst) eine Reihe statistischer Prüfverfahren, insbesondere *Item- und Skalenanalysen* sowie *Faktorenanalysen* durchgeführt werden. Den Empfehlungen von Bühner (2004) folgend wurden zur Beurteilung der Items und Skalen Verteilungsanalysen (Histogramme), Schwierigkeitsanalysen (Mittelwerte und Standardabweichungen), Homogenitätsanalysen (mittlere Interitemkorrelation), part-whole korrigierte Trennschärfeanalysen sowie Konsistenzanalysen (Cronbachs-Alpha) durchgeführt. Die Faktorenanalyse wurde zur Beurteilung der Konstruktvalidität, d. h. der strukturellen Validität der Fragebogen, angewandt. Das gewählte Vorgehen bei der Faktorenanalyse orientierte sich an den Empfehlungen von Backhaus et al. (2003): In einem ersten Schritt wurde die *Eignung der Korrelationsmatrix* für die Durchführung einer Faktorenanalyse beurteilt. Als zentrale Prüfgröße diente das Kaiser-Meyer-Olkin-Kriterium, auch MSA-Kriterium (measurse of sampling adequacy) genannt. «Das MSA-Kriterium zeigt an, in welchem Umfang die Ausgangsvariablen zusammengehören und dient somit als Indikator dafür, ob eine Faktorenanalyse sinnvoll erscheint oder nicht. Das MSA-Kriterium erlaubt sowohl eine Beurteilung der Korrelationsmatrix insgesamt als auch einzelner Variablen; sein Wertebereich liegt zwischen 0 und 1. Kaiser & Rice (…) vertreten die Meinung, dass sich eine Korrelationsmatrix mit MSA < 0.5 nicht für eine Faktorenanalyse eignet.» (Backhaus et al., 2003, S. 276). Der Empfehlung von Backhaus et al. (2003, S. 310) folgend, wurden Variablen aus der Analyse sukzessive ausgeschlossen, bis alle variablenspezifischen MSA-Kriterien grösser als 0.5 waren. Das MSA-Kriterium wird in der Literatur «als das beste zur Verfügung stehende Verfahren zur Prüfung der Korrelationsmatrix angesehen, weshalb seine Anwendung vor der Durchführung einer Faktorenanalyse auf jeden Fall zu empfehlen ist» (Backhaus et al., 2003, S. 276). Anschließend erfolgte die *Bestimmung der Kommunalitäten* und die *Extraktion der Faktoren*. Die *Zahl der zu extrahierenden Faktoren* wurde aufgrund theoretischer Vorüberlegungen festgelegt und anhand des Kaiser-Kriteriums (Eigenwerte > 1) überprüft. Da die jeweiligen Skalen bzw. latenten Variablen des Konflikt- und Teamfragebogens keine voneinander unabhängigen Teilkompetenzen darstellen, sondern als miteinander vernetzt anzusehen sind, wurde zum Zwecke der *Faktorinterpretation* eine schiefwinklige Promax-Rotation durchgeführt. Bei der Promax-Rotation werden gemäß BÜHNER (2004) sowohl geringe als auch hohe Ladungen reduziert. Dies hat den Vorteil, dass kleine Ladungen nahezu Null, hohe Ladungen aber nur geringfügig reduziert werden. Nach GORSUCH (1983, S. 204) führt die Promax-Rotation zu guten Lösungen.

17.2.4.1 Validität

Was die *Inhaltsvalidität* angeht, kann diese nach BORTZ & DÖRING (2003) nicht nummerisch bestimmt werden, sondern beruht allein auf subjektiven Einschätzungen. Bezogen auf die vorliegenden Fragebogen lässt sich hinsichtlich der Inhaltsvalidität ein positives Fazit ziehen. Zum einen erfolgte eine konsequente Ausrichtung sämtlicher Skalen und Items am Modell der sozialen Interaktion, dem jeweils zugrunde liegenden Situationstyp und den dazugehörigen Handlungsanforderungen. Anders ausgedrückt wurde die Grundgesamtheit der Testitems, welche potenziell für die Operationalisierung des Konflikt- und Teamverhaltens in Frage kommen, im Vorfeld definiert. Des weiteren wurde die Repräsentativität der Itemstichprobe durch ein Expertenrating (Forschergruppe) weitgehend bestätigt.

Zum Zweck der *Konstruktvalidierung* wurde die *strukturelle Validität* der Fragebogen ermittelt. Sie untersucht die theoretische Struktur der Fragebogen anhand einer faktorenanalytischen (Re-)Konstruktion und Überprüfung der Skalen. Um darüber hinaus eine Reduktion der Daten (Itemzahl) und damit eine sparsame Beschreibung der Konstrukte zu erreichen, wurden exploratorische Faktorenanalysen durchgeführt. Die Ergebnisse der Faktorenanalysen können insgesamt als zufrieden stellend bezeichnet werden. Die Itemzahl konnte auf 36 (Konfliktfragebogen) bzw. 34 (Teamfragebogen) reduziert, und die Items konnten weitgehend den skalenspezifischen Faktoren zugeordnet werden. In beiden Fragebogen sind zwei Aussagen zur Kontrolle sozial erwünschten Antwortverhaltens integriert. Solche Kontroll- oder Lügenitems «erfassen typischerweise Eigenschaften oder Verhaltensweisen, die allgemein negativ (bzw. positiv) beurteilt werden, aber doch so oft (bzw. selten) vorkommen, dass eine ablehnende (bzw. zustimmende) Antwort unglaubwürdig erscheint (z. B. «Manchmal benutze ich Notlügen.» – Antwort: «Nein»; «Ich bin immer freundlich und hilfsbereit.» – Antwort: «Ja»)» (BORTZ & DÖRING, 2003, S. 234).

Faktorenstruktur des Konfliktfragebogens
Das MSA-Kriterium der Korrelationsmatrix der Items des Konfliktfragebogens beträgt 0.859. Dieser Wert ist in der Beurteilung von KAISER & RICE (1974, S. 111 ff.) «verdienstvoll» (meritorious, MSA $\geq$ 0.8). Die reproduzierte fünffaktorielle Lösung klärt insgesamt 54.46 Prozent der beobachteten Varianz auf. Die Varianzanteile der einzelnen Faktoren sowie deren Eigenwerte (Eigenvalues) sind in Abbildung 32 zusammengefasst.

Faktor	Eigenwert	% der Varianz	Kumulierte %
Gespräch vor- und nachbereiten	6.821	21.317	21.317
Schwieriges artikulieren	4.479	13.996	35.313
Einen kooperativen Konfliktstil zeigen	3.013	9.415	44.728
Gespräch strukturieren und sequenzieren	1.684	5.263	49.990
Mit Lösungslosigkeit umgehen	1.431	4.473	54.464

Abbildung 32: Eigenwerte und erklärte Varianz der extrahierten Faktoren.
Anmerkung: Hauptkomponentenanalyse

Abbildung 33 zeigt die strukturellen Abhängigkeiten der Items des Konfliktfragebogens (Faktorladungsmatrix) für die fünffaktorielle Lösung.

211

Skalen	Items	Faktor				
		1	2	3	4	5
Gespräch vor- und nachbereiten	VN1	0.860	-0.060	0.023	-0.037	-0.061
	VN5	0.855	0.053	0.006	-0.132	-0.095
	VN2	0.840	0.013	-0.002	-0.082	-0.025
	VN6	0.826	0.026	-0.108	-0.070	0.105
	VN7	0.726	-0.051	0.017	0.001	0.145
	VN3	0.668	0.092	-0.037	0.128	0.015
	VN4	0.665	-0.171	-0.010	0.157	0.091
	VN8	0.482	-0.170	-0.091	0.248	0.154
	VN9	0.471	0.144	0.097	0.109	-0.033
Schwieriges artikulieren	SA4	-0.015	0.784	0.006	0.009	-0.038
	SA1	0.080	0.710	0.115	0.033	-0.269
	SA3	-0.054	0.688	0.069	-0.007	0.014
	SA2	-0.196	0.661	-0.076	0.081	0.123
	SA5	-0.009	0.634	-0.150	0.049	0.327
	SA6	0.249	0.593	0.168	-0.054	-0.187
	SA8	-0.035	0.592	0.154	-0.079	0.196
	SA7	0.027	0.556	-0.243	0.032	0.393
einen kooperativen Konfliktstil zeigen	KK1	-0.070	-0.159	0.732	0.057	0.250
	KK3	-0.050	0.137	0.719	-0.024	0.059
	KK6	-0.047	-0.079	0.705	-0.001	0.231
	KK5	-0.026	0.002	0.684	0.016	-0.057
	KK2	0.068	0.019	0.682	0.110	-0.085
	KK4	-0.019	0.141	0.621	0.039	-0.259
	KK7	0.081	0.073	0.559	-0.114	0.399
Gespräch strukturieren und sequenzieren	SS4	-0.076	0.035	0.048	0.797	0.047
	SS3	-0.023	-0.039	-0.030	0.788	-0.004
	SS1	0.058	0.009	0.057	0.759	0.068
	SS2	0.079	0.141	-0.051	0.644	-0.088
	SS5	0.038	-0.057	0.120	0.605	-0.115
Mit Lösungslosigkeit umgehen	LS1	0.043	-0.066	0.246	-0.088	0.721
	LS2	0.033	0.184	-0.114	-0.016	0.641
	LS3	0.068	0.018	0.094	0.068	0.636

Abbildung 33: Faktorladungsmatrix der Konfliktitems.
Anmerkung: Hauptkomponentenanalyse, Promax-Rotation mit Kaiser-Normalisierung.

Wie aus Abbildung 33 hervorgeht, werden die vorab definierten Skalen durch die Faktorenanalyse größtenteils bestätigt. Die Faktorladungen liegen einzig bei zwei Items (VN8, VN9) leicht unter 0.5. Alle übrigen Variablen weisen Faktorladungen von mehr als 0.5 auf, was gemäß BACKHAUS ET AL. (2003, S. 299) in der praktischen Anwendung als «hoch» einzustufen ist. Die Items mit Faktorladungen unter 0.5 wurden aus inhaltlichen Gründen beibehalten. Sie wurden aber unter Zuhilfenahme der Ergebnisse der qualitativen Itemanalyse überprüft und bei Bedarf leicht umformuliert. Für die Skala «Lösungslosigkeit aushalten» wurden aus Validitätsüberlegungen zwei neue Items formuliert und hinzugefügt. Die Skala besteht somit in der aktuellen Testform aus 5 Items.

Faktorenstruktur des Teamfragebogens
Das MSA der Korrelationsmatrix des Teamfragebogens beträgt 0.874. Dieser Wert ist in der Beurteilung von KAISER & RICE (1974, S. 111 ff.) ebenfalls «verdienstvoll» (meritorious, $MSA \geq 0.8$). Somit eignet sich auch die Korrelationsmatrix des Teamfragebogens für die Faktorenanalyse. Die reproduzierte sechsfaktorielle Lösung klärt insgesamt rund 54.56 Prozent der beobachteten Varianz auf. Die Varianzanteile der einzelnen Faktoren sowie deren Eigenwerte (Eigenvalues) sind in Abbildung 34 festgehalten.

Faktor	Eigenwert	% der Varianz	Kumulierte %
Arbeits- und Zeitplanung	8.435	26.359	26.359
Meta-Kommunikation	2.467	7.710	34.069
Potenzialabschätzung	2.047	6.397	40.466
Gezielter Leistungsbeitrag	1.728	5.400	45.866
Zuverlässigkeit	1.472	4.599	50.465
Respektvoller Umgang	1.311	4.098	54.563

Abbildung 34: Eigenwerte und erklärte Varianz der extrahierten Faktoren.
Anmerkung: Hauptkomponentenanalyse

Abbildung 35 zeigt die strukturellen Abhängigkeiten der Items des Teamfragebogens (Faktorladungsmatrix) für die sechsfaktorielle Lösung.

Skala	Items	Faktoren					
		1	2	3	4	5	6
Arbeits- und Zeitplanung	AZ3	0.875	-0.015	-0.005	-0.086	0.006	0.039
	AZ4	0.863	-0.004	-0.042	0.003	-0.013	0.068
	AZ5	0.778	-0.022	-0.103	0.166	-0.033	0.046
	AZ2	0.777	0.024	-0.111	0.153	0.088	-0.125
	AZ1	0.695	-0.015	0.128	-0.109	-0.029	0.101
	AZ6	0.669	-0.012	0.067	0.066	-0.059	-0.050
Meta-Kommunikation	MK7	0.109	0.811	-0.056	-0.062	-0.025	0.016
	MK3	0.012	0.741	-0.262	0.023	0.002	-0.160
	MK1	-0.044	0.710	0.083	-0.157	0.012	0.132
	MK4	-0.198	0.675	0.053	0.217	0.079	-0.087
	MK2	-0.023	0.632	-0.046	0.267	-0.026	-0.035
	MK8	0.069	0.606	0.139	-0.020	-0.063	-0.060
	MK6	0.003	0.552	0.112	-0.023	-0.004	0.128
Potenzialabschätzung	PA7	0.113	-0.099	0.834	-0.275	0.235	-0.256
	PA2	-0.064	0.088	0.683	0.174	0.202	-0.076
	PA6	-0.073	-0.023	0.663	0.110	0.028	0.037
	PA4	-0.068	0.015	0.589	0.189	-0.151	0.103
	PA5	-0.058	-0.165	0.514	0.172	-0.239	0.386
	PA1	0.114	0.140	0.505	0.206	0.023	0.042
Gezielter Leistungsbeitrag	GL2	-0.038	0.008	0.011	0.743	0.110	-0.005
	GL1	-0.004	-0.003	0.103	0.715	-0.067	-0.019
	GL6	0.156	0.047	0.096	0.563	0.047	-0.128
	GL3	0.199	0.044	0.086	0.505	0.038	0.034
Zuverlässigkeit	ZV1	-0.061	0.153	0.092	-0.282	0.724	0.100
	ZV3	-0.077	-0.114	-0.007	0.263	0.683	0.110
	ZV5	0.077	-0.063	0.171	-0.013	0.662	0.051
	ZV7	0.024	0.040	-0.004	0.240	0.567	-0.006
Respektvoller Umgang	RU5	0.019	-0.088	0.147	-0.070	-0.045	0.754
	RU3	-0.042	-0.092	-0.296	0.151	0.287	0.575
	RU4	0.144	0.224	0.055	-0.134	0.083	0.571
	RU2	0.011	-0.130	-0.136	-0.041	0.324	0.534
	RU1	0.018	0.394	-0.013	-0.049	-0.024	0.520

Abbildung 35: Faktorladungsmatrix der Teamitems.
Anmerkung: Hauptkomponentenanalyse, Promax-Rotation mit Kaiser-Normalisierung.

Die Faktorladungsmatrix macht deutlich, dass die vorab definierten Skalen durch die Faktorenanalyse recht gut bestätigt wurden. Dies deutet auf eine gute strukturelle Validität hin. Alle Variablen weisen Faktorladungen von mehr als

0.5 auf. Diese Werte können somit als «hoch» eingestuft werden (BACKHAUS ET AL., 2003, S. 299).

Die durchgeführten Faktorenanalysen zur Ermittlung der strukturellen Validität stellen *ein* mögliches Verfahren zur Konstruktvalidierung dar. Daneben sind weitere Ansätze denkbar. Gemäß DIEKMANN (2003, S. 224) wird mit der Konstruktvalidität «die Aufmerksamkeit auf die Brauchbarkeit von Messinstrumenten für die Entwicklung von Theorien gelenkt. Konstruktvalidität verlangt, dass das von einem Messinstrument erfasste Konstrukt mit möglichst vielen anderen Variablen in theoretisch begründbaren Zusammenhängen steht und hieraus Hypothesen ableitbar sind, die einer empirischen Prüfung standhalten». Wie DIEKMANN (2003) in Anlehnung an CRONBACH & MEEHL (1955) weiter ausführt, kann die Konstruktvalidität somit nicht durch ein einfaches Prüfverfahren gemessen werden. Vielmehr ist die Konstruktvalidität «ein weiterreichendes, kumulatives Forschungsprogramm» (DIEKMANN, 2003, S. 225 f.) CAMPBELL & FISKE (1959) haben «ein weniger ambitiöses und stärker formalisiertes Verfahren der Konstruktvalidierung auf der Basis von Korrelationsanalysen vorgeschlagen» (DIEKMANN, 2003, S. 226). Gemeint ist die Erstellung einer MTMM-Matrix. Voraussetzung dafür ist, dass mindestens zwei hypothetische Konstrukte mit mindestens je zwei verschiedenen Methoden gemessen werden. Der Nachteil dieses Ansatzes besteht nicht selten darin, dass entweder kein adäquater Vergleichstest vorliegt oder, wie BÜHNER (2004, S. 32) schreibt, «dass ein Test mit einem oder mehreren Tests verglichen wird, dessen/deren Inhaltsvalidität selbst unzureichend ist». Bezogen auf die vorliegenden Fragebogen zum Konflikt- und Teamverhalten existieren zur Zeit keine adäquaten, auf die jeweiligen Situationstypen ausgerichteten und somit inhaltlich validen Vergleichstests. Solche Vergleichstests wären zunächst zu entwickeln. Erst dann ließen sich das von CRONBACH & MEEHL (1955) vorgeschlagene Verfahren oder die Überprüfung der Konstruktvalidität mittels einer MTMM-Matrix sinnvoll realisieren.

Eine weitergehende, systematische Überprüfung der Konstrukt- und Kriteriumsvalidität erscheint im Rahmen repräsentativer Anschluss- bzw. Validierungsstudien sinnvoll, bei denen die Fragebogen zum Einsatz kommen. Kritisch mit Bezug auf die Konstruktvalidität der vorliegenden Fragebogen kann erwähnt werden, dass die Instrumente nur eine Handlungsdimension sozialer Kompetenz erfassen, nämlich das Sozial*verhalten*. Dies kann zu Einbussen bei der Konstruktvalidität führen. Immerhin wird aber das Sozialverhalten nicht nur in einer einzelnen Situation, sondern über mehrere Situationen hinweg betrachtet. So wurde von der Möglichkeit Gebrauch gemacht, bei einzelnen Items über mehrere Einzelsituationen hinweg zu verallgemeinern. Gleichwohl bleiben bei Selbstbeurteilungsverfahren einige Faktoren erhalten, welche die Messung verunreinigen und die Konstruktvalidität beschädigen können. Gemäß KANNING (2003) weiß man bei Selbstbeschreibungen zum Beispiel nichts darüber, in welchem Ausmaß die der Selbstbeschreibung zugrunde liegenden Beobachtungen durch die vielen systematischen Fehler der Personenbeurteilung beeinträchtigt sind. In Bezug auf die in Frage stehende Fähigkeit und Bereitschaft der Befragten, unverfälscht zu antworten, konnten aber MABE & WEST (1982) in einer Metaanalyse zeigen, dass die Validität von Selbstbeurteilungen sehr stark von den erwarteten Konsequenzen abhängt. Somit ist beim Einsatz der Instrumente der Akzeptanz der Untersuchung durch die Befragten eine besondere Aufmerksamkeit zu widmen. Um der Gefahr des sozial erwünschten Antwortens entgegenzuwirken, wurden je zwei Kontrollskalen (Lügenitems) in die Fragebogen eingebaut. Der Empfehlung von DIEKMANN (2003) folgend, wurden die Items zudem sowohl positiv als auch negativ in Richtung auf die Zieldimension gepolt. Dadurch können Antworttendenzen besser erkannt werden.

17.2.4.2 Reliabilität

Zur Beurteilung der Reliabilität wurden in Anlehnung an BÜHNER (2004, S. 115 ff.) Schwierigkeitsanalysen (Mittelwerte und Standardabweichungen), Homogenitätsanalysen (mittlere Interitemkorrelation), part-whole korrigierte Trennschärfeanalysen sowie Konsistenzanalysen (Cronbachs-Alpha) durchgeführt. Die Stichprobengröße (N > 100) sowie die ermittelten Testkennwerte sind insgesamt zufrieden stellend und bewegen sich weitgehend im Rahmen der beispielsweise von FISSENI (1997) geforderten Werte. Abbildung 36 zeigt die Testkennwerte der Skalen für den Konfliktfragebogen.

Skala	Anzahl Items	Gültige Stichprobengröße (N)	Homogenität (Mean Inter-Item-Correlation)	Part Whole korrigierte Trennschärfe der Items Minimum / Maximum	Reliabilität (Cronbach Alpha)
Gespräch vor- und nachbereiten	9	362	0.465	0.472 / 0.780	0.887
Schwieriges artikulieren	8	362	0.373	0.410 / 0.657	0.825
einen kooperativen Konfliktstil zeigen	7	370	0.412	0.414 / 0.715	0.833
Gespräch strukturieren und sequenzieren	5	343	0.450	0.500 / 0.630	0.801
Mit Lösungslosigkeit umgehen	3	230	0.352	0.384 / 0.539	0.634

Abbildung 36: Testkennwerte des Konfliktfragebogens

Die Stichprobengröße kann bei vier der fünf Skalen als «hoch» (N > 300), bei der Skala «mit Lösungslosigkeit umgehen» als «mittel» (N = 150 bis 300) bezeichnet werden. Die geringere Probandenzahl bei der Skala «mit Lösungslosigkeit umgehen» ist dadurch begründet, dass diese Skala in der ersten Vorstudie nicht reproduziert und somit erst im zweiten Pretest auf ihre Zuverlässigkeit hin getestet werden konnte. Die Reliabilitätskoeffizienten der Skalen betragen im Durchschnitt 0.796 (α = 0.634 bis α = 0.887) und indizieren insgesamt ein befriedigendes bis hohes Maß an innerer Konsistenz. Die Trennschärfekoeffizienten (part-whole korrigiert) sind als mittel bis hoch zu bewerten. Sie reichen von r = 0.384 bis r = 0.780. Der Homogenitätsindex der Skalen befindet sich weitgehend innerhalb des Toleranzbereichs.

Abbildung 37 zeigt die Testkennwerte für den Teamfragebogen.

Skala	Anzahl Items	Gültige Stichprobengröße (N)	Homogenität (Mean Inter-Item-Correlation)	Part Whole korrigierte Trennschärfe der Items Minimum / Maximum	Reliabilität (Cronbach Alpha)
Arbeits- und Zeitplanung	6	370	0.548	0.566 / 0.801	0.879
Meta-Kommunikation	7	361	0.387	0.410 / 0.703	0.816
Potenzialabschätzung	6	371	0.370	0.399 / 0.626	0.779
Gezielter Leistungsbeitrag	4	376	0.369	0.437 / 0.551	0.701
Zuverlässigkeit	4	374	0.345	0.440 / 0.503	0.678
Respektvoller Umgang	5	364	0.299	0.360 / 0.560	0.680

Abbildung 37: Testkennwerte des Teamfragebogens

Die Stichprobengröße kann bei allen Skalen als «hoch» (N > 300) bezeichnet werden. Die Reliabilitätskoeffizienten der Skalen indizieren ein befriedigendes bis gutes Maß an innerer Konsistenz (α = 0.678 bis α = 0.879). Die Trennschärfekoeffizienten (part-whole korrigiert) reichen von r = 0.360 bis r = 0.801 und sind somit als mittel bis hoch zu bewerten. Die durchschnittlichen Interitemkorrelationen (Homogenität) befinden sich weitgehend innerhalb des Toleranzbereichs.

17.2.4.3 Objektivität und Ökonomie

Die Verwendung ausschließlich quantitativer Daten (gebundene Aufgabenbeantwortung) sowie eines Befragungs- und Selbsteinschätzungsverfahrens fördert die *Objektivität und Ökonomie* der Datenerhebung und -auswertung und erlaubt die *Messung für eine große Anzahl von Auszubildenden*. Eine hohe Auswertungsobjektivität – wie bei beiden Fragebogen gegeben – ist darüber hinaus auch eine wichtige Voraussetzung für eine gute Reliabilität. Positiv auf die

Ökonomie wirkt sich auch die kurze Durchführungsdauer aus. Zudem ist keine spezielle Schulung der Testanwender (Berufsbildner) notwendig. Für die Anwendung der Instrumente reichen kurze, schriftliche Instruktionen sowie ein grundlegendes, diagnostisches Wissen aus. Um den Berufsbildnern bzw. potenziellen Anwendern den Einsatz zu erleichtern, wurde zudem für beide Instrumente ein Manual erstellt, in welchem der Aufbau der Fragebogen und die einzelnen Skalen beschrieben sowie wesentliche Durchführungs- und Auswertungshinweise gegeben werden.

17.3 Zusammenfassung und Ausblick

Berufsbildnerinnen und Berufsbildner stehen vermehrt vor der großen Herausforderung, Sozialkompetenzen messen und beurteilen zu müssen. Um diese Aufgabe zu ermöglichen bzw. zu erleichtern hat es sich das Kompetenzzentrum «Sozialkompetenzen» am Institut für Wirtschaftspädagogik der Universität St. Gallen (IWP-HSG) zur Aufgabe gemacht, ein theoretisch fundiertes, ganzheitliches, mehrdimensionales und praxistaugliches Set von Instrumenten zu entwickeln. In einem *ersten Schritt* wurden dazu zwei formelle (standardisierte), objektive Fragebogen zur Selbstbeschreibung sozialer Kompetenzen entwickelt und in diesem Papier vorgestellt. Der erste Fragebogen misst die Fähigkeit, ein Konfliktgespräch führen zu können, der zweite erfasst die Fähigkeit, im Rahmen von schulischen Gruppenarbeiten erfolgreich zu kooperieren. Diese beiden Instrumente wurden bezüglich ihrer Einsatzmöglichkeiten analysiert und hinsichtlich der Erfüllung der Testgütekriterien beurteilt. Zusammenfassend werden im Folgenden die Ziele bzw. Anforderungen an die beiden Instrumente sowie die Maßnahmen im Rahmen der Instrumentenentwicklung einander gegenübergestellt (vgl. Abbildung 38).

Ziele / Anforderungen	Maßnahmen
1. Inhaltsvalidität (theoretische Fundierung)	Orientierung am Modell der sozialen Interaktion, Expertenrating, kommunikative Validierung und Verständlichkeitsüberprüfung
2. Konstruktvalidität (strukturelle Validität)	faktorenanalytische (Re-)Konstruktion und Überprüfung der Skalen (N > 300 pro Fragebogen)
3. Objektivität	standardisierte Instruktionen, ausschließlich quantitative Daten
4. Reliabilität (innere Konsistenz)	Durchführung von 2 Pretests pro Fragebogen (N > 300) von Schwierigkeitsanalysen, Homogenitätsanalysen, Trennschärfeanalysen und Konsistenzanalysen basierend auf Cronbach-Alpha
5. Ökonomie	kurze Dauer der Erhebung, Durchführungs- und Auswertungshinweise, einfache Auswertbarkeit
6. Praktische Relevanz (Nützlichkeit)	Bestimmung der relevanten, d. h. der zu messenden Situationstypen und Dimensionen auf der Grundlage empirischer Befragungsergebnisse
7. Messung für eine große Anzahl von Personen	ausschließlich quantitative Daten, Selbsteinschätzungsverfahren
8. Auf den diagnostischen Kontext (Situationstyp) abgestimmte Verfahren	Fragebogen wurden auf spezifischen Situationstyp zugeschnitten
9. Messung des Sozialverhaltens über mehrere Situationen hinweg	Items, die über mehrere Einzelsituationen hinweg verallgemeinern
10. Mehrdimensionale Messung	Entwicklung weiterer, auf unterschiedliche Dimensionen ausgerichteter Messverfahren in der Zukunft geplant
11. Messung aus multiplen Perspektiven	Entwicklung weiterer, auf unterschiedliche Perspektiven ausgerichteter Messverfahren in der Zukunft geplant

Abbildung 38: Anforderungen an die Instrumentenentwicklung und Maßnahmen

Die Ausführungen der Tabelle zeigen, dass den formulierten Anforderungen sehr umfassend entsprochen wurde. Allerdings zeigt sich auch (vgl. Punkte 10 und 11), dass die Entwicklung der beiden Fragebogen nur einen *ersten Schritt* darstellt, um die Prüfung von Sozialkompetenzen im Bereich der Berufsbildung auf eine breite Basis zu stellen. Um dem Anspruch einer mehrdimensionalen und multiplen Messung zu entsprechen und den Nachteilen bzw. Grenzen der einzelnen Datenerhebungsinstrumente zu begegnen, sind ergänzende Messverfahren zu konstruieren.

Bezüglich der Entwicklung weiterer Messinstrumente ist grundsätzlich auf die in den Kapiteln 16.3.2 bis 16.3.5 skizzierten Diagnoseverfahren zu verweisen. Allerdings ergeben sich für die beiden ausgewiesenen Situationstypen punktuelle Einschränkungen. Abbildung 39 zeigt, welche Messinstrumente für die beiden Situationstypen jeweils als angemessen und vor dem Hintergrund schulischer Rahmenbedingungen als praktikable Optionen beurteilt werden:

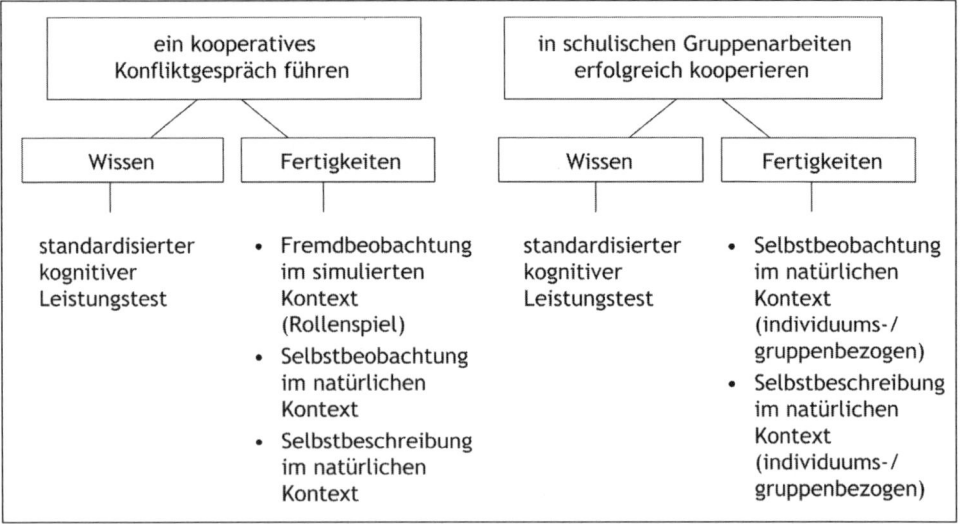

Abbildung 39: weitere Entwicklungsoptionen

Zur Messung des Wissens über soziale Interaktion wäre die Entwicklung standardisierter kognitiver Leistungstests je Situationstyp sinnvoll. Wenngleich in Schulen informelle kognitive Leistungstests weit verbreitet sind, sind formelle Tests eher rar. Das Potenzial eines standardisierten Tests bestünde darin, dass den Lehrkräften ein Test an die Hand gegeben werden könnte, der exakt auf das zu messende Konstrukt zugeschnitten ist und dieses zudem relativ zuverlässig misst. Unter Forschungsgesichtspunkten wäre darüber hinaus eine Kontrastierung von Messergebnissen, die kognitiven Leistungstests entstammen und soziales *Wissen* fokussieren, mit Ergebnissen aus Messungen, bei denen soziale Fertigkeiten diagnostiziert werden, interessant. Daraus ergäbe sich die Möglichkeit, den Einfluss des Wissens auf das soziale Handeln zu untersuchen.

Zur Messung sozialer Fertigkeiten im Situationstyp «ein kooperatives Konfliktgespräch führen» erscheint das Verfahren der Verhaltensbeobachtung, konkret der Fremdbeobachtung in simulierten Situationen, gewinnbringend. Um die Einhaltung der Gütekriterien möglichst zu gewährleisten, wären allerdings nicht nur Rollenspielsituationen und darauf bezogene Beobachtungs- und Bewertungsbogen, sondern auch klare Instruktionen für die Rollenspieler und Beobachterschulungen zu entwickeln. Neben einem Instrument zur Fremdbeobachtung wären Instrumente zur Selbstbeobachtung bzw. Selbstbeschreibung in natürlichen Kontexten mit Hilfe etwa der Tagebuchmethode denkbar. Um die Vergleichbarkeit zwischen den Probanden zu gewährleisten, sollten die Verfahren teil- oder vollstandardisiert sein.

Fremdbeobachtungen in natürlichen Settings zur Messung sozialer Fertigkeiten im Situationstyp «im Rahmen von schulischen Gruppenarbeiten erfolgreich kooperieren» beinhalten im Raum Schule die Schwierigkeit, die Gruppeninteraktionen und -prozesse systematisch und über den gesamten Verlauf der Gruppenarbeit präzise beobachten zu müssen. Zu berücksichtigen ist auch das Problem der Reaktivität bei der Datenerhebung. Gruppenprozesse lassen sich im Raum Schule wohl eher im Sinne einer Alltagsdiagnostik messen. Dazu benötigen die Berufsbildner und Berufsbildnerinnen Instrumente zur Fremdbeschreibung des Sozialverhaltens in Gruppen, die entweder individuums- oder gruppenbezogen ausgestaltet sein können. Selbst- bzw. Fremdbeobachtungen in *simulierten* Kontexten sind ebenfalls schwierig zu realisieren, weil sich schulische Gruppenarbeiten, die längere und wiederholte Arbeitsphasen bei gleicher Gruppenzusammensetzung erfordern, nur beschränkt simulieren lassen. Denkbar jedoch wären Selbstbeobachtungen oder Selbstbeschreibungen, die sowohl individuumsbezogen als auch gruppenbezogen erfolgen können. Dabei wäre über den Einsatz von Tagebüchern und Fragebogen bzw. bei der Selbstbeschreibung auch über Interviews nachzudenken. Die Instrumente sollten teil- bzw. vollstandardisiert sein, um zu gewährleisten, dass alle Probanden möglichst identische Erhebungssituationen vorfinden und mit den gleichen Anforderungen konfrontiert werden. Zudem wäre die Entwicklung von soziometrischen Verfahren denkbar, die beispielsweise während und nach Gruppenarbeiten eingesetzt werden, um Veränderungen des sozialen Gefüges in der Gruppe zu identifizieren. Da sich aus den gewonnenen Daten jedoch nur indirekte Hinweise über das Sozialverhalten einer Person ergeben, würde dieses Instrument sinnvollerweise lediglich eine Ergänzung darstellen.

Die Ausführungen zeigen, dass eine Vielzahl an Optionen möglich ist, um die beiden entwickelten Fragebogen um weitere sinnvolle Messverfahren zu ergänzen und auf diese Weise eine Diagnostik zu ermöglichen, die situationstypbezogen ansetzt, das Sozialverhalten über mehrere Situationen hinweg erfasst, mehrdimensional ausgerichtet ist und sich auf mehr als ein Instrument abstützt. Dabei stellt sich jedoch die Frage, welche der vorliegenden Optionen den nächsten Schritt darstellen könnte. Legt man dieser Frage als Auswahlkriterium die

Bedeutsamkeit für die Praxis bzw. den Bedarf der Praxis zugrunde, so spräche dies wohl insbesondere für standardisierte kognitive Leistungstests sowie für die Entwicklung von Rollenspielen beim Situationstyp «ein kooperatives Konfliktgespräch führen». Denkbar wäre auch ein Selbstbeobachtungsinstrument bezogen auf den Situationstyp «im Rahmen von schulischen Gruppenarbeiten erfolgreich kooperieren», der sowohl individuums- als auch gruppenbezogen ausgerichtet sein sollte.

Umsetzung

Einführung von Sozialkompetenzen als Innovationsprojekt

José Gomez
Martin Keller
Dieter Euler
Sebastian Walzik

6

Dieser Teil beschreibt die Darstellung eines Pilotprojekts zur Förderung und Prüfung von Sozialkompetenzen, das an der *Wirtschaftsschule KV Winterthur* (WSKVW) durchgeführt wurde.

Das folgende Kapitel ist eine Kurzversion der Fallstudie, welche die Forschungsfragen (Kapitel 18.1) und die Zusammenfassung der Ergebnisse (Kapitel 18.2) umfasst. Die gesamte Fallstudie ist im Internet auf den Seiten des Instituts für Wirtschaftspädagogik der Universität St. Gallen (siehe Kompetenzzentrum «Sozialkompetenzen» der Universität St. Gallen (2006) zu finden.

18 Die Fallstudie – Ausgangspunkte

Die im Sommer 2003 erstmals an sämtlichen schweizerischen kaufmännischen Berufsschulen umgesetzte Neue Kaufmännische Grundbildung (NKG) ist wohl der grundlegende Einflussfaktor in Bezug auf das vorliegende Innovationsprojekt. Sie kann als wichtiger Treiber für das Pilotprojekt der WSKVW verstanden werden. Die NKG institutionalisiert über verschiedene Instrumente – darunter so genannte Ausbildungseinheiten (AE) – den zentralen Gedanken der Förderung von Sozial- und Methodenkompetenzen in enger Verbindung mit den Fachkompetenzen.

Basierend auf den grundlegenden Forderungen der NKG und unter Einbezug der gesetzlichen Grundlagen zu den Ausbildungseinheiten entstand an der WSKVW die Idee der Entwicklung einer Ausbildungseinheit zum Thema «Konflikte». An dieser Stelle setzt die vorliegende Fallstudie an, indem die WSKV im Rahmen des Pilotprojekts bei der Entwicklung und Implementierung von Konzepten zur Förderung und Prüfung von Sozialkompetenz wissenschaftlich durch das Institut für Wirtschaftspädagogik der Universität St. Gallen begleitet wurde. Der Projektgegenstand impliziert, dass unter Forschungsaspekten weniger das Produkt, sondern mehr der *Prozess* der Entwicklung und die Integration der Konzepte im Sinne einer Schulentwicklung im Zentrum des Interesses stand. Dieser Veränderungsprozess tangierte dabei curriculare, didaktisch-methodische, personale und organisatorische Aspekte.

18.1 Forschungsfragen

18.1.1 Grundfragen

Die Förderung und Prüfung von Sozialkompetenzen im Rahmen von Ausbildungseinheiten (AE), so die Ausgangsvermutung, sind mit zahlreichen Schwierigkeiten und Herausforderungen verbunden. Die Schulen werden durch die begrifflichen und konzeptionellen Ungenauigkeiten vor viele offene Fragen gestellt und sind gefordert, eigenständige Lösungen zu entwickeln. Diese These soll überprüft werden, indem Antworten auf die folgenden zwei Hauptfragen gesucht werden:

(1) Wie kann die Förderung und Prüfung von Sozialkompetenzen institutionell an kaufmännischen Berufsschulen integriert werden?

(2) Wie kann der interne Transfer von Sozialkompetenzen innerhalb eines Kollegiums gefördert werden?

18.1.2 Theoretischer Bezugsrahmen

Die im vorliegenden Veränderungsprozess anvisierte Entwicklung und Implementierung von Konzepten zur Förderung und Prüfung von Sozialkompetenzen wurden als Schulinnovationsprozess verstanden (Siehe hierzu exemplarisch: CAPAUL (2002, S. 17); VAN VELZEN, MILES, ELHOLM, HAMEYER & ROBIN (1985, S. 49); REYNOLDS, HOPKINS & STOLL (1993)). Deshalb wurde zur Strukturierung und Beantwortung der erwähnten Grundfragen als theoretischer Bezugsrahmen das «Concerns Based Adoption Model» (CBAM) von HALL & HORD (2001) herangezogen. Darauf basierend konnten die zu untersuchenden Analyseeinheiten für das vorliegende Pilotprojekt definiert und damit die konkreten Forschungsfragen abgeleitet werden.

18.1.3 Analyseeinheiten, konkrete Fragestellungen, Datenquellen und Erhebungstechnik

Aus dem CBAM als theoretischem Bezugsrahmen lassen sich die in der folgenden Tabelle dargestellten Analyseeinheiten als Strukturierungshilfe ableiten. Die mittlere Spalte der Tabelle präzisiert die in Kapitel 18.1.1 eingeführten Grundfragen, indem diese auf die jeweiligen Analyseeinheiten ausgelegt werden. Die rechte Spalte vermittelt einen Überblick, anhand welcher Daten bzw. durch welche Methoden die Forschungsfragen untersucht wurden:

Analyseeinheiten basierend auf dem CBAM	Konkrete Fragestellungen	Datenquellen/Erhebungstechnik
Umwelt/Rahmen-faktoren	1. Wie gestalten sich die Umweltfaktoren im Rahmen dieser Fallstudie aus?	– rechtliche Quellen – elektronische Quellen
	2. Welchen Einfluss haben diese auf das System Schule im Allgemeinen und auf das Innovationsvorhaben im Konkreten?	– rechtliche Quellen – elektronische Quellen – Experteninterview mit Projektleiter
Change Facilitator Team (CFT)	3. Welche Kriterien wurden bei der Zusammenstellung des CFT berücksichtigt?	– Experteninterview mit Projektleiter
	4. Welcher Change-Facilitator-Stil wird der Projektleitung durch die Beteiligten des Teams zugeschrieben und wie wirkt sich dieser auf die interne Zusammenarbeit aus?	– Experteninterviews mit Mitgliedern des Projektteams
	5. Welche Rolle spielt das Change Facilitator Team während des Innovationsprozesses (insbesondere beim internen Transfer)?	– Experteninterviews mit Lehrpersonen – Experteninterview mit Projektleiter – Experteninterviews mit Mitgliedern des Projektteams
Ressourcen	6. Welche Ressourcen werden für die Innovation bereitgestellt?	– schriftliche Datenquellen – Experteninterview mit Projektleiter
	7. Welche Bedeutung haben die Ressourcen für die Gestaltung des Innovationsprozesses?	– Experteninterview mit Projektleiter – Experteninterviews mit Mitgliedern des Projektteams – Schriftliche Befragung der Lehrpersonen – Selbsteinschätzung durch die Lehrpersonen
	8. Welche Rolle spielt die wissenschaftliche Begleitung als «Ressource» während des Innovationsprozesses?	– Experteninterview mit Projektleiter – Experteninterviews mit Mitgliedern des Projektteams – Experteninterviews mit Lehrpersonen
	9. Wie wird diese durch die direkt Beteiligten beurteilt?	– Experteninterview mit Projektleiter – Experteninterviews mit Mitgliedern des Projektteams – Experteninterviews mit Lehrpersonen
Innovationsanwender	10. Inwiefern gelingt es, das Gesamtkollegium für die Innovation zu motivieren?	– Experteninterview mit Projektleiter – Experteninterviews mit Lehrpersonen – Experteninterviews mit Mitgliedern des Projektteams – Teilnehmende Beobachtung an der Weiterbildungsveranstaltung
	11. Welchen Grad der Betroffenheit zeigt das Gesamtkollegium hinsichtlich der Innovation zum Zeitpunkt der Messung?	– Teilnehmende Beobachtung bei der Umsetzung – Standardisierter Fragebogen (SoC-Q)
	12. In welcher Phase befinden sich die Anwender bzw. Nicht-Anwender der Innovation?	– Standardisierter Fragebogen (SoC-Q)

	13. Wie wird die Qualität der entwickelten Produkte durch die Innovationsanwender eingeschätzt?	– Schriftliche Befragung der Lehrpersonen – Selbsteinschätzung durch die Lehrpersonen – Experteninterviews mit Lehrpersonen – Teilnehmende Beobachtung bei der Umsetzung
	14. Welche Schwierigkeiten bezüglich der Umsetzung der Innovation treten bei den Innovationsanwendern auf?	– Teilnehmende Beobachtung bei der Umsetzung – Selbsteinschätzung durch die Lehrpersonen
Diagnose	16. Welche Methoden/Instrumente kommen zwecks Diagnose zum Einsatz?	– -
Intervention und Steuerung	17. Wie wird die Integration von Sozialkompetenzen an der Schule konzeptionell geplant und (organisatorisch) umgesetzt?	– Experteninterview mit Projektleiter
	18. Wie und durch wen werden die Konzepte entwickelt?	– Experteninterview mit Projektleiter
	19. Mit welchen konkreten Lenkungsmaßnahmen wird der Innovations- und interne Transferprozess der Entwicklung und Integration der Förderkonzepte gesteuert?	– Experteninterviews mit wissenschaftlicher Begleitung – Experteninterview mit Projektleiter
Widerstände	20. Wie wird mit Befürchtungen und potenziellen Widerständen umgegangen?	– Schriftliche Befragung der Lehrpersonen

18.2 Zusammenfassung der Ergebnisse und Ausblick

18.2.1 Hypothesen hinsichtlich der Entwicklung und Implementierung von Konzepten zur Förderung und Prüfung von Sozialkompetenz an Berufsschulen

In der vorliegenden Fallstudie wurde nach Gründen für den erfolgreichen Verlauf des Innovationsprozesses exploriert. Die gewonnenen Erfahrungen und Erkenntnisse sollen dabei das Potenzial bieten, Hypothesen hinsichtlich der Entwicklung und Implementierung der Konzepte zu generieren. Zur Beantwortung der erwähnten Grundfragen wurde als theoretischer Bezugsrahmen das «Concerns Based Adoption Model» (CBAM) herangezogen. Daraus ließen sich die Analyseeinheiten als Strukturierungshilfe ableiten. Die in den folgenden Unterkapiteln aufgenommenen entwicklungstragenden Faktoren orientieren sich an diesen Analyseeinheiten.

18.2.1.1 Umwelt

Die Entwicklung und Implementierung von Konzepten zur Förderung und Prüfung von Sozialkompetenzen erscheint in den skizzierten Dimensionen ohne externe finanzielle Unterstützung kaum möglich. Vielmehr bedarf es der Organisation eines Entwicklungsprojekts mit dedizierten Ressourcen, um die Herausforderungen der Problemstellung bewältigen zu können.

18.2.1.2 Change Facilitator Team

Innovationsprozesse in dieser Art können nicht bei Einzelpersonen platziert, sondern müssen von einem im Lehrerkollegium verankerten, fächerübergreifenden Team getragen werden, damit ein gesamtschulischer Lernprozess stattfinden kann.

Der Leiter des Teams hat im Sinne eines Machtpromotors über die notwendigen Entscheidungskompetenzen zu verfügen, um den Innovationsprozess aktiv und intensiv nach Vorne zu treiben.

Die Aufgabe der verständigungs- und zielorientierten Führung ist personell von Seiten der Schule wahrzunehmen und kann von einer externen wissenschaftlichen Begleitung nicht gleichermassen effektiv wahrgenommen werden.

Zur Verstetigung der Lernprodukte und zum Fortbestehen des organisationalen Lernprozesses sind auf mittlere Frist Verantwortlichkeiten zu schaffen, welche institutionell verankert werden. Die Teammitglieder aus dem Einführungsprozess können in diesem Rahmen wichtige Funktionen übernehmen.

18.2.1.3 Ressourcen

Die notwendigen finanziellen, personellen und zeitlichen Ressourcen sind sorgfältig auf den gesamten Innovationsprozess hin zu planen, wobei neben der Konzept- und Entwicklungsphase der Implementierung eine hohe Aufmerksamkeit zu schenken ist.

Eine externe wissenschaftliche Begleitung kann wichtige Ressourcen im Sinne eines kontextspezifischen Expertenwissens einbringen. Die intensive Auseinandersetzung mit den Inhalten der Innovation bleibt jedoch in der Verantwortung der Schule.

18.2.1.4 Innovationsanwender

Für die Umsetzung der Konzepte sind die folgenden didaktischen Grundlagen zu schaffen: curriculare Fundierung, detaillierte Phasen- und Lektionenpläne sowie eine klare und präzise Ausformulierung von adressantengerechten Lernzielen.

Eine schulinterne Lehrerfortbildung von zwei Tagen schafft eine didaktisch-methodische Basis, kann jedoch eine eigenständige Vorbereitung und persönliche Auseinandersetzung mit den Inhalten nicht ersetzen. Die Gruppe von Lehrpersonen, welche die zweitägige Lehrerfortbildung nicht besucht und die Konzepte nicht umgesetzt hat, signalisiert das Bedürfnis nach zusätzlichen Informationen darüber, welche Ziele mit der Innovation genau verfolgt werden und was diese Innovation für sie bedeutet. Fragen nach der Umsetzung und Wirkung der Innovation sind für diese Gruppe noch nicht relevant.

Die zweitägige Lehrerfortbildung sowie die persönliche Umsetzung der Konzepte haben bewirkt, dass nicht mehr die eigene Person, sondern die Lernenden im Zentrum der Betrachtungen stehen. Diese Gruppe hat die Innovation internalisiert und ist auf die Weiterentwicklung ausgerichtet.

Die Innovation löste bei der Mehrheit des Lehrerkollegiums keine übermäßigen persönlichen Belastungen aus, welche zur Überforderung, Resignation oder Abwehrhaltung geführt haben.

18.2.1.5 Organisation und Kultur

Ein wohlwollendes, ehrliches und kritisches – jedoch immer konstruktives – Klima mit freien Kommunikationsflüssen und Feedbackstrukturen innerhalb des Lehrerkollegiums ist ein entwicklungstragender Faktor zur Implementierung der Konzepte.

Regelmäßige Informationen zuhanden des Kollegiums regen die Entwicklung und Implementierung einer Innovation an.

Das Lehrerkollegium muss bereits im Vorfeld die Möglichkeit haben, seine Bedenken, Befürchtungen und Unsicherheiten zu äußern. Diese Mitsprache- und Mitgestaltungsrechte gilt es regelmäßig während des gesamten Innovationsprozesses zu nutzen.

Die Bereitstellung der beiden Zeitgefäße (Klassenstunde und Ausbildungseinheit) in Verbindung mit dem Unterrichtsfach «Deutsch» bewährt sich nicht nur methodisch-didaktisch, sondern auch in organisatorischer Hinsicht.

18.2.1.6 Intervention und Steuerung

Die Intervention und Steuerung ist eine permanente Aufgabe der lenkenden Personen, von welchen eine «unnachgiebige Flexibilität» zu fordern ist: Flexibel in der Prozessgestaltung – unnachgiebig in der Zielverfolgung.

Das zweitägige Seminar zur Grundlegung eines einheitlichen didaktischen Verständnisses schuf eine tragfähige Kommunikationsbasis, auf welche während des gesamten Innovationsprozesses rekurriert werden konnte. Dies war eine wesentliche Bedingung für die Einführung der neuen Konzepte.

Um die curriculare Basis zu legen, wurde beschlossen, dass das CFT an einem dreitägigen Seminar zum Thema «Kommunikation in Konfliktsituationen» hospitiert. Dieses Seminar wurde durch das IWP-HSG im Rahmen der Handlungskompetenz des Bachelor-Studiums an der Universität St. Gallen angeboten. Diese Hospitation konnte einerseits eine curriculare und methodisch-didaktische Basis legen und ermöglichte dem Team in der Rolle der Multiplikatoren das Erlebte in die Situation der WSKVW zu übertragen.

Die Durchführung der schulinternen Lehrerfortbildung stärkte das Vertrauen des Lehrerkollegiums in den Innovationsprozess, weil das CFT die Fortbildung eigenständig durchführte und die wissenschaftliche Begleitung lediglich beratend und klärend zur Seite stand.

Die entwickelten Produkte fungierten als wichtige Säule zur Steuerung des Innovationsprozesses. Für die Umsetzung einer derartigen Schulinnovation reicht es nicht aus, lediglich in einem Lehrplan neue Lernziele zu formulieren. Für die Lehrpersonen ist entscheidend, dass sie sich auf gefestigte und theoretisch begründete Konzepte stützen können. Dabei müssen neben einem einheitlichen Begriffsverständnis klare Wissensstrukturen erarbeitet und eine theoretische Anknüpfung geschaffen werden. Damit die Produkte die Steuerungswirkung entfalten können, sind sie zudem in ein stimmiges Gesamtkonzept zu integrieren, welches es organisatorisch und institutionell zu verankern gilt. Die Produkte haben sich ferner an den spezifischen Situationsmerkmalen der Schule und an der mikrodidaktischen Ebene zu orientieren.

18.2.1.7 *Widerstände*

Damit das Gesamtkollegium für die Innovation zu motivieren war, mussten die Befürchtungen von Beginn an ernst genommen und während des gesamten Entwicklungsprozesses offen angesprochen werden.

Es ist die Aufgabe des CFT sowie der wissenschaftlichen Begleitung, prozesssynchron zielgerichtete Interventionen und Steuermaßnahmen einzuleiten, damit Befürchtungen nicht zu Widerständen führen.

18.1.2 Ausblick

Mit der vorliegenden Fallstudie wurde der Innovationsprozess der Entwicklung und Implementierung von Konzepten zur Förderung und Prüfung von Sozialkompetenz an Berufsschulen hinsichtlich des Situationstyps «Konfliktklärungsgespräche führen» aufgenommen. Dieser Veränderungsprozess tangierte dabei curriculare, didaktisch-methodische, personale und organisatorische Aspekte. Die Prozesse wurden durch das Institut für Wirtschaftspädagogik der Universität St. Gallen wissenschaftlich begleitet, um im Rahmen einer explorativen Theoriebildung begründete Thesen über förderliche und kritische Faktoren einer

Einführung von Konzepten zur Förderung und Prüfung von Sozialkompetenzen zu identifizieren. Ausgehend von den skizzierten Befunden lassen sich Anschlusspunkte für die weitere Forschung zu diesem Problemkreis begründen.

Als Anschlusspunkt auf der Ebene «Schule» könnten die aufgenommenen Grund- und Leitfragen hinsichtlich eines weiteren Situationstyps untersucht werden. Basierend auf bereits durchgeführten Untersuchungen würde sich der Situationstyp «im Rahmen von schulischen Gruppenarbeiten erfolgreich kooperieren» anbieten. Damit wird der Lerninhalt der Konzepte verändert, während die anderen unabhängigen Variablen idealerweise möglichst ähnlich zu wählen sind (Umwelt- und Rahmenfaktoren, Ressourcen, Intervention und Steuerung). Auch denkbar wäre eine systematische Modifikation einzelner unabhängiger Variablen. So könnten beispielsweise zusätzlich neben kaufmännischen Berufsschulen auch gewerblich-industrielle Berufsschulen oder Schulen für Gesundheitsberufe untersucht werden. Dadurch würden sich wesentliche Einflussgrößen wie beispielsweise rechtliche Vorgaben, Curricula, Zielgruppe etc. verändern. Unter Forschungsgesichtspunkten wäre eine Kontrastierung der Ergebnisse im Sinne von vergleichenden Fallstudien interessant.

Die zweite Forschungslinie setzt auf der Ebene «Unterricht» an. Neben der Entwicklung und Erprobung praktischer Unterrichtskonzepte für die schulische Berufsbildung steht hier die Wirksamkeit solcher Konzepte im Vordergrund. Nach den Fördermaßnahmen von «Sozialkompetenzen» würde die Evaluation der im Verlaufe dieser Förderung erworbenen Kompetenzen folgen. In diesem Zusammenhang sind grob zwei Anwendungsbereiche voneinander zu unterscheiden: (1) das Prüfen im Sinne einer Lernerfolgsüberprüfung und (2) die Diagnose vorhandener Kompetenzen, welche es erlaubt, die Veränderung der Kompetenzentwicklung zu messen. Sowohl für die Diagnose, als auch für eine Lernerfolgsprüfung sind verschiedene Messinstrumente denkbar (siehe hierzu: BAUER-KLEBL & GOMEZ, 2006). Dies ermöglicht eine Verzahnung mit bereits laufenden Projekten am Institut für Wirtschaftspädagogik der Universität st. Gallen.

Die anvisierte Wirksamkeitsstudie kann wie folgt skizziert werden:

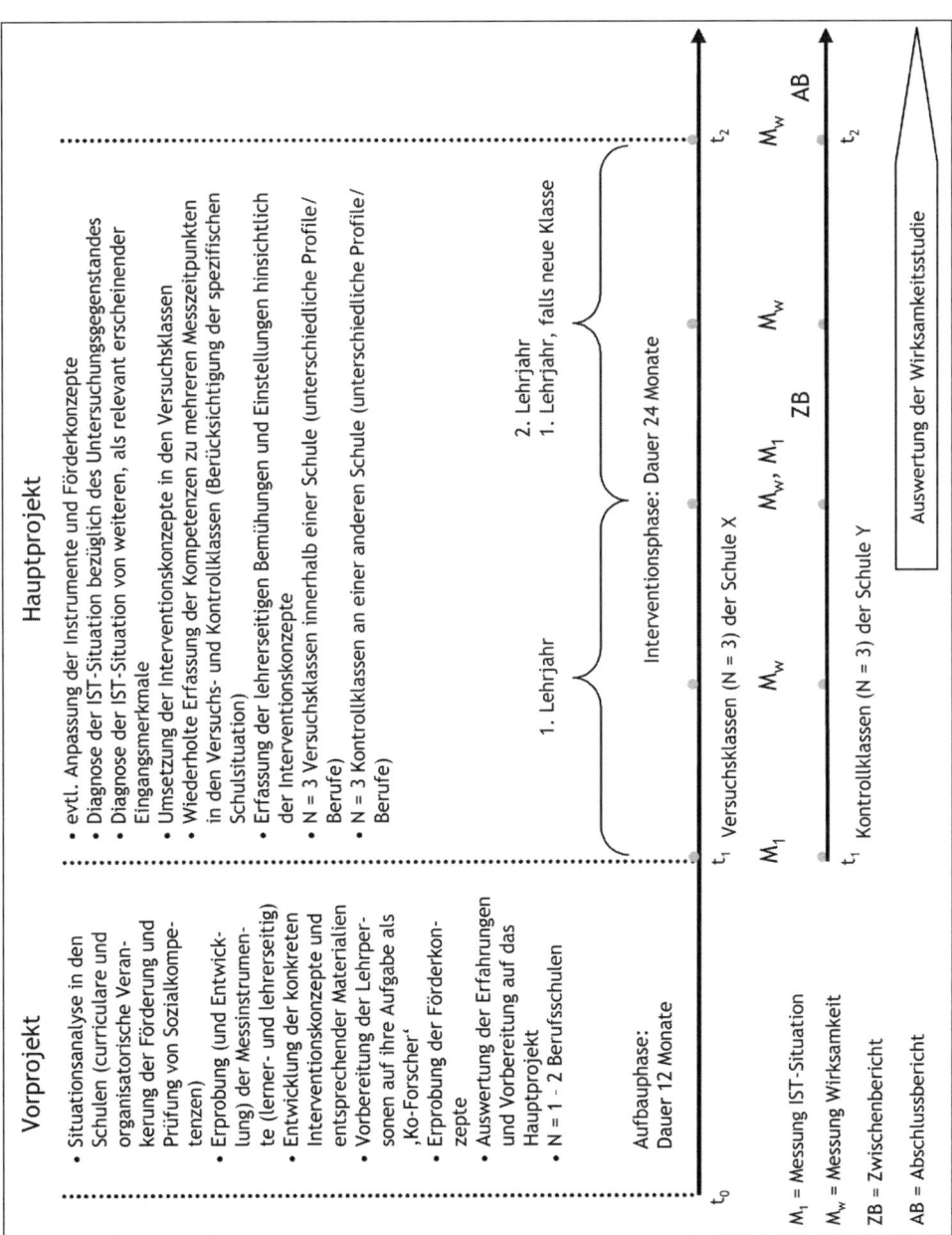

Abbildung 40: Ablauf der Wirksamkeitsstudie

Die Wirksamkeitsstudie beinhaltet ein Vor- und ein Hauptprojekt (siehe Abbildung 40). Das Hauptprojekt befasst sich mit der zentralen Forschungsfrage: *«Unter welchen Bedingungen und durch welche Maßnahmen lassen sich Sozialkompetenzen in der Berufsbildung optimal und nachhaltig fördern?»* Zur Beantwortung dieser Fragestellung drängt sich eine Längsschnittstudie auf. Ob eine solche Wirksamkeitsstudie die volle Dauer der beruflichen Ausbildung oder lediglich Teile davon umfassen sollte, müsste näher geprüft werden.

Der Einbezug von Lehrpersonen erscheint wünschenswert und unabdingbar, um die skizzierten Forschungs- und Entwicklungsvorhaben umsetzen zu können. Dabei sollen idealerweise beide Parteien einen Nutzen generieren können – während das Institut für Wirtschaftspädagogik der Universität St. Gallen insbesondere bei der Umsetzung der Interventionskonzepte auf die Mithilfe von Lehrpersonen angewiesen ist, hilft das Institut für Wirtschaftspädagogik der Universität St. Gallen den Lehrpersonen bei der Konzeption und Erprobung von Unterrichtskonzepten. Das Feld der Forschungsaktivitäten ist folglich als zweigeteilt zu betrachten, d. h. es würde sich sowohl auf die Lernprozesse der Lernenden als auch auf die Instruktionsprozesse der Lehrenden beziehen. Die einzelnen Aktivitäten sind in der Abbildung 40 skizziert.

Literatur

AMELANG, M. & ZIELINSKI, W. (2002). *Psychologische Diagnostik und Intervention* (3. Aufl.). Berlin: Springer.

ANDERSON, L. W., KRATHWOHL, D. R. & BLOOM, B. S. (2001). *A taxonomy for learning, teaching, and assessing a revision of Bloom's taxonomy of educational objectives.* New York: Longman.

ANDERSON, S. E. (1997). Understanding teacher change: Revisiting the Concerns Based Adoption Model. *Curriculum Inquiry, 27* (3), 331–367.

ASENDORPF, J. B. & WILPERS, S. (1999). KIT: Kontrolliertes Interaktionstagebuch zur Erfassung sozialer Interaktionen, Beziehungen und Persönlichkeitseigenschaften. *Diagnostica, 2,* 82–94.

BACKHAUS, K., ERICHSON, B., PLINKE, W. & WEIBER, R. (2003). *Multivariate Analysemethoden. Eine anwendungsorientierte Einführung.* Berlin: Springer.

BAILEY, D. B. & PALSHA, S. A. (1992). Qualities of the Stages of Concern Questionnaire and Implications for Educational Innovations. *Journal of Educational Research, 85*(4), 226–232.

BANDURA, A. (1977). *Social learning theory.* Englewood Cliffs, NJ: Prentice-Hall.

BANDURA, A. (1978). The self system in reciprocal determinism. *American Psychologist, 33,* 344–358.

BANDURA, A. (1986). *The social foundations of thought and action a social cognitive theory.* Englewood Cliffs, NJ: Prentice-Hall.

BARENT, V. (1997). *Werkzeuge für die moderatorlose Gruppenarbeit: Konzeption – Realisierung – Einsatzpotentiale.* Wiesbaden: Gabler Verlag.

BAUER-KLEBL, A. (2003). *Sozialkompetenzen zur Moderation des Lehrgesprächs und ihre Förderung in der Lehrerbildung: eine wirtschaftspädagogische Studie unter besonderer Berücksichtigung des Lerntransfers.* Paderborn: Eusl-Verlagsgesellschaft mbH.

BAUER-KLEBL, A. (2004). Die Förderung von Sozialkompetenzen in der Lehrerbildung. In M. Pilz (Hrsg.), *Sozialkompetenzen zwischen theoretischer Fundierung und pragmatischer Umsetzung* (S. 81–100). Bielefeld.

BAUER-KLEBL, A. (2005). Lehrgespräche sozialkompetent führen – eine Herausforderung für die Lehrerbildung. *Zeitschrift für Berufs- und Wirtschaftspädagogik,* 101, 206–228.

BAUER-KLEBL, A., EULER, D. & HAHN, A. (2001). *Das Lehrgespräch – (auch) eine Methode zur Entwicklung von Sozialkompetenzen? Wirtschaftspädagogisches Forum* (Bd. 13). Paderborn: Eusl-Verlagsgesellschaft mbH.

BAUER-KLEBL, A. & GOMEZ, J. (2006). *Die Messung von Sozialkompetenzen.* Unpubliziertes Manuskript. St. Gallen: Institut für Wirtschaftspädagogik der Universität St. Gallen.

BENIEN, K. (2005). *Schwierige Gespräche führen. Modelle für Beratungs-, Kritik- und Konfliktgespräche im Berufsalltag* (3.). Reinbek bei Hamburg: Rowohlt Taschenbuch Verlag.

BLOCK, C. H. (2000). *Von der Gruppe zum Team: wie Sie die Zusammenarbeit in funktionsorientierten Unternehmen verbessern.* München: C. H. Beck Wirtschaftsverlag.

BORTZ, J. & DÖRING, N. (2002). *Forschungsmethoden und Evaluation für Human- und Sozialwissenschaftler, Springer-Lehrbuch* (3. Aufl., S. 812). Berlin: Springer.

BORTZ, J. & DÖRING, N. (2003). *Forschungsmethoden und Evaluation für Human- und Sozialwissenschafter* (3. Aufl.). Berlin, Heidelberg: Springer-Lehrbuch.

BRANSFORD, J. D., BROWN, A. L. & COCKING, R. R. (Hrsg.). (2002). *How People Learn: Brain, Mind, Experience, and School* (Expanded Edition). Washington, DC: National Academy Press.

BRODBECK, F. C., ANDERSON, N. & WEST, M. (2000). *Teamklima-Inventar (TKI).* Göttingen: Hogrefe Verlag für Psychologie.

BÜHNER, M. (2004). *Einführung in die Test- und Fragebogenkonstruktion (7083).* München: Pearson Studium.

BUHRMEISTER, D., FURMANN, W., WITTENBERG, M. T. & REIS, H. T. (1988). Five domains of interpersonal competence in peer relationships. *Journal of Personality and Social Psychology, 55,* 991–1008.

BUNDESAMT FÜR BERUFSBILDUNG UND TECHNOLOGIE. (2003). *Neue Kaufmännische Berufsbildung.* Zugang am: 06. Juni 2006, Quelle: http://www.rkg. ch/Data/Upload/Docs/De/Aktuell/02_IdeenundZiele/d_BroschuereNKG_ februar2003.pdf

BUNDESAMT FÜR STATISTIK. (2002). *Lehrabschlussprüfungen und Lehrverträge nach Berufsart und Beruf 2001.* Neuchâtel.

CAMPBELL, D. T. & FISKE, D. W. (1959). Convergent and discriminant validation by the multitrait-multimethod matrix. *Psychological Bulletin, 56,* 81–105.

CAPAUL, R. (2002). Die Bedeutung der Schulleitung bei der Gestaltung von Schulinnovationsprozessen. *Journal für Schulentwicklung, 6*(2), 16–30.

CAPAUL, R. (2005). *Reform der kaufmännischen Grundbildung in der Schweiz – Erste Erfahrungen aus der Begleitung.* Zugang am: 6. Juni 2006, Quelle: http://www.bwpat.de/spezial2/capaul_spezial2-bwpat.pdf

CAPAUL, R. & SEITZ, H. (2004). *Innovationen begleiten.* St. Gallen: Institut für Wirtschaftspädagogik der Universität St. Gallen.

CHEUNG, D., HATTIE, J. & NG, D. (2001). Reexamining the stages of concern questionnaire: A test of alternative models. *The Journal of Educational Research, 94,* 226–236.

CHOMSKY, N. (1969). *Aspekte der Syntax-Theorie.* Frankfurt, Main: Suhrkamp.

CRONBACH, L. J. & MEEHL, P. E. (1955). Construct Validity in Psychological Tests. *Psychological Bulletin, 52,* 281–302.

DALIN, P. (1999). *Theorie und Praxis der Schulentwicklung.* Neuwied, Kriftel: Luchterhand.

DELHEES, K. H. (1998). *Soziale Kommunikation: psychologische Grundlagen für das Miteinander in der modernen Gesellschaft* (S. 422). Opladen: Westdeutscher Verlag.

DIEKMANN, A. (2003). *Empirische Sozialforschung Grundlagen, Methoden, Anwendungen* (10. Aufl.). Reinbek bei Hamburg: Rowohlt Taschenbuch Verlag.

DUMPERT, M. (2001). *Entwicklung von Sozialkompetenzen als Herausforderung für Führungskräfte* (Bd. 14). Paderborn: Eusl-Verlagsgesellschaft mbH.

DUMPERT, M., EULER, D., HANKE, B. & REEMTSMA-THEIS, M. (2002). *Kundenorientierte Sozialkompetenzen als didaktische Herausforderung.* Berichte zur beruflichen Bildung, Heft 259.

EBNER, H. G. (2005). *Management von Innovationsprozessen in Schulen.* Zugang am: 06. Juni 2006, Quelle: http://www.bwpat.de/spezial2/ebner_spezial2-bwpat.pdf

EISENHARDT, K. M. (1989). Building Theories from Case Study Research. *Academy of Management Review, 14*(4), 532–550.

ERPENBECK, J. & ROSENSTIEL, L. VON (Hrsg.). (2003). *Handbuch Kompetenzmessung: Erkennen, Verstehen und Bewerten von Kompetenzen in der betrieblichen, pädagogischen und psychologischen Praxis.* Stuttgart: Schäffer-Poeschel Verlag.

ERTL, H. & KREMER, H. (2005). *Innovationskompetenzen von Lehrkräften an beruflichen Schulen.* Zugang am: 6. Juni 2006, Quelle: http://www.bwpat.de/spezial2/ertl_kremer_spezial2-bwpat.pdf

EULER, D. & HAHN, A. (2004). *Wirtschaftsdidaktik.* Bern: Haupt.

EULER, D. & REEMTSMA-THEIS, M. (1999). Sozialkompetenzen? Über die Klärung einer didaktischen Zielkategorie. *Zeitschrift für Berufs- und Wirtschaftspädagogik,* Heft 2, 168–198.

EULER, D. (1989). *Kommunikationsfähigkeit und computerunterstütztes Lernen.* Köln.

EULER, D. (1994). *Didaktik einer sozio-informationstechnischen Bildung. Wirtschafts-, Berufs- und Sozialpädagogische Texte* (Bd. 22). Köln: Botermann & Botermann.

EULER, D. (1997). Sozialkompetenz als didaktische Kategorie – vom «didaktischen Impressionsmanagement» zu einem Forschungsprogramm. In R. Dubs & R. Luzi (Hrsg.), *25 Jahre IWP, Tagungsbeiträge, Schule in Wissenschaft, Politik und Praxis* (S. 279–317). St. Gallen: Institut für Wirtschaftspädagogik der Universität St. Gallen.

EULER, D. (2000). Die Rolle der überbetrieblichen Bildungsstätten in der Modernisierung der Berufsbildung. In Bundesinstitut für Berufsbildung (Hrsg.), *Überbetriebliche Berufsbildungsstätten: Partner für moderne Berufsbildung (S. 57–73).* Bielefeld: Bertelsmann.

EULER, D. (2001). Manche lernen es – aber warum? *Zeitschrift für Berufs- und Wirtschaftspädagogik,* 97. Band (Heft 3), 346–374.

EULER, D. (2003). Sozialkompetenz – erlernbare Eigenschaft. *HR-Today: Das Schweizer Human Ressource Management-Journal,* Heft 6/2003 Juni, S. 14.

EULER, D. (2004). *Sozialkompetenzen bestimmen, fördern und prüfen. Grundfragen und theoretische Fundierung* (Bd. 1). St. Gallen: Institut für Wirtschaftspädagogik der Universität St. Gallen.

EULER, D. & REEMTSMA-THEIS, M. (1999). Sozialkompetenzen? Über die Klärung einer didaktischen Zielkategorie. *Zeitschrift für Berufs- und Wirtschaftspädagogik,* 95. Band, Heft 2, 168–198

EULER, D., GOMEZ, J., KELLER, M., PILZ, M. & WALZIK, S. (2004). *Curriculumtheoretische Fundierung von Sozialkompetenzen in der beruflichen Grundbildung (Forschungsbericht).* St. Gallen: Institut für Wirtschaftspädagogik der Universität St. Gallen.

EULER, D. & BAUER-KLEBL, A. (2006). *«Sozialkompetenzen» als didaktisches Konstrukt – Theoretische Fundierungen und Anbindung an die wissenschaftliche Fachdiskussion.* Unpubliziertes Manuskript. St. Gallen: Institut für Wirtschaftspädagogik der Universität St. Gallen.

EULER, D., GOMEZ, J., KELLER, M. & WALZIK, S. (2006). Sozialkompetenzen in Curricula der Berufsausbildung. In G. Pätzold & F. Rauner (Hrsg.), *Qualifikationsforschung und Curriculumentwicklung* (Beiheft 19). Stuttgart: Franz Steiner Verlag.

FISSENI, H.-J. (1997). *Lehrbuch der psychologischen Diagnostik mit Hinweisen zur Intervention.* Göttingen: Hogrefe Verlag für Psychologie.

FRANCIS, D. & YOUNG, D. (1996). *Mehr Erfolg im Team: Ein Trainingsprogramm mit 64 Übungen zur Verbesserung der Leistungsfähigkeit in Arbeitsgruppen* (H. Weber, Trans. 5. Aufl.). Hamburg: Windmühle Verlag.

FREIMUTH, J. (2000). *Moderation in der Hochschule* (1. Aufl.). Hamburg: Windmühle Verlag.

FRIEDRICHS, J. (1990). *Methoden empirischer Sozialforschung* (Bd. 28). Opladen: Westdeutscher Verlag.

FUCHS-BRÜNINGHOFF, E. & GRÖNER, H. (1999). *Zusammenarbeit erfolgreich gestalten: Eine Anleitung mit Praxisbeispielen*, Beck-Wirtschaftsberater im dtv (1. Aufl.). München: Deutscher Taschenbuch Verlag.

GAGE, N. L. & BERLINER, D. C. (1998). *Educational Psychology* (6. Aufl.). Boston und New York: Houghton Mifflin Company.

GAUGLER, B. B. & THORNTON, G. C. (1989). Number of assessment center dimensions as a determinant of assessor accuracy. *Journal of Applied Psychology*, 74, 611–618.

GLASER, B. G. & STRAUSS, A. L. (1998). *Grounded Theory: Strategien qualitativer Forschung*. Bern: Verlag Hans Huber.

GLÄSER, J. & LAUDEL, G. (2004). *Experteninterviews und qualitative Inhaltsanalyse als Instrumente rekonstruierender Untersuchungen* (1. Aufl.). Wiesbaden: VS Verlag für Sozialwissenschaften UTB.

GOMEZ, J. (2004). *Moderations- und Präsentationssituationen gestalten* (Bd. 2). St. Gallen: Institut für Wirtschaftspädagogik der Universität St. Gallen.

GORSUCH, R. L. (1983). Three methods for analyzing limited time-series (N of 1) data. *Behavioral Assessment*, 5(2), 141–154.

HALL, G. E. & HORD, S. M. (2001). *Implementing change: patterns, principles, and potholes*. Boston, Mass.: Allyn and Bacon.

HALL, G. E., GEORGE, A. A. & RUTHERFORD, W. L. (1998). *Measuring Stages of Concern about the Innovation: A Manual for Use of the SoC Questionnaire*. Austin: The University of Texas, Research and Development Center for Teacher Education.

HARTFIEL, G. (1982). *Wörterbuch der Soziologie*. Stuttgart: Lucius&Lucius.

HASENBANK, T. (2001). *Führung und Leitung einer Schule (FleiS) als Dimension und Rahmenbedingung berufsschulischer Entwicklung: Eine Illustration am Beispiel bayerischer Berufsschulleiter vor dem Hintergrund der Einführung lernfeldstrukturierter Curricula*. Paderborn: Eusl-Verlagsgesellschaft mbH.

HAUSCHILDT, J. (1997). *Innovationsmanagment* (2. Aufl.). München: Vahlen.

HOLLING, H., KANNING, U. P. & HOFER, S. (2003). Das Personalauswahlverfahren «Soziale Kompetenz» (SOKO) der Bayerischen Polizei. In J. Erpenbeck

& L. v. Rosenstiel (Hrsg.), *Handbuch Kompetenzmessung. Erkennen, verstehen und bewerten von Kompetenzen in der betrieblichen, pädagogischen und psychologischen Praxis* (S. 126–139). Stuttgart.

INGENKAMP, K. (1997). *Lehrbuch der pädagogischen Diagnostik.* Weinheim: Beltz Psychologie Verlags Union.

INSTITUT FÜR WIRTSCHAFTSPÄDAGOGIK DER UNIVERSITÄT ST. GALLEN. (2005). *Befragung zur Förderung und Prüfung von Sozialkompetenzen in der schulischen Berufsbildung.* Unpubliziertes Manuskript, St. Gallen.

KAISER, H. F. & RICE, J. (1974). Little Jiffy, Mark IV. *Educational and Psychological Measurement, 34,* 111–117.

KANNING, U. P. (2003). *Diagnostik sozialer Kompetenzen* (Bd. 4). Göttingen: Hogrefe Verlag für Psychologie.

KELLER, M. (2004). *Konfliktsituationen gestalten* (Bd. 3). St. Gallen: Institut für Wirtschaftspädagogik der Universität St. Gallen.

KELLER, M. (2006). *Kommunikation in Konfliktsituationen gestalten: Konfliktklärung.* Unpubliziertes Manuskript. St.Gallen: Institut für Wirtschaftspädagogik der Universität St. Gallen.

KELLER, M., WALZIK, S., GOMEZ, J., BAUER-KLEBL, A. & EULER, D. (2006). *Testmanual KOGEF.* St.Gallen: Leadinghouse Sozialkompetenzen Universität St.Gallen.

KLEBERT, K., SCHRADER, E. & STRAUB, W. (2002). *Moderations-Methode. Das Standardwerk.* Hamburg: Windmühle Verlag.

KLEINMANN, M. (1991). Reaktivität von Assessment-Centern. In H. Schuler & F. Funke (Hrsg.), *Eignungsdiagnostik in Forschung und Praxis.* Stuttgart: Verlag für Angewandte Psychologie.

KLEINMANN, M. (1997). *Assessment-Center – Stand der Forschung, Konsequenzen für die Praxis.* Göttingen: Verlag für angewandte Psychologie.

KUNERT, K. & KNILL, M. (2000). *Team und Kommunikation: Theorie und Praxis. Pädagogik bei Sauerländer* (2. Aufl.). Aarau: Bildung Sauerländer.

LAIREITER, A. R. & THIELE, C. (1995). Psychologische Sozialdiagnostik: Tagebuchverfahren zur Erfassung sozialer Beziehungen, sozialer Interaktionen und sozialer Unterstützung. *Zeitschrift für Differentielle und Diagnostische Psychologie, 16,* 125–151.

LAMNEK, S. (2005). *Qualitative Sozialforschung* (4. Aufl.). Weinheim: Beltz Psychologie Verlags Union.

LANGMAACK, B. & BRAUNE-KRICKAU, M. (2000). *Wie die Gruppe laufen lernt: Anregungen zum Planen und Leiten von Gruppen, ein praktisches Lehrbuch* (7. Aufl.). Weinheim: Beltz Psychologie Verlags-Union.

LANGMAACK, B. (2001). *Einführung in die Themenzentrierte Interaktion TZI: Leben rund ums Dreieck* (S. 288). Weinheim, Basel: Beltz Psychologie Verlags Union.

LEADINGHOUSE SOZIALKOMPETENZEN DER UNIVERSITÄT ST. GALLEN. (2006). *Entwicklung und Implementation von Konzepten zur Förderung und Prüfung von Sozialkompetenzen an Berufsfachschulen – Eine Fallstudie.* Unpubliziertes Manuskript. St. Gallen: Institut für Wirtschaftspädagogik der Universität St. Gallen.

LIENERT, G. A. & RAATZ, U. (1998). *Testaufbau und Testanalyse.* Weinheim: Beltz Psychologie Verlags Union.

LOHAUS, D. (1998). *Kontexteffekte bei der Leistungsbeurteilung* (Bd. 36). Hamburg: Kovac.

LORENZ, R. J. (1992). *Grundbegriffe der Biometrie.* Stuttgart: Gustav Fischer Verlag.

LUKESCH, H. (1998). *Einführung in die pädagogisch-psychologische Diagnostik* (3). Regensburg: Roderer.

MABE, P. A. & WEST, S. G. (1982). Validity of self-evaluation of ability: A review and meta-analysis. *Journal of Applied Psychology, 67,* 280–296.

MANSTETTEN, R. (1983). Lehrplankonstruktion und -analyse. In M. Twardy (Hrsg.), *Kompendium Fachdidaktik Wirtschaftswissenschaften* (Teil I, S. 205–254). Düsseldorf.

MARKUS, H. & NURUSIUS, P. (1986). Possible Selves. *American Psychologist, 41,* 858–866.

MAYRING, P. (2002). *Einführung in die qualitative Sozialforschung* (5. Aufl.). Weinheim, Basel: Beltz Psychologie Verlags Union.

MAYRING, P. (2003). *Qualitative Inhaltsanalyse: Grundlagen und Techniken* (8. Aufl.). Weinheim, Basel: Beltz Psychologie Verlags Union.

MENDOZA, J. L., STAFFORD, K. L. & STAUFFER, J. M. (2000). Large-sample confidence intervals for validity and reliability coefficients. *Psychological Methods, 5*(3), 356–369.

MERRELL, K. W. (1994). *Assessment of behavioral, social & emotional problems. Direct & objective methods for use with children and adolescents.* New York: Longman Publishing Group.

METZGER, C. & NÜESCH, C. (2004). *Fair prüfen. Ein Qualitätsleitfaden für Prüfende an Hochschulen* (Bd. 6). St. Gallen: Institut für Wirtschaftspädagogik der Universität St. Gallen.

METZGER, C., DÖRIG, R. & WAIBEL, R. (1998). *Gültig prüfen. Modell und Empfehlungen für die Sekundarstufe II unter besonderer Berücksichtigung der kaufmännischen Lehrabschluss- und Berufsmaturitätsprüfungen.* St. Gallen: Institut für Wirtschaftspädagogik der Universität St. Gallen.

MIETZEL, G. (1998). *Pädagogische Psychologie des Lernens und Lehrens.* Göttingen: Hogrefe Verlag für Psychologie.

MORENO, J. L. (1934). *Who Shall Survive?* Washington, DC: Nervous and Mental Disease Publishing.

NEWLOVE, B. & HALL, G. (1976). *A Manual for Assessing Open-Ended Statements of Concern about the innovation.* Austin: The University of Texas, Research and Development Center for Teacher Education.

NÜESCH, C. (2004). *Führungssituationen Coachingprozesse gestalten.* St. Gallen: Institut für Wirtschaftspädagogik der Universität St. Gallen

OBERMANN, C. & BECKERS, A. (1992). *Assessment Center: Entwicklung, Durchführung, Trends.* Wiesbaden: Gabler Verlag.

ORTH, B. (1974). *Einführung in die Theorie des Messens.* Stuttgart: Kohlhammer.

PILZ, M. & DÖRIG, R. (2004). *Beratungssituationen gestalten.* St. Gallen: Institut für Wirtschaftspädagogik der Universität St. Gallen

PRÜFUNGSKOMMISSION. (2003). *Kauffrau/Kaufmann – Basisbildung. Kauffrau/Kaufmann – Erweiterte Grundbildung. Ausführungsbestimmungen zur Lehrabschlussprüfung: Ausbildungseinheiten/Selbständige Arbeit.* Zugang am: 06. Juni 2006, Quelle: http://www.rkg.ch/Data/Upload/Docs/De/Schule/04_Ausbildungseinheiten/d_AB_AE_SA_300103.pdf

REDLICH, A. (1997). *Die soziale Architektur von Gruppen in der Teamentwicklung, Materialien aus der Arbeitsgruppe Beratung und Training* (Bd. 8). Hamburg: Fachbereich Psychologie der Universität Hamburg.

REEMTSMA-THEIS, M. (2002). Zur Beurteilung von Sozialkompetenzen: Zentrale Problemfelder und Gestaltungsansätze im Modellversuch. In M. Dumpert, D. Euler, B. Hanke & M. Reemtsma-Theis (Hrsg.), *Kundenorientierte Sozialkompetenzen als didaktische Herausforderung* (Heft 259, S. 163–191). Bonn.

REETZ, L. (1999). Kompetenz. In F.-J. Kaiser & G. Pätzold (Hrsg.), *Wörterbuch Berufs- und Wirtschaftspädagogik* (S. 245 f.). Bad Heilbrunn/Obb.

REYNOLDS, D., HOPKINS, D. & STOLL, L. (1993). Linking school effectiveness knowledge and school improvement practice. Towards a synergy. *School Effectiveness and School Improvement,* 4(1), 37–58.

RIEMANN, F. (1999). *Grundformen der Angst: eine tiefenpsychologische Studie* (31. Aufl., S. 259). München, Basel: E. Reinhardt.

RIEMANN, R. & ALLGÖWER, A. (1993). Eine deutschsprachige Fassung des «Interpersonal Competence Questionnaire» (ICQ). *Zeitschrift für Differentielle und Diagnostische Psychologie*, 14, 153–163.

ROBBINS, H. & FINLEY, M. (1995). *Why teams don't work: what went wrong and how to make it right.* Princeton: Peterson's/Pacesetter Books.

ROBBINS, P. & ALVY, H. B. (2003). *The Principal's Companion* (2. Aufl.). Thousand Oaks: Corwin.

SCHMIDT, J. U. (1995). Psychologische Messverfahren für soziale Kompetenzen. In B. Seyfried (Hrsg.), *«Stolperstein» Sozialkompetenz. Was macht es so schwierig, sie zu erfassen, zu fördern und zu beurteilen?* (Heft 179, S. 117–135). Bielefeld.

SCHNEIDER, H. & KNEBEL, H. (1995). *Team und Teambeurteilung: Neue Trends in der Arbeitsorganisation.* Köln: Wirtschaftsverlag Bachem.

SCHNEIDER, H. (1996). *Lexikon zu Team und Teamarbeit: 237 Stichwörter.* Köln: Wirtschaftsverlag Bachem.

SCHNELL, R., HILL, P. B. & ESSER, E. (2005). *Methoden der empirischen Sozialforschung.* München: Oldenbourg.

SCHULER, H. (1989). Fragmente psychologischer Forschung zur Personalentwicklung. *Zeitschrift für Arbeits- und Organisationspsychologie*, 34, 184–191.

SCHULZ VON THUN, F. (1995). *Miteinander reden 2. Stile, Werte und Persönlichkeitsentwicklung.* Reinbek bei Hamburg: Rowohlt Taschenbuch Verlag.

SCHULZ VON THUN, F. (2000). *Miteinander reden 1 – Störungen und Klärungen: Allgemeine Psychologie der Kommunikation* (Bd. 1). Augsburg: Weltbild Verlag

SEITZ, H. (2005). Reform der kaufmännischen Grundbildung in der Schweiz – erste provisorische Ergebnisse aus einem Forschungsprojekt. In H. Ertl & H. Kremer (Hrsg.), *Innovationen in schulischen Kontexten. Ansatzpunkte für berufsbegleitende Lernprozesse bei Lehrkräften.* Paderborn: Eusl-Verlagsgesellschaft mbH.

SEITZ, H. & CAPAUL, R. (2004). *Führungssituation Innovationsprozesse gestalten.* St. Gallen: Institut für Wirtschaftspädagogik der Universität St. Gallen.

SEYFRIED, B. (1995). Team und Teamfähigkeit. In B. Seyfried (Hrsg.), *«Stolperstein» Sozialkompetenz. Was macht es so schwierig, sie zu erfassen, zu fördern und zu beurteilen?* (Heft 179, S. 15–31). Bielefeld.

SIEBERT, H. (1999). *Pädagogischer Konstruktivismus: Eine Bilanz der Konstruktivismusdiskussion für die Bildungspraxis, Pädagogik – Theorie und Praxis.* Neuwied: Luchterhand.

STAATSINSTITUT FÜR SOZIAL- UND BILDUNGSFORSCHUNG. (Hrsg.). (2002). *Lehr-planrichtlinien für die Berufsschule, Fachklassen Industriekaufmann/Indus-triekauffrau, Jahrgangsstufen 10 bis 12.* München.

STAHL, E. (2002). *Dynamik in Gruppen: Handbuch der Gruppenleitung* (1. Aufl.). Weinheim, Basel, Berlin: Verlagsgruppe Beltz.

STRAUSS, A. (1987). *Qualitative analysis for social scientists.* Cambridge, New York: Cambridge University Press.

STRAUSS, A. (1994). *Grundlagen qualitativer Sozialforschung.* München: Wilhelm Fink Verlag.

THOMANN, C., SCHULZ VON THUN, F. & NAUMANN-BAHAYAN, C. (2000). *Klä-rungshilfe: Handbuch für Therapeuten, Gesprächshelfer und Moderatoren in schwierigen Gesprächen. Theorien, Methoden, Beispiele.* rororo Sachbuch, 18406. Reinbek bei Hamburg: Rowohlt Taschenbuch Verlag.

TORGRUD, L. & HOLBORN, W. (1992). Developing externally valid role-play for assessment of social skills: A behavior analytic perspective. *Behavioral Assessment*, 14, 245–277.

TRÄNKLE, U. (1983). Fragebogenkonstruktion. In H. F. J. Bredekamp (Hrsg.), *Enzyklopädie der Psychologie, Themenbereich B: Methodologie und Metho-den, Serie I: Forschungsmethoden der Psychologie* (Band 2, S. 222–301). Göttingen: Hogrefe Verlag für Psychologie

TUCKMAN, B. W. (1965). Developmental Sequence in Small Groups, *Psychological Bulletin* (Bd. 63, 384–399).

VAN DEN BERG, R., SLEEGERS, P., GEIJSEL, F. & VANDENBERGHE, R. (2000). Implementation of an Innovation: Meeting the Concerns of Teachers. *Studies in Educational Evaluation*, 26, 331–350.

VAN VELZEN, W., MILES, M., ELHOLM, M., HAMEYER, U. & ROBIN, D. (1985). *Making school improvement work.* Leuven Belgium: ACCO.

VOLK (1999). Neue Methoden zur Förderung der Motivation und Persönlichkeitsentwicklung. *Der Ausbildner*, 7, 4–6.

VRANKEN, U. (1997). Führung durch Prozessmanagement. In M. Reiss, L. von Rosenstiel & A. Lanz (Hrsg.), *Change Management* (S. 91–108). Stuttgart: Schäffer-Poeschel Verlag.

WALZIK, S. (2002). Sozialkompetenzen vs. Fachkompetenzen – Parallelen und Probleme ihrer Förderung und Prüfung. In S. Walzik (Hrsg.), *Methoden- und Sozialkompetenzen – ein Schlüssel zur Wissensgesellschaft?* (Bd. 20, S. 5–16). Bielefeld: W. Bertelsmann.

WALZIK, S. (2003). Verhaltene Be(ob)achtung – ein zentraler Bestandteil der Beurteilung von Sozialkompetenzen. In Z. Dippl, F. Elster & G. Zimmer (Hrsg.), *Wer bestimmt den Lernerfolg? Leistungsbeurteilung in projektorientierten Lernarrangements* (S. 43–65). Bielefeld.

WALZIK, S. (2004). *Teamsituationen gestalten* (Bd. 4). St. Gallen: Institut für Wirtschaftspädagogik der Universität St. Gallen.

WALZIK, S. (2004a). Aktion und Reflexion: Förderung sozialer Kompetenzen an der Hochschule. In M. Pilz (Hrsg.), *Sozialkompetenzen zwischen theoretischer Fundierung und pragmatischer Umsetzung* (Bd. 24, S. 61–79). Bielefeld: W. Bertelsmann.

WALZIK, S. (2004b). Förderung kooperativen Lernens in der beruflichen Erstausbildung (Dossier 2). In Bund-Länder-Kommission für Berufsplanung und Forschungsförderung (Hrsg.), *Selbstgesteuertes und kooperatives Lernen in der beruflichen Erstausbildung (SKOLA): Gutachten und Dossiers zum BLK-Programm* (Heft 120). Bonn: Bund-Länder-Kommission für Bildungsplanung und Forschungsförderung.

WALZIK, S. (2004c). Förderung sozialer Kompetenzen an der Hochschule: Ein Praxisbeitrag und seine theoretischen Grundlagen. In B. Langmaack (Hrsg.), *Soziale Kompetenz: Verhalten steuert den Erfolg* (S. 215–239). Weinheim, Basel: Beltz Psychologie Verlags Union.

WALZIK, S. (2004d). Potenziale lernortkooperativer Förderung von Sozialkompetenzen. In D. Euler (Hrsg.), *Handbuch der Lernortkooperation* (Bd. 1: Theoretische Grundlagen, S. 522–532). Bielefeld: W. Bertelsmann.

WALZIK, S. (2006). *Sozialkompetenzen an der Hochschule fördern: Theoriegeleitete Entwicklung einer Lernumgebung und deren Evaluierung im Hinblick auf die Förderung sozialer Kompetenzen in Kooperations- und Teamsituationen. Wirtschaftspädagogisches Forum* (Bd. 32), Paderborn: Eusl-Verlagsgesellschaft mbH.

WALZIK, S., KELLER, M., GOMEZ, J., BAUER-KLEBL, A. & EULER, D. (2006). *In schulischen Gruppen arbeiten: Fragebogen zur Selbsteinschätzung* (Unveröffentlichter Fragebogen). St. Gallen: Institut für Wirtschaftspädagogik der Universität St. Gallen.

WATZLAWICK, P., BEAVIN, J. & JACKSON, D. (2000). *Menschliche Kommunikation: Formen, Störungen, Paradoxien.* Bern: Hans Huber Verlag.

WEBER, M. & WINCKELMANN, J. (1956). *Wirtschaft und Gesellschaft. Grundriss der verstehenden Soziologie mit einem Anhang: Die rationalen und soziologischen Grundlagen der Musik.* Tübingen: Mohr.

YIN, R. K. (2003). *Case Study Research. Design and Methods* (3. Aufl.). London: Sage Publications.

Dieter Euler / Angela Hahn

Wirtschaftsdidaktik

Uni-Taschenbücher (Haupt bei UTB) – mittlere Reihe.
Band 2525
2., aktualisierte Auflage 2007. 588 Seiten, 122 Abbildungen,
26 Übersichten, kartoniert
CHF 49.90 / EUR 29.90
ISBN 978-3-8252-2525-4

Ein umfassendes Lehrbuch zur Wirtschaftsdidaktik. Neben den klassischen Fragestellungen (z.B. didaktische Modelle, lernpsychologische Grundlagen, Lehrmethoden, Unterrichtsplanung) werden auch die »überfachlichen« Handlungskompetenzen und Schlüsselqualifikationen wie Sozial- und Selbstlernkompetenzen ausführlich behandelt. Dabei rücken die Verfasserin und der Verfasser durchgehend die wechselseitigen Bezüge von Theorie und Praxis ins Zentrum. So wird in den Kapiteln durchgängig darauf geachtet, dass theoretische Systematisierungen in praktische Beispiele bzw. Fälle übertragen, andererseits praxisbezogene Ausführungen immer wieder auf theoretische Grundlagen zurückgeführt werden. – Mit zahlreichen Übungsaufgaben.

⫶ Haupt **Haupt Verlag** Bern · Stuttgart · Wien
verlag@haupt.ch · www.haupt.ch